Power-Sprachkurs

POLNISCH FÜR FORTGESCHRITTENE

von
Agnieszka Putzier

PONS GmbH
Stuttgart

Danke für Ihr Vertrauen!

Wir bei PONS sind der Überzeugung: Wer Sprachen spricht, dem steht die Welt offen. Aus diesem Grund entwickeln wir seit über 40 Jahren hochwertige Wörterbücher und Sprachlern-Produkte und entwerfen ständig neue didaktische Konzepte, um für jeden Sprachenlerner das Passende anbieten zu können.

Helfen Sie uns mit Ihrem Feedback!

Sind Sie mit diesem Sprachkurs zufrieden?

Dann freuen wir uns über Ihre **Weiterempfehlung**. Erzählen Sie es Ihrem Freundeskreis, dem Buchhändler Ihres Vertrauens oder schreiben Sie eine Online-**Rezension** und helfen Sie uns, dieses Buch anderen Sprachenlernern näher zu bringen.

Sie haben Fragen bzw. Kritik oder Korrekturen an unserem Sprachkurs?

Wir freuen uns über Ihre Anregungen. Schreiben Sie uns eine Nachricht an **kundenservice@pons.de**.

Ihr Feedback hilft uns, unsere Produkte immer weiter zu verbessern.

Herzlichen Dank für Ihre Unterstützung und viel Spaß & Erfolg beim Sprachenlernen.

Ihre PONS-Redaktion

So benutzen Sie dieses Buch

Sie möchten Ihre Polnischkenntnisse weiter vertiefen und die Sprache noch besser **verstehen**, **sprechen**, **lesen** und **schreiben** und sprachliche Sicherheit in allen wichtigen Alltagssituationen gewinnen.
Der **Power-Sprachkurs Polnisch für Fortgeschrittene** enthält alles, was Sie dazu brauchen. Er ist unterhaltsam, motivierend und vermittelt Ihnen ein lebendiges Bild des heutigen Polnisch. Zusätzlich erfahren Sie viel Nützliches und Interessantes rund um Land, Leute und Kultur.

Wie lernen Sie mit dem Power-Sprachkurs?

Jede der zehn Lektionen umfasst vier Doppelseiten, auf denen Sie die polnische Sprache gezielt nach den vier sprachlichen Fertigkeiten Hören, Lesen, Schreiben und Sprechen erlernen.

- **Ohren spitzen!** – Die erste Doppelseite einer Lektion ist besonders dem Hörverstehen in der Fremdsprache gewidmet.
- **Augen auf!** – Auf diesen Seiten trainieren Sie anhand alltagsnaher Übungen schriftliches Polnisch zu verstehen.
- **Stift her!** – Hier üben Sie vor allem, auf Polnisch zu schreiben.
- **Mitreden!** – Authentische Gespräche auf Polnisch in unterschiedlichen Situationen sind nun ein Leichtes für Sie.

Wiederholung

- Nach den Lektionen 5 und 10 können Sie in einem jeweils mehrseitigen **Rückblick** Ihre Kenntnisse überprüfen, Gelerntes auffrischen und gezielt vertiefen.

So lernen Sie am schnellsten:

- Lernen Sie regelmäßig und in kurzen Etappen.
- Verweilen Sie nicht zu lange bei einem Punkt. Denn Sie werden sehen: Auch wenn Sie noch nicht alles im Detail verstanden haben, lösen sich Unklarheiten von selbst, wenn Sie voranschreiten.
- Hören Sie alle Tonaufnahmen nicht nur einmal, sondern mehrmals und immer wieder an.

Anhang

Im Anhang finden Sie viele nützliche Lernhilfen.

- **Lektionswortschatz:** Mithilfe des Lektionswortschatzes können Sie sich lektionsweise den polnischen Wortschatz aneignen.
- **Lösungen:** Hier finden Sie die Lösungen zu allen Übungen im Kurs.
- **Audiotexte:** Alles, was Sie auf der CD hören, können Sie hier nochmals nachlesen, sofern der Text nicht direkt in der Lektion abgedruckt ist. Hier finden Sie auch eine deutsche Übersetzung zu allen Dialogen.
- **Grammatik:** In der systematischen Grammatik finden Sie schnell Antworten auf Ihre Grammatikfragen.
- **Wortverzeichnis Polnisch – Deutsch:** Schlagen Sie hier nach, wenn Sie ein polnisches Wort vergessen haben.

Folgende Icons helfen Ihnen, sich schnell im Kurs zurechtzufinden:

Verweis auf die systematische Grammatik

Hören Sie den zugehörigen Audiotext auf CD

Interessantes über Land und Leute

Nützliche Lern- und Sprachtipps

Wortschatz-Infos

Die CD enthält alle Dialoge und Hörübungen in der Reihenfolge, in der sie in den Lektionen auftreten. Unter **www.pons.de/power-sprachkurs** und nach Auswahl Ihres Kurses finden Sie auch den gesamten Inhalt der CD nochmals zum Download als MP3-Dateien. Hier finden Sie außerdem die alphabetische Wortliste Deutsch-Polnisch.

Viel Spaß und Erfolg!

Ustka
Slupsk
Gdynia
Sopot
Gdańsk
Kolobrzeg
Koszalin
Tczew
Elbląg
WARMIŃSKO-
MAZURSKIE
Olsztyn
Suwałki
Świnoujście
POMORSKIE
ZACHODNIOPO-
MORSKIE
Szczecin
KUJAWSKO-
POMORSKIE
Bydgoszcz
Toruń
Włocławek
Piła
Łomża
Białystok
PODLASKIE
Ostrołęka
Ciechanów
Gorzów
Wielkopolski
LUBUSKIE
Płock
MAZOWIECKIE
Warsaw
Siedlce
WIELKOPOLSKIE
Konin
Biała
Podlaska
Zielona
Góra
Leszno
Skierniewice
Kalisz
Łódź
Sieradz
ŁÓDZKIE
Głogów
DOLNOSLASKIE
Legnica
Wrocław
Jelenia
Góra
Wałbrzych
Piotrków
Trybunalski
Radom
Lublin
Chełm
LUBELSKIE
Kielce
ŚWIĘTOKRZYSKIE
Zamość
Opole
OPOLSKIE
Częstochowa
ŚLĄSKIE
Tarnobrzeg
Gliwice
Katowice
Kraków
Tarnów
Rzeszów
PODKARPACKIE
MAŁOPOLSKIE
Przemyśl
Bielsko
Biała
Nowy
Sącz
Krosno

Wohnen in Polen

 TR. 1

 KULTURTIPP

Die teuersten Wohngebiete befinden sich in Warschau (**Warszawa**), Krakau (**Kraków**) und Breslau (**Wrocław**). Obwohl Zoppot (**Sopot**) nicht zu den größten polnischen Städten gehört, sind die Wohnpreise dort fast genauso hoch.

1

Andreas wird in Warschau arbeiten und sucht eine 2-Zimmer-Wohnung. Über welche der zwei Wohnungen unterhalten sich Andreas und der Immobilienmakler? Kreuzen Sie an.

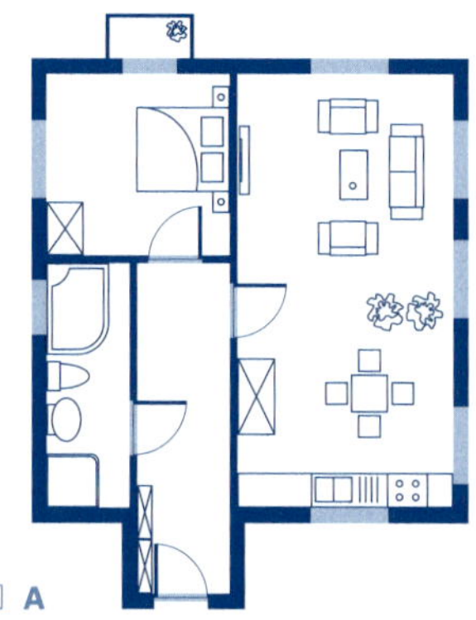

☐ A

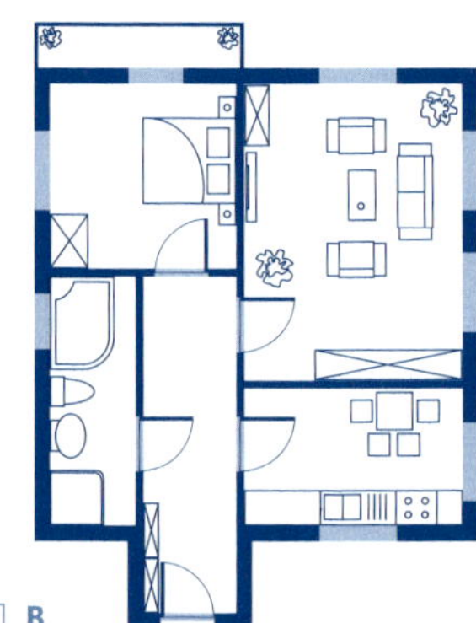

☐ B

TR. 2

2

Andreas kauft Möbel für seine neue Wohnung. Hören Sie den Text und tragen Sie die Preise ein.

1. Łóżko 140x200 z materacem *(Bett mit Matratze)* kosztuje ________ zł.
2. Szafa trzydrzwiowa z lustrem *(Kleiderschrank mit Spiegel, 3-türig)* kosztuje ________ zł.
3. Zestaw stół i cztery krzesła *(Tisch mit vier Stühlen)* kosztuje ________ zł.
4. Komplet sofa i dwa fotele *(Sofa und zwei Sessel)* kosztuje ________ zł.
5. Biurko z szufladą kosztuje *(Schreibtisch mit Schublade)* ________ zł.
6. Szafka RTV kosztuje *(TV-Board)* ________ zł.
7. Dywan orientalny 103x150 *(Orientteppich)* kosztuje ________ zł.

3

Andreas hat sein Wohnzimmer eingerichtet. Wo steht/liegt/hängt was? Hören Sie zu und ergänzen Sie.

TR. 3

1. Stół stoi ______________________.
2. Krzesła stoją ______________________.
3. Dywan leży ______________________.
4. Poduszki leżą ______________________.
5. Lampa wisi ______________________.
6. Obrazy wiszą ______________________.

Präpositionen

naprzeciw (gegenüber) + Genitiv
obok (neben) + Genitiv
nad (über) + Instrumental
pod (unter) + Instrumental
na (auf, an) + Lokativ
przy (an) + Lokativ

4

Urszula und Zenon beschreiben ihr Traumhaus. Hören Sie den Text und entscheiden Sie, ob die Aussagen richtig oder falsch sind.

TR. 4

		RICHTIG	FALSCH
1.	Urszula chciałaby mieszkać na wsi.	☐	☐
2.	Jej dom marzeń powinien mieć dwie łazienki.	☐	☐
3.	Zenon chciałby mieszkać w centrum.	☐	☐
4.	Jego dom marzeń powinien mieć dwa garaże.	☐	☐
5.	Kuchnia powinna być jasna i duża.	☐	☐

Modalwort **powinien** *(sollte)*
Pronomen/Substantiv (m) + **powinien**
Pronomen/Substantiv (n) + **powinno**
Pronomen/Substantiv (f) + **powinna**

5

Powinien, **powinno** oder **powinna**? Setzen Sie die richtige Form ein.

1. Mój dom ______________ mieć salon z kominkiem i dużą łazienkę na parterze.
2. Moja kuchnia ______________ być funkcjonalna.
3. Moje mieszkanie ______________ być bardzo dobrze skomunikowane: dwie minuty do autobusu albo do tramwaju.
4. Mój ogród ______________ być duży.
5. Mój salon ______________ być przytulny.

powinien/powinno/powinna + Infinitiv

SPRACHTIPP

Zeitangaben

miesiąc temu - *vor einem Monat*
tydzień temu - *vor einer Woche*
w zeszłym roku - *letztes Jahr*
od dwóch lat - *seit zwei Jahren*

6

Wo wohnen diese Menschen? Lesen Sie die Beschreibungen A bis E und ordnen Sie sie anschließend den Fotos zu.

1.

2.

3.

4.

5. 

___ **A** Robert kupił miesiąc temu apartament w modnej dzielnicy Warszawy. Jego apartament kosztował prawie milion złotych. W apartamencie mieszka z żoną i córką.

___ **B** Aldona w zeszłym roku kupiła mieszkanie w górach. Mieszkanie ma 60 metrów i nie jest bardzo duże, ale Aldona ma piękny widok na Tatry.

___ **C** Ewa jest znaną polską architektką i od dwóch lat mieszka w awangardowej, prawie że bajkowej rezydencji niedaleko Warszawy, którą sama zaprojektowała.

___ **D** Marcin tydzień temu wyprowadził się z miasta i mieszka teraz na wsi pod Poznaniem. Jego dom jest parterowy i ma piękny ogród oraz sad.

___ **E** Zuza i Dawid są studentami i mieszkają razem w wynajętej kawalerce w sześciopiętrowym bloku w Krakowie. Chociaż mieszkają w bloku, mają dużego psa.

ABC WORTSCHATZ

kawaler - *Junggeselle, Single*
stan cywilny „kawaler" - *„ledig", Familienstand bei Männern*
kawalerka - *Einzimmerwohnung*

7

Lesen Sie die Texte A bis E in Übung 6 und kreuzen Sie an.

	RICHTIG	FALSCH
1. Robert kupił duże mieszkanie w Warszawie.	☐	☐
2. Robert jest kawalerem i mieszka sam.	☐	☐
3. Aldona ma dosyć małe mieszkanie.	☐	☐
4. Ewa mieszka w prawie dwóchsetletnim bajkowym pałacu.	☐	☐
5. Zuza i Dawid mieszkają w domku szeregowym.	☐	☐

Konzessivsatz
Konzessivsätze (Einräumungssätze) werden u.a. durch die Konjunktionen **choć** und **chociaż** eingeleitet. **Choć** und **chociaż** sind gleichbedeutend zu verwenden und entsprechen den deutschen Konjunktionen *obwohl/obschon/obgleich*.
Bsp. **Chociaż mieszkają w bloku, mają dużego psa.**
(Obwohl sie in einem Wohnblock wohnen, haben sie einen großen Hund.)

8

Verbinden Sie die Sätze mit **choć** oder **chociaż**.

1 Monika mieszka na wsi,

A ________________ Ona ma mieszkanie w mieście.

B ________________ Jej mąż mieszka w mieście.

C ________________ Ona pracuje na cały etat w centrum Wrocławia.

2 Ta kamienica jest w złym stanie,

A ________________ Ona była remontowana dwa lata temu.

B ________________ Instalacje wodne i gazowe zostały wymienione całkiem niedawno.

C ________________ Wymieniono dach.

3 Mieszkamy w blokowisku,

A ________________ Lubimy zieleń i nowoczesną architekturę.

B ________________ W okolicy nie ma ani sklepów, ani szkoły dla naszego dziecka.

C ________________ Mamy zły dojazd do pracy.

WORTSCHATZ

cały etat – *Vollzeit*
dojazd do pracy – *Anfahrtsweg zur Arbeit*
instalacje gazowe – *Gasleitungen*
instalacje wodne – *Wasserleitungen*
w złym stanie – *in einem schlechten Zustand*

9

Ergänzen Sie. Achten Sie auf die korrekte Form.

bar | dom | dzieci | godzina | mieszkać | niemiecki | poniedziałek | ulica

„Na Wspólnej" to polska telenowela, w której (1) __________ połączył wielu ludzi. Serial emitowany jest od (2) __________ do czwartku o (3) __________ 20.15. Jego pierwowzorem jest (4) __________ niemiecki serial „Unter uns". Bohaterami polskiego serialu są między innymi Maria i Włodzimierz Zięba. Maria i Włodek prowadzą (5) __________ „U Marii".

Oboje są rodzicami czwórki (6) ____________ - Moniki, Grzegorza, Renaty i adaptowanego Bogdana. Osiedle, gdzie (7) ____________ bohaterowie telenoweli znajduje się przy (8) ____________ Szlenierów na warszawskiej Woli.

WORTSCHATZ

Wortfamilie

meble – *Möbel*
meblować się – *sich einrichten*
sklep meblowy – *Möbelgeschäft*
umeblowany – *möbliert*
zakład meblarski – *Möbelwerk*

10

Finden Sie Wortgrenzen und schreiben Sie Sätze.

1. SZUKAMKAWALERKIDOWYNAJĘCIAWWARSZAWIE.
____
2. PARABEZDZIECISZUKAMIESZKANIADWUPOKOJOWEGODO1200ZŁ.
____
3. PROSZĘOE-MAILLUBTELEFONPOGODZINIEDWUNASTEJ.
____
4. RODZINAZDZIECKIEMSZUKAMIESZKANIATRZYPOKOJOWEGO.
____
5. PREFEROWANEOSIEDLEMICKIEWICZAALBOCENTRUM.
____
6. MIESZKANIEMOŻEALENIEMUSIBYĆUMEBLOWANE.
____

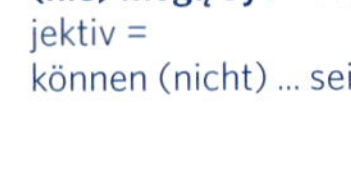

SPRACHTIPP

Bedeutung der Modalverben

(nie) musi być + Adjektiv = muss (nicht) ... sein
(nie) muszą być + Adjektiv = müssen (nicht) ... sein
(nie) może być + Adjektiv= kann (nicht) ... sein
(nie) mogą być + Adjektiv = können (nicht) ... sein

11

Schreiben Sie Sätze. Achten Sie auf die Adjektivendungen.

1. *Mieszkanie w Warszawie może, ale nie musi być drogie.*
(mieszkanie, w, Warszawa, drogi/-ie/-a)
2. ____________
(remont mieszkania, stresujący/-e/-a)
3. ____________
(kuchnia, funkcjonalny/-e/-a)
4. ____________
(meble biurowe, nudny/-e/-a)
5. ____________
(dom, własny/-e/-a)

12

Was fragt die Journalistin? Schreiben Sie die Fragen.

Dziennikarka: (1) ______________________________?
Paweł: Mieszkam w Warszawie, w starej kamienicy.

Dziennikarka: (2) ______________________________?
Paweł: Mieszkam tu od dwóch lat.

Dziennikarka: (3) ______________________________?
Paweł: Przeprowadzałem się już cztery razy.

Dziennikarka: (4) ______________________________?
Paweł: Nie, jeszcze nigdy nie remontowałem mieszkania.

Dziennikarka: (5) ______________________________?
Paweł: Tak, mieszkam sam. Jestem kawalerem.

SPRACHTIPP

Einige Fragewörter im Polnischen

Co? Was?
Kto? Wer?
Gdzie? Wo?
Dlaczego? Warum?
Do kiedy? Bis wann?
Od kiedy? Seit wann?
Jak często? Wie oft?

Indirekte Rede – der Aussagesatz
Die indirekte Rede gibt die Aussage einer Person aus der Perspektive des Sprechers wieder. Die indirekte Rede im Polnischen besteht aus einem Einleitungs- und einem Nebensatz mit der Konjunktion „dass" (**że**). Die Verben stehen in beiden Sätzen im Indikativ.

BEISPIEL

Paweł powiedział, że mieszka w Warszawie.
Paweł sagte, dass er in Warschau wohne.

13

Wandeln Sie die Antworten von Pawel aus der Übung 12 in die indirekte Rede um.

Paweł powiedział, że ______________________________

1. ______________________________
2. ______________________________
3. ______________________________
4. ______________________________
5. ______________________________

SPRACHTIPP

Einige mögliche Verben im Einleitungssatz

X powiedział(a)
X odpowiedział(a)
X myślał(a)
X miał(a) nadzieję
X przypuszczał(a)

Parapetówka – die Einweihungsparty für das neue Zuhause ist in Polen sehr populär, vor allem unter jungen Menschen. Sie wird organisiert, bevor ein Haus oder eine Wohnung bezogen wird. Die eingeladenen Gäste bringen **na parapetówkę** praktische Geschenke mit, die man in einem neuen Haus bzw. einer neuen Wohnung gut gebrauchen kann.

WORTSCHATZ

córeczka - *Töchterchen*
matura - *Abitur*
rocznica ślubu - *Hochzeitstag*
sukces - *Erfolg*
własny kąt - *eigene vier Wände*

14

Sie werden zu einer Einweihungsparty eingeladen. Welche der folgenden Sätze könnten Sie verwenden?

1. ___ Życzę wam wesołych świąt!
2. ___ Gratuluję Ci nowego domu!
3. ___ Gratuluję z okazji narodzin Waszej córeczki!
4. ___ Gratulacje z okazji pierwszej rocznicy ślubu!
5. ___ Wszystkiego dobrego z okazji imienin!
6. ___ Gratuluję wam własnego kąta!
7. ___ Życzę wam samych szczęśliwych dniu w nowym mieszkaniu!
8. ___ Najserdeczniejsze życzenia z okazji 18-tych urodzin!
9. ___ Gratulacje z okazji zdania matury!
10. ___ Życzę ci samych sukcesów w pracy!

SPRACHTIPP

Konjunktiv von **móc**

mógłbyś (m)
mogłabyś (f)
mógłby Pan
mogłaby Pani

15

Welche der an Nachbarn gerichteten Bitten bzw. Aufforderungen sind höflich? Welche nicht?

	HÖFLICH	UNHÖFLICH
1. Niech Pani nie parkuje na moim miejscu!	☐	☐
2. Czy mogę prosić o ciszę po godzinie 22?	☐	☐
3. Mógłby mi Pan pomóc znieść wózek?	☐	☐
4. Proszę natychmiast otworzyć drzwi!	☐	☐
5. Może mnie Pani pocałować w nos!	☐	☐
6. Mógłby mi Pan pożyczyć otwieracz do butelek?	☐	☐

16

Schauen Sie sich die Bilder an und formulieren Sie Empfehlungen.

Na twoim miejscu zlecił(a)bym pracę + Dativ

An deiner Stelle würde ich mit der Arbeit einen ... beauftragen.

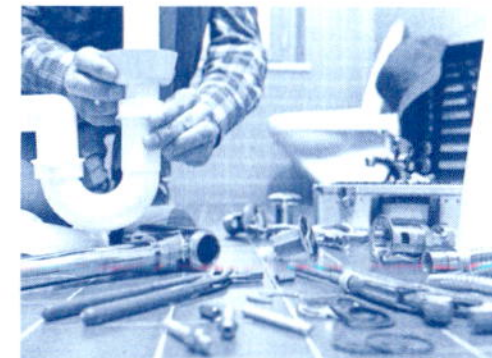

1 ______ 2 ______ 3 ______

4 ______ 5 ______ 6 ______

SPRACHTIPP

Die Mehrheit der Substantive im Dativ Singular endet auf **-owi**.

17

Warum wird hier ein Handwerker gesucht? Kreuzen Sie an.

1. Moja sąsiadka szuka malarza, bo
- ☐ **A** jej domofon nie działa.
- ☐ **B** chce wymienić okna.
- ☐ **C** chce pomalować salon.

2. Mój sąsiad szuka hydraulika, bo
- ☐ **A** chce naprawić żelazko.
- ☐ **B** chce podłączyć zmywarkę.
- ☐ **C** chce wymienić żarówkę.

3. Moi sąsiedzi szukają ogrodnika, bo
- ☐ **A** nie chce im się kosić trawnika.
- ☐ **B** chcą mieć basen w ogrodzie.
- ☐ **C** chcą postawić huśtawkę w ogrodzie.

4. Szukam stolarza, bo
- ☐ **A** chcę naprawić lodówkę.
- ☐ **B** chcę mieć kuchnię na wymiar.
- ☐ **C** mój telewizor nie działa.

5. Moja znajoma z pracy szuka elektryka, bo
- ☐ **A** nie chce jej się zmywać naczyń.
- ☐ **B** chce podłączyć kuchenkę.
- ☐ **C** chce wytapetować sypialnię.

6. Mój kolega szuka murarza, bo
- ☐ **A** nie chce mu się prasować.
- ☐ **B** chce mieć wannę z hydromasażem.
- ☐ **C** chce otynkować ściany.

WORTSCHATZ

domofon – *Sprechanlage*
huśtawka – *Schaukel*
kuchnia na wymiar – *Einbauküche*
tapetować – *tapezieren*
trawnik – *Rasen*
tynkować – *verputzen*
zmywarka – *Spülmaschine*

Unternehmen Familie

TR. 5

SPRACHTIPP

Ein Buchstabe bzw. ein Laut kann die Bedeutung eines Wortes ändern! Beispiele:
łóżko/uszko *(Bett/Öhrchen)*
pracować/prasować *(arbeiten/bügeln)*
prosię/proszę *(Schweinchen/bitte)*

1

Ordnen Sie die Wörter den Bildern zu.

czyścić łazienkę | gotować | myć okna | odkurzać | prać | prasować | robić zakupy | sprzątać mieszkanie

1 ______ 2 ______ 3 ______ 4 ______

5 ______ 6 ______ 7 ______ 8 ______

TR. 6

SPRACHTIPP

Präposition „**w**"

+ Akkusativ
  zeitliche Dimension, z.B.
  w poniedziałek
+ Lokativ
  räumliche Dimension,
  z.B. **w domu**

2

Wie sah Liliannas vergangene Woche aus? Hören Sie den Text und verbinden Sie die Sätze.

1. W poniedziałek...	___ **A** odpoczywała.
2. We wtorek...	___ **B** gotowała.
3. W środę...	___ **C** czyściła łazienkę.
4. W czwartek...	___ **D** robiła zakupy.
5. W piątek...	___ **E** sprzątała i odkurzała mieszkanie.
6. W sobotę...	___ **F** myła okna.
7. W niedzielę...	___ **G** prała i prasowała.

Aspekt der Verben

Nahezu alle polnischen Verben, die Handlungen ausdrücken, treten in imperfektiv-perfektiven Paaren mit gleicher Grundbedeutung auf. Durch die Wahl des imperfektiven oder perfektiven Aspekts signalisiert der Sprecher, in welcher Phase sich die Handlung befindet. Imperfektive Verben beschreiben eine Handlung, die sich wiederholt (1a) und/oder nicht vollendet ist (1b). Perfektive Verben beschreiben hingegen eine Handlung, die einmalig (2a) und/oder vollendet ist (2b).

1a) W każdy piątek robiłam zakupy.
1b) W piątek robiłam zakupy.
2a) Wyjątkowo zrobiłam dziś zakupy w hipermarkecie.
2b) Właśnie zrobiłam zakupy w małym sklepiku na osiedlu.

3

Hören Sie den Dialog und ergänzen Sie passende Verben.

 TR. 7

byliśmy | była | byłam | gotowałaś | minął | odkurzyłem | spotkaliśmy | ugotowałeś | zajmowałem | zrobiłem

Aneta: Hej, jak ________ (1) twój weekend?

Waldek: Moja żona ________ (2) w pracy a ja ________ (3) się dziećmi i domem.

Aneta: Aha...

Waldek: W sobotę ________ (4) zakupy i ________ (5) cały dom.

Aneta: A ________ (6) coś dla dzieci?

Waldek: Nie, ________ (7) w McDonaldzie...

Aneta: Szkoda, że się nie ________ (8). Ja też tam ________ (9) z dziećmi.

Waldek: O, to znaczy, że też nie ________ (10) w domu?

Aneta: Dokładnie ☺

Imperfektive und perfektive Verben
Imperfektiv-perfektive Verbpaare unterscheiden sich voneinander durch eine Vorsilbe (1) oder eine Nachsilbe (2). Darüber hinaus gibt es einige seltene Verbpaare, die unterschiedliche Infinitivstämme haben (3).

BEISPIELE

(1) gotować / ugotować
(2) odkurzać / odkurzyć
(3) zajmować / zająć

4

Imperfektiv (A) oder perfektiv (B)? Kreuzen Sie an

1. Gotowałam makaron przez 10 minut,
   - ☐ **A** ale się nie ugotował.
   - ☐ **B** ale się nie gotował.
2. Jak często
   - ☐ **A** zajmowałeś się dziećmi?
   - ☐ **B** zająłeś się dziećmi?
3. Co roku w święta Bożego Narodzenia
   - ☐ **A** spotykałam się z rodziną.
   - ☐ **B** spotkałam się z rodziną.
4. Jechałam autostradą, gdy nagle
   - ☐ **A** dzwoniła moja komórka.
   - ☐ **B** zadzwoniła moja komórka.
5. Wczoraj cały wieczór
   - ☐ **A** prałem i prasowałem koszule.
   - ☐ **B** wyprałem i wyprasowałem koszule.
6. Czy jako dziecko regularnie
   - ☐ **A** pomagałeś rodzicom?
   - ☐ **B** pomogłeś rodzicom?

SPRACHTIPP

Temporale Adverbien und Ausdrücke helfen dabei, zu entscheiden, ob ein imperfektives oder perfektives Verb zu verwenden ist. Einige Beispiele:

imperfektiv:
- **cały wieczór** – den ganzen Abend lang
- **codziennie** – jeden Tag
- **co roku** – jedes Jahr
- **często** – oft
- **regularnie** – regelmäßig
- **przez 10 minut** – zehn Minuten lang

perfektiv:
- **nagle** – plötzlich
- **nareszcie** – endlich
- **rzadko kiedy** – nur selten

 WORTSCHATZ

klucz - *Schlüssel*
lotnisko - *Flughafen*
morze - *Meer*
plaża - *Strand*
pływać - *schwimmen*
samolot - *Flugzeug*

5

Familienurlaub. Lesen Sie die Sätze A bis E und finden Sie die richtige Reihenfolge heraus.

___ **A** Rodzice codziennie opalali się na plaży a dzieci uczyły się pływać w morzu.
___ **B** Potem pojechali na lotnisko.
___ **C** Samolot wylądował w Warszawie punktualnie.
___ **D** Kowalscy spakowali się w godzinę.
___ **E** Na recepcji czekali dwie godziny na klucz od apartamentu.

 SPRACHTIPP

Die Formen „**Kowalscy**" oder „**Nowakowie**" haben dieselbe Bedeutung wie „**rodzina Kowalskich**", „**rodzina Nowaków**".

6

Lesen Sie die Sätze A bis E in der Übung 5 und kreuzen Sie an.

	RICHTIG	FALSCH
1. Kowalscy to młoda para bez dzieci.	☐	☐
2. Kowalscy byli na urlopie nad morzem.	☐	☐
3. Kowalscy pojechali na urlop samochodem.	☐	☐
4. Kowalscy byli pod namiotami.	☐	☐
5. Kowalscy mieszkają w Polsce.	☐	☐

7

Ergänzen Sie die fehlenden Wörter.

gościnni | komfort | komunia | koszty | lokalu | przyjęcia | rodzinni | ślub | urodziny | chrzest | plenerowe

Polacy są nie tylko (1) ______, ale też bardzo (2) ______, dlatego chętnie świętują takie okazje jak (3) ______, (4) ______, (5) ______ i (6) ______ . Coraz popularniejsze są imprezy (7) ______– poza domem, czyli w (8) ______ gastronomicznym. Mimo tego trendu Polacy nadal chętnie świętują w domu. Zarówno imprezy w lokalu jak i (9) ______ w domu mają swoje plusy i minusy. Podczas gdy plusem imprez w lokalu jest (10) ______, największym minusem są dosyć wysokie (11) ______. W przypadku imprez w domu jest dokładnie odwrotnie.

8

Kreuzen Sie an, welche Wünsche zu welchem Anlass passen.

TR. 8

1. Chrzest
   - ☐ **A** Niech każdy Twój dzień będzie piękniejszy od poprzedniego!
   - ☐ **B** Niech wam gwiazda pomyślności nigdy nie zagaśnie!
   - ☐ **C** Niech ten Nowy Rok będzie pełen szczęścia i sukcesów zawodowych!
2. Urodziny
   - ☐ **A** Życzę Panu/Pani Wesołych Świąt Wielkanocnych!
   - ☐ **B** Życzę Panu/Pani wszystkiego najlepszego w Nowym Roku!
   - ☐ **C** Życzę Panu/Pani dużo zdrowia, szczęścia i pomyślności!
3. Ślub
   - ☐ **A** Życzymy Wam zdrowych i pogodnych Świąt Bożego Narodzenia!
   - ☐ **B** Życzymy Wam smacznego jajka i mokrego śmigusa-dyngusa!
   - ☐ **C** Życzymy Wam dużo szczęścia, radości i miłości na nowej drodze życia!

SPRACHTIPP

Sto lat *(Hundert Jahre)* ist ein traditionelles polnisches Geburtstagslied. Singen oder sprechen Sie mit.

Sto lat, sto lat,
Niech żyje, żyje nam!

Sto lat, sto lat,
Niech żyje, żyje nam!

Jeszcze raz, jeszcze raz,
Niech żyje, żyje nam!
Niech żyje nam!

Dzień Kobiet i Dzień Matki
Der internationale Frauentag (**Dzień Kobiet**) am 8. März wurde schon im kommunistischen Polen gefeiert und die Tradition hält bis heute an. An diesem Tag werden alle Frauen - auch Schülerinnen - hauptsächlich mit Blumen beschenkt. Nicht weniger populär ist der Muttertag (**Dzień Matki**), der in Polen immer am 26. Mai gefeiert wird.

9

Suchen Sie nach acht weiblichen Familienmitgliedern (waagrecht oder senkrecht).

U	O	G	S	Ä	C	A	M	M	K	B	T
E	F	P	L	W	S	M	A	U	U	T	L
R	B	A	B	C	I	A	S	X	Z	W	A
C	E	I	N	Ó	O	T	C	K	Y	N	Y
I	M	P	D	R	S	K	H	H	N	U	U
O	D	Ä	U	K	T	A	I	M	K	C	T
T	F	F	N	A	R	Z	Z	I	A	Z	H
K	A	N	G	P	A	M	E	C	H	K	D
A	W	Y	F	K	E	N	Ż	O	N	A	S

KULTURTIPP

Międzynarodowe małżeństwa
(Internationale Ehen)

Polinnen heiraten am häufigsten Engländer, Deutsche und Italiener. Polnische Männer entscheiden sich hingegen für Ehefrauen aus der Ukraine, Russland und Weißrussland.

10

Finden Sie Wortgrenzen und schreiben Sie Sätze.

1. D R U G A Ż O N A M O J E G O O J C A J E S T R O S J A N K Ą .
   ____
2. M Ó J W U J E K M I E S Z K A I P R A C U J E W A N G L I I .
   ____
3. M Ą Ż M O J E J Z N A J O M E J J E S T N I E M C E M .
   ____
4. I C H S Y N M Ó W I P O P O L S K U I P O N I E M I E C K U .
   ____
5. K U Z Y N M O J E G O P R Z Y J A C I E L A O Ż E N I Ł S I Ę Z W Ł O S Z K Ą .
   ____
6. D Z I A D E K M O J E J Ż O N Y B Y Ł N I G E R Y J C Z Y K I E M .
   ____
7. W N U K M O I C H S Ą S I A D Ó W M A N A I M I Ę A R N A U D .
   ____

ABC WORTSCHATZ

Wortfamilie

rodzina - *Familie*
rodzice - *Eltern*
rodzeństwo - *Geschwister*
rodzinny (Adj.) - *Familien-*
rodzicielski (Adj.) - *Eltern-*

11

Schreiben Sie Fragesätze. Achten Sie auf die korrekten Adjektiv- und Verbformen.

1. *Jakie oferty dla rodzin z dziećmi są w Polsce najpopularniejsze?*
   (oferty dla rodzin z dziećmi, jakie, być, w Polsce, najpopularniejszy/-e/-a)
2. ______________________________
   (hotele rodzinne, być, też, czy, w Polsce)
3. ______________________________
   (po polsku, jak, nazywać się, „Elternzeit")
4. ______________________________
   (polska firma rodzinna, która, być, najbardziej znany/-e/-a)

Urlop rodzicielski
Die Elternzeit in Polen setzt sich aus **urlop macierzyński** (Mutterschaftsurlaub) und **urlop wychowawczy** (Erziehungsurlaub) zusammen. Während **urlop macierzyński** 20 Wochen dauert, beträgt die Dauer des **urlop wychowawczy** maximal drei bis vier Jahre. Zu den Familienleistungen in Polen gehören u.a. **becikowe** (Geburtsgeld), **zasiłek rodzinny** (Familiengeld) und **świadczenie rodzicielskie** (Elterngeld).

12

Tragen Sie die Fragen aus der Übung 11 passend ein.

Dieter: (1) ____________________

Ania: Hm... Myślę, że to urlop rodzicielski.

Dieter: (2) ____________________

Ania: Nie wiem, ale myślę, że rabaty rodzinne są najpopularniejsze.

Dieter: (3) ____________________

Ania: Najbardziej znana polska firma rodzinna to producent lodów Grycan.

Dieter: (4) ____________________

Ania: Tak, oczywiście. Na stronie www.rodzinawhotelu.pl możesz szukać takich hoteli.

Indirekte Fragesätze
Indirekte Fragesätze geben Ergänzungs- oder Entscheidungsfragen wieder und werden mit Fragewörtern (Bsp. 1) oder mit der Fragepartikel „czy" (Bsp. 2) eingeleitet. Dabei ändert sich die Wortreihenfolge nicht.

BEISPIEL

Dieter pyta, ...
(1) skąd pochodzisz i ile masz lat.
(2) czy mówisz po angielsku.

13

Wandeln Sie die Fragen von Dieter aus der Übung 12 in die indirekte Rede um.

Dieter pyta, ...

1. ____________________
2. ____________________
3. ____________________
4. ____________________

SPRACHTIPP

Mögliche Verben im Einleitungssatz:

X pyta/pytał/pytała
X chciał(a)by się dowiedzieć
X nie wie

WORTSCHATZ

krzesełko do karmienia - *Kinderhochstuhl*
nakarmić - *füttern, ggf. stillen*
plac zabaw - *Spielplatz*
przewijak - *Wickelkommode*
wózek - *Kinderwagen*

14

Sie sind mit Kindern unterwegs. Welche der folgenden Sätze könnten Sie verwenden? Kreuzen Sie an.

1. ___ Czy jest tu w pobliżu kantor wymiany walut?
2. ___ Czy jest tu w pobliżu plac zabaw?
3. ___ Gdzie mogę tu nakarmić dziecko?
4. ___ Czy jest tu gdzieś przewijak?
5. ___ Gdzie mogę wydrukować zdjęcia?
6. ___ Czy w autobusie trzeba płacić za wózek?
7. ___ Czy w pociągu trzeba płacić za rower?
8. ___ Czy mają Państwo krzesełko do karmienia?
9. ___ Czy mają Państwo kartę dań po niemiecku?
10. ___ Czy mają Państwo menu dla dzieci?

Dzieci w Polsce
Im Jahr 2016 betrug die durchschnittliche Anzahl der Kinder, die eine Frau im Laufe ihres Lebens zur Welt bringt, in Polen 1,39 Kinder je Frau. Damit liegt Polen hinter Deutschland (1,6) und unter dem EU-Durchschnitt (1,58). Seit Ende des Kommunismus in Polen im Jahr 1989 stagniert der Anteil der Kinder an der Bevölkerung: Während der Anteil der Kinder bis 14 Jahren im Jahr 1989 noch 29,5 Prozent betrug, ist dieser im Jahr 2014 auf 18 Prozent gesunken (69 430 Kinder bis 14 Jahren, 38 Mio. Gesamtbevölkerung).

SPRACHTIPP

Der feine Unterschied: Während **dziękuję** immer verwendet werden kann, ist die abgekürzte Form **dzięki** umgangssprachlich. Statt **przepraszam** wird in der Umgangssprache gerne **sorki** gesagt.

15

Formulieren Sie die Fragen 2, 3, 4, 6, 8 und 10 aus der Übung 14 noch höflicher.

Przepraszam, czy wie Pan(i), gdzie/ile/kiedy... | Mogłaby Pani/Mógłby Pan mi powiedzieć, czy... | Chciałbym/Chciałabym się dowiedzieć, czy...

1. ______
2. ______
3. ______
4. ______
5. ______
6. ______

16

Welche Antworten passen? Kreuzen Sie je zwei Möglichkeiten an.

1. Co to jest według ciebie rodzina?
   - ☐ **A** Rodzina to według mnie rodzice i ich dzieci.
   - ☐ **B** Rodzina to według mnie osoby, które nas kochają.
   - ☐ **C** Rodzina to według mnie rodzeństwo moich przyjaciół.

2. Czy znasz swoich krewnych?
   - ☐ **A** Znam paru krewnych, ale nie wszystkich.
   - ☐ **B** Tak, ale nie utrzymuję kontaktu ze wszystkimi.
   - ☐ **C** Nie znam moich krewnych, bo jestem jedynakiem.

3. Jakie obowiązki w rodzinie miał twój ojciec? Jakie twoja matka?
   - ☐ **A** Mój ojciec zajmował się domem.
   - ☐ **B** Obydwoje pracowali i dzielili się obowiązkami.
   - ☐ **C** Moja mama zajmowała się domem i dziećmi, a mój tata pracował.

4. Czy dużo jest rodzin wielodzietnych w twoim kraju?
   - ☐ **A** Nie, bardziej popularny jest model 2+2, czyli rodzice i dwoje dzieci.
   - ☐ **B** Jest dużo rodzin tęczowych, na przykład dwie mamy i dziecko.
   - ☐ **C** Nie wiem, ile jest takich rodzin.

5. Czy chcesz założyć rodzinę?
   - ☐ **A** Jeszcze nie wiem.
   - ☐ **B** Tak, chciał(a) bym mieć męża/żonę i dzieci.
   - ☐ **C** Założyłem/-łam rodzinę 10 lat temu, ale rok temu się rozwiodłem/-łam.

6. Czy lubisz spotkania rodzinne?
   - ☐ **A** Uwielbiam!
   - ☐ **B** Nienawidzę!
   - ☐ **C** Uwielbiam mój dom rodzinny!

WORTSCHATZ

jedynak, jedynaczka – *Einzelkind*
krewni – *Verwandte (pl)*
obowiązki – hier: *Aufgaben in der Familie*
przyjaciele – *Freunde*
rodzina wielodzietna – *kinderreiche Familie*
tęcza – *Regenbogen*
zajmować się – *sich kümmern*
założyć – *gründen*

17

Vervollständigen Sie die Wortreihen. Die Zahl in Klammern gibt jeweils an, wie viele Wörter es insgesamt sein sollen.

1. członkowie rodziny (5)

____

2. krewni (4)

____

3. imprezy rodzinne (3)

____

LEKTION 3 Polen – Land und Leute

Top-Reiseziele
Als touristische Attraktionen von Polen gelten nicht nur Städte wie Krakau (**Kraków**), Warschau (**Warszawa**) und Danzig (**Gdańsk**), sondern auch die faszinierende Seenlandschaft Masuren (**Mazury**), der letzte Urwald Europas in Białowieża (**Puszcza Białowieska**), das kleinste Hochgebirge der Welt Tatra (**Tatry**), die unberührte Natur in den Waldkarpaten **Bieszczady** sowie **Słowiński Park Narodowy** mit 40 m hohen Sanddünen entlang der Ostseeküste.

 TR. 9

 SPRACHTIPP

Unter den Wörtern, die Sehenswürdigkeiten bezeichnen, finden sich viele Internationalismen, z.B.:
filharmonia – *Philharmonie*
katedra – *Kathedrale, Dom*
kino – *Kino*
muzeum – *Museum*
teatr –*Theater*
uniwersytet – *Universität*

1

Ordnen Sie die Wörter den Bildern zu. Hören Sie anschließend zu.

góry | jezioro | kościół | pałac | park narodowy | rynek | Stare Miasto | zamek

1 ______________

2 ______________

3 ______________

4 ______________

5 ______________

6 ______________

7 ______________

8 ______________

 TR. 10

2

Hören Sie den Radiobeitrag und kreuzen Sie an.

	RICHTIG	FALSCH
1. Kraków to jedno z najpiękniejszych miast w Polsce.	☐	☐
2. Radio proponuje, jak zwiedzić Kraków w dwa dni.	☐	☐
3. Klasyczne atrakcje Krakowa to na przykład Zamek Królewski.	☐	☐
4. Na ulicy Floriańskiej można zobaczyć Kościół Mariacki.	☐	☐
5. Na Rynku Głównym można zobaczyć Sukiennice.	☐	☐
6. Kazimierz to ekskluzywna restauracja w Krakowie.	☐	☐
7. Ojcowski Park Narodowy znajduje się 20 km od Krakowa.	☐	☐
8. W Ojcowskim Parku Narodowym można zobaczyć tylko zamki.	☐	☐

Imperfektive Verben
Einige imperfektive Verben haben keinen perfektiven Aspektpartner, z.B. **być**, **musieć**, **wiedzieć** sowie alle Zustandsverben (z.B. **wisieć**, **stać**, **siedzieć**, **leżeć**).

3

Hören und ergänzen Sie die Bewertung eines Touristen. Markieren Sie anschließend die imperfektiven Verben.

TR. 11

byliśmy | podobała | pokazał | rozmawialiśmy | poszliśmy | staliśmy | wisi | zarezerwowaliśmy | zwiedziliśmy

Wczoraj (1) ______ w Zamku Królewskim na Wawelu. (2) ______ bilety, dlatego nie (3) ______ w kolejce do kasy. (4) ______ katedrę oraz Komnaty Królewskie. Przewodnik (5) ______ nam, gdzie (6) ______ słynny dzwon „Zygmunt". Najbardziej (7) ______ nam się katedra. Warto zwiedzić, gorąco polecamy! Wieczorem (8) ______ do restauracji na Kazimierzu i (9) ______ z innymi gośćmi o Polsce, Polakach i języku polskim. Super miejsce, niesamowity klimat!

WORTSCHATZ

dzwon - hier: *Turmglocke*
Komnaty Królewskie - *Königliche Gemächer*
kolejka do kasy - *Schlange an einer Kasse*
miejsce - *Ort*
niesamowity - hier: *einzigartig*
przewodnik - *Fremdenführer*

4

Hören und verbinden Sie die passenden Infos über bedeutende Persönlichkeiten der polnischen Kultur und Geschichte.

TR. 12

1. Adam Mickiewicz
2. Fryderyk Chopin
3. Maria Skłodowska-Curie
4. Tadeusz Kościuszko
5. Lech Wałęsa
6. Mikołaj Kopernik

___ **A** był pierwszym prezydentem demokratycznej Polski.
___ **B** był polskim i amerykańskim generałem, jest patronem wielu polskich szkół. Zmarł w 1817 roku w Szwajcarii.
___ **C** wybitny polski poeta, żył (tak jak Goethe) w okresie romantyzmu.
___ **D** astronom, ekonomista, lekarz i prawnik. Urodził się w 1473 r w Toruniu.
___ **E** polska fizyczka i chemiczka. Dwukrotna laureatka Nagrody Nobla.
___ **F** był polskim kompozytorem i pianistą. Urodził się w 1810 roku niedaleko Warszawy.

5

Suchen Sie nach zwölf Monatsnamen auf Polnisch (waagrecht oder senkrecht).

P	A	Ź	D	Z	I	E	R	N	I	K	T	U	M	O	S
T	L	D	G	R	U	D	Z	I	E	Ń	Ł	M	A	J	T
L	I	S	T	O	P	A	D	O	P	O	Ó	Ś	R	Ż	Y
U	P	I	W	R	Z	E	S	I	E	Ń	D	Ł	Z	I	C
T	I	P	Ó	P	S	K	S	I	E	R	P	I	E	Ń	Z
Y	E	C	Z	E	R	W	I	E	C	A	T	Ą	C	P	E
S	C	C	Z	E	C	I	N	K	W	I	E	C	I	E	Ń

6

WORTSCHATZ

kościół - *Kirche*
kościelny - *kirchlich*
państwo - *Staat*
państwowy - *staatlich*
obchodzić - *feiern*
praca - *Arbeit*
święto - *Feiertag*
wolny - *frei*

Lesen Sie den Text und beantworten Sie anschließend die Fragen.

Dniami wolnymi od pracy są w Polsce wszystkie soboty i niedziele. Poza tym nie pracujemy w niektóre święta - państwowe i kościelne. Święta państwowe to święta niezwiązane z kościołem, na przykład Święto Pracy (1 maja), Święto Konstytucji 3 Maja i Święto Niepodległości (11 listopada). Nie wszystkie święta kościelne są dniami wolnymi od pracy. Boże Narodzenie, najbardziej ulubione święto Polaków, to Wigilia obchodzona 24 grudnia, która jest normalnym dniem pracy oraz dwa dni wolne: 25 i 26 grudnia. Wielkanoc to również święto kościelne obchodzone w marcu albo w kwietniu. Dniem wolnym od pracy jest drugi dzień świąt wielkanocnych, czyli poniedziałek.

1. Które dni tygodnia są dniami wolnymi od pracy?

____

2. Co to są święta państwowe?

____

3. Co to są święta kościelne?

____

4. Co Polacy świętują 24, 25 i 26 grudnia?

____

5. W którym miesiącu obchodzi się Wielkanoc?

____

7

Pro Stadt ist nur eine Information richtig. Welche? Markieren Sie.

1. Gdańsk
   - ☐ **A** leży na południu Polski.
   - ☐ **B** leży na północy Polski.
2. Kraków
   - ☐ **A** leży nad Wisłą.
   - ☐ **B** leży nad Odrą.
3. Warszawa
   - ☐ **A** jest najstarszym polskim miastem.
   - ☐ **B** jest stolicą Polski.
4. Zakopane
   - ☐ **A** położone jest u stóp Tatr.
   - ☐ **B** położone jest u stóp Bieszczad.

góry – *Berge*
miasto – *Stadt*
położony – *gelegen*
u stóp – *am Fuße*

8

Ergänzen Sie die Infos über Polen. Achten Sie auf die korrekte Form.

TR. 13

Czechy | Europa | Litwa | małopolski | Niemcy | polski | Ukraina | Unia Europejska | wielkopolski | złoty

Polska leży w (1) ______ Środkowej. Na północy Polska graniczy z Rosją i (2) ______, na wschodzie z Białorusią i (3) ______, na południu ze Słowacją i (4) ______, a na zachodzie z (5) ______ . W maju 2004 roku Polska weszła do (6) ______ ______ .

Polska podzielona jest na 16 województw, które mają swoje stolice: dolnośląskie (Wrocław), kujawsko-pomorskie (Bydgoszcz), lubelskie (Lublin), lubuskie (Gorzów Wielkopolski), łódzkie (Łódź), (7) ______ (Kraków), mazowieckie (Warszawa), opolskie (Opole), podkarpackie (Rzeszów), podlaskie (Białystok), pomorskie (Gdańsk), śląskie (Katowice), świętokrzyskie (Kielce), warmińsko-mazurskie (Olsztyn), (8) ______ (Poznań) i zachodniopomorskie (Szczecin).

Walutą Polski jest (9) ______, a językiem urzędowym jest język (10) ______ .

Einige Ländernamen stehen im Polnischen im Plural, z.B.:
Czechy
Niemcy
Węgry
Włochy

drapacz chmur - *Wolkenkratzer*
laureat - *Preisträger*
osoba - *Person*
piłka nożna - *Fußball*

9

Interessantes über Polen. Finden Sie Wortgrenzen und schreiben Sie Sätze.

1. N A R O D O W Y M S P O R T E M J E S T P I Ł K A N O Ż N A .

2. W P O L S C E M I E S Z K A 3 8 , 5 M I L I O N Ó W O S Ó B .

3. 17POLAKÓWZOSTAŁOLAUREATAMINAGRODYNOBLA.

4. WWARSZAWIEJESTOBECNIEOSIEMDRAPACZYCHMUR.

5. NAJPOPULARNIEJSZEPOLSKIENAZWISKOTOKOWALSKI.

Endungen der Substantive im Nominativ Plural
maskulin-personal = **-owie, -y, -i, -e**
gemischt-geschlechtlich = **-a, -y, -i, -e.**

Nominativ Plural der Substantive
Im Nominativ Plural werden Substantive in zwei Gruppen aufgeteilt: in die maskulin-personale und gemischt-geschlechtliche. Zu der maskulin-personalen Gruppe gehören nur männliche Personen, z.B. **polityk → politycy**. Zu der gemischt-geschlechtlichen Gruppe gehören alle Feminina, alle Neutra sowie alle Maskulina mit Ausnahme von männlichen Personen (z.B. **samochód → samochody**).

SPRACHTIPP

Bei vielen maskulin-personalen Pluralformen kommt es zu einem Konsonantenwechsel im Wortstamm, z.B. **k→c**, **t→ci**, **sta→ści**.

10

Bilden Sie Pluralformen nach dem vorgegebenen Muster.

1. *politycy,*

(polityk, Polak, Europejczyk, muzyk, berlińczyk)

2. *studenci,*

(student, prezydent, poeta, ekonomista, patron)

3. *osoby,*

(osoba, szkoła, uniwersytet, katedra, bilet, sobota, góra)

° 11

Vervollständigen Sie die Wortreihen. Die Zahl in Klammern gibt jeweils an, wie viele Wörter es insgesamt sein sollen.

1. miasta polskie (3) _______________
2. święta kościelne (2) _______________
3. kraje europejskie (4) _______________
4. znani Polacy (2) _______________
5. polskie imiona (5) _______________
6. polskie nazwiska (3) _______________

Nominativ Plural der Adjektive
In der gemischt-geschlechtlichen Form enden die Adjektive im Nominativ Plural immer auf **-e**. In der maskulin-personalen Form haben die Adjektive im Nominativ Plural die Endung **-i** bzw. **-y**. Dabei kommt es zu Lautwechsel im Auslaut.

SPRACHTIPP

Beispiele für Lautwechsel in der maskulin-personalen Form: **dy→dzi**, **gi→dzy**, **ki→cy**, **szy→si**

° 12

Suchen Sie die passenden Adjektive und ergänzen Sie die Adjektivformen im Plural Nominativ.

ekskluzywny | młody (2x) | polski (2x) | wolny | drogi (2x) | państwowy | najstarszy (2x) | europejski

1. dni _____ od pracy
2. _____ restauracje
3. _____ Polki
4. _____ Polacy
5. _____ prezydenci
6. _____ nazwiska
7. _____ miasta
8. _____ berlińczycy
9. języki _____
10. święta
11. Panie!
12. _____ Panowie!

SPRACHTIPP

Im attributiven Gebrauch steht das Adjektiv im Polnischen meist vor dem Substantiv (a). Bildet das Adjektiv mit dem Substantiv dagegen einen feststehenden Begriff (z.B. bei Eigennamen), wird es oft nachgestellt (b).
(a) **stary teatr**
(b) **Teatr Stary**

KULTURTIPP

Zakopane gilt als Winterhauptstadt Polens. Rund um den Ort sind zehn Skigebiete verteilt. Die größten von ihnen bieten bis zu 15 Pistenkilometer, die höchsten reichen bis auf eine Höhe von 1.987 Metern.

13

Verbinden Sie die passenden Teile der Fragen.

1. Czy wszystkie święta państwowe	___	**A**	województwa śląskiego?
2. Jaki język jest	___	**B**	obecny prezydent Polski?
3. Jakie miasto jest stolicą	___	**C**	ekskluzywne hotele?
4. Jak się nazywa	___	**D**	berlińczycy?
5. Ile gwiazdek mają	___	**E**	Zakopane?
6. Gdzie mieszkają	___	**F**	są dniami wolnymi od pracy?
7. Gdzie leży	___	**G**	urzędowym językiem Polski?

14

Beantworten Sie die Fragen aus der Übung 13.

1. ______________________________

2. ______________________________

3. ______________________________

4. ______________________________

5. ______________________________

6. ______________________________

7. ______________________________

KULTURTIPP

Obwohl Polen sehr oft als „katholisches Land" bezeichnet wird, reagieren viele Polen, die auf Katholizismus angesprochen werden, sehr sensibel. Dieses Thema sollte daher in den ersten Gesprächen gemieden werden.

15

Welche Smalltalk-Themen sind neutral? Welche (eher) nicht? Kreuzen Sie an.

	NEUTRAL	NICHT NEUTRAL
1. polityka	☐	☐
2. pogoda	☐	☐
3. katastrofy	☐	☐
4. wydarzenia kulturalne	☐	☐
5. poglądy religijne	☐	☐
6. sposoby spędzania czasu wolnego	☐	☐
7. sztuka kulinarna	☐	☐
8. zarobki	☐	☐

16

Welche der folgenden Fragen eignen sich gut für Smalltalk? Kreuzen Sie an.

1. ☐ Co warto zwiedzić w Warszawie? **2.** ☐ Ile Pani ma lat?
3. ☐ Ile Pan zarabia? **4.** ☐ Czy tu często leje deszcz?
5. ☐ Czy jest Pani mężatką? **6.** ☐ Lubi pan słuchać muzyki?
7. ☐ Jak się tu Panu podoba? **8.** ☐ Jak panu smakował deser?

SPRACHTIPP

Die Frage „Sind Sie verheiratet?" ist im Polnischen nach dem Geschlecht der angesprochenen Person zu richten. Eine Frau fragt man: **„Jest Pani mężatką?"** und einen Mann **„Jest Pan żonaty?"**.

Interjektionen
Interjektionen sind unveränderliche, außerhalb des Satzrahmens stehende Wörter. Dazu gehören Empfindungswörter, die verschiedene Gefühle und Einstellungen des Sprechers ausdrücken (Beispiel 1), sowie Aufforderungswörter, die einen Ruf, Gruß oder eine Aufforderung wiedergeben (Beispiel 2).

BEISPIELE

(1) Kälte: **brrr!**
(2) jemanden beruhigen: **sza! ci! pst!**

17

Was passt zusammen? Verbinden Sie.

1. ała! aj! ___ **A** jemanden anhalten
2. och! oj! ojej! ___ **B** Seufzer
3. ech! eh! ___ **C** Aufmerksamkeit auf etwas lenken
4. ej! ___ **D** Schmerz
5. stop! ___ **E** Ekel
6. fu, fuj ___ **F** Überraschung

SPRACHTIPP

Zu den Interjektionen gehören auch Kraftausdrücke, z.B. **kurde! cholera! holender!**

18

Welche Übersetzung ist richtig? Markieren Sie.

1. Oj tak, ma Pan(i) rację.
☐ **A** O ja, Sie haben Recht.
☐ **B** Oho, Sie werden verfolgt.

2. Ojej, pan jest artystą?
☐ **A** Ach was, Sie sind ein Zirkusartist?
☐ **B** Nanu, Sie sind ein Künstler?

3. Fuj, ten kompot smakuje okropnie!
☐ **A** Pfui, dieser Fruchtsaft schmeckt schrecklich!
☐ **B** Hmm, dieses Kompott schmeckt schrecklich!

SPRACHTIPP

Einige Wörter im Polnischen klingen bzw. sehen aus wie deutsche, haben aber eine völlig andere Bedeutung, z.B. klingt **post** wie das deutsche Wort *Post*, bedeutet aber *Fastenzeit*.

Musical Metro
Viele der bekannten polnischen Pop-Musiker/-innen (z.B. Edyta Górniak, Robert Janowski, Katarzyna Skrzynecka und Doda) haben ihren Durchbruch dem Musical „Metro" zu verdanken. Das polnische Musical wurde 1991 in Teatr Dramatyczny in Warschau und 1992 auf dem New Yorker Broadway uraufgeführt. Bis 2016 wurde es vor 2 Mio. Zuschauern 2042 Mal aufgeführt. Seit dem Erfolg von „Metro" sind Musicals in Polen sehr beliebt: Die Tickets für Musical-Aufführungen in den Warschauer „Teatr Rampa" oder „Studio Buffo" sollte man früh genug reservieren.

TR. 14

WORTSCHATZ

odnieść sukces - *Erfolg haben*
opowiadać o - *erzählen von*
podziemny - *unterirdisch*
ważny - *wichtig*
własny - *eigener*
żaden - *keiner*

1

Hören Sie die Zusammenfassung von „Metro". Nummerieren Sie die Sätze in der richtigen Reihenfolge.

___ Ci młodzi ludzie przyjeżdżają na casting do teatru, ale nie dostają żadnej roli.
___ Ich podziemny musical odnosi sukces i dostają propozycję angażu do teatru.
___ „Metro" to polski musical z muzyką Janusza Stokłosy, wyreżyserowany przez Janusza Józefowicza.
___ Organizują wobec tego własny musical na stacji metra.
___ Musical opowiada o grupie młodych artystów, którzy marzą o miłości i karierze.
___ Teraz młodzi artyści mają dylemat: Co jest ważniejsze - pieniądze czy marzenia?

TR. 15

KULTURTIPP

In einigen Kultureinrichtungen ist der Eintritt frei (**wstęp wolny**). Ermäßigte Tickets (**bilety ulgowe**) stehen u.a. Rentnern zu. Alle anderen zahlen den vollen Preis (**bilety normalne**).

2

Lesen Sie die fünf Situationen. Hören Sie dann die Werbung. Welche Werbung (1-5) passt zu welcher Situation?

___ **A** Piotr chce pójść do teatru.
___ **B** Monika chciałaby nauczyć się szyć.
___ **C** Agata i Jürgen są fanami jazzu.
___ **D** Grażyna ma wnuki i nie chce być z nimi cały czas w domu.
___ **E** Małgorzata studiuje kulturoznawstwo i uwielbia folklor.

SPRACHTIPP

Idę **na**... koncert/urodziny/rynek.

Idę **do**... parku/sąsiadki/kina.

Präpositionen „na" und „do"
Bei öffentlichen und privaten Veranstaltungen sowie offenen Flächen wird für die Bedeutung *ins Konzert / zum Geburtstag / zum Marktplatz gehen* **na** verwendet. Bei Orten, Personen und geschlossenen Räumen *(in den Park / zur Nachbarin / ins Kino gehen)* wird hingegen **do** benutzt.

3

„Na“ oder „do“? Ergänzen Sie die Präpositionen. Hören Sie anschließend.

TR. 16

W piątek o godzinie 20 zapraszamy (1) ______ wyjątkowy wieczór jazzowy w Klubie Harenda. W sobotę od godz. 12 zapraszamy (2) ______ warsztaty plastyczne dla dzieci (3) ______ Centrum Kreatywności „Bolek i Lolek“. W niedzielę o godzinie 11.00 lub 19.00 można pójść (4) ______ spektakl „Skłodowska. Radium woman“ (5) ______ Teatru WARSawy. W sobotę i niedzielę w godzinach 11.00 - 17.00 zapraszamy (6) ______ Jarmark Kazimierski. (7) ______ kiermaszu można obejrzeć nie tylko tradycyjne pisanki, palmy i ozdoby świąteczne, ale też zakupić regionalne przysmaki, miody i ciasta. Warsztaty szycia odbędą się w niedzielę w klubie „Nitka“ (8) ______ Placu Krakowskim.

KULTURTIPP

Zu den bekanntesten regionalen Spezialitäten (**regionalne przysmaki**) gehören **oscypek podhalański** (Räucherkäse aus der Region Hohe Tatra), **pierniki toruńskie** (Lebkuchen aus Thorn) und **krakowskie obwarzanki** (Krakauer Kringel).

4

Hören Sie das Gespräch zwischen Piotr und Małgorzata und kreuzen Sie an.

TR. 17

	RICHTIG	FALSCH
1. Piotr ma ochotę iść z Małgorzatą do teatru.	☐	☐
2. Piotr proponuje Małgorzacie wystawę literacką.	☐	☐
3. Wystawa literacka ma miejsce w Muzeum Literatury.	☐	☐
	☐	☐
4. Małgorzata nie lubi ani muzeów, ani literatury.	☐	☐
5. Małgorzata proponuje Piotrowi kiermasz.	☐	☐
6. Piotr nie lubi ani kiermaszy, ani folkloru.	☐	☐

SPRACHTIPP

Im Polnischen werden die Vornamen dekliniert, z.B. Małgorzata (N), Małgorzaty (G), Małgorzacie (D und L), Małgorzatę (A), Małgorzatą (I), Małgorzato! (V).

Mehrteilige Konjunktionen

Mehrteilige Konjunktionen verbinden Sätze bzw. Satzglieder gleichen Grades. Der inhaltlichen Verbindung nach unterscheidet man zwischen Konjunktionen der Aufzählung (Bsp. 1, 2 und 3) und der Alternativen (Bsp. 4).

(1) Piotr chodzi **nie tylko** do teatru, **ale i** na wystawy.
(2) Piotr lubi **zarówno** teatr, **jak i** wystawy.
(3) Małgorzata nie lubi **ani** muzeów, **ani** literatury.
(4) W programie jest **albo** komedia, **albo** thriller.

SPRACHTIPP

nie tylko..., ale... nicht nur ..., sondern auch ...
zarówno..., jak i... sowohl ..., als auch ...
ani..., ani... weder ... noch ...
albo..., albo... entweder ...oder ...

SPRACHTIPP

Polka bezeichnet sowohl die Polin als auch den Tanz.

5

Welche Sätze bzw. Wortgruppen passen zusammen? Verbinden Sie.

1. Nie zdążymy na koncert. Ani ty, ___ A jak i opery.
2. Oni nie poszli ani na wystawę, ___ B jak i grać na fortepianie.
3. Lubimy zarówno musicale, ___ C ani ja.
4. Ten piosenkarz potrafi zarówno śpiewać, ___ D albo jutro. To dla mnie bez różnicy.
5. Możemy pójść na wernisaż albo dziś, ___ E albo kino. Co wolicie?
6. Albo dyskoteka, ___ F ani do teatru.

Teatr Narodowy w Warszawie
Das älteste Theater Polens wurde 1765 vom König Stanisław August Poniatowski gegründet. Das monumentale fünfgeschossige Bauwerk, das im Zweiten Weltkrieg völlig zerstört und in der Nachkriegszeit wieder aufgebaut wurde, beherbergt die größte Opernbühne der Welt sowie zahlreiche Cafés und Restaurants.

KULTURTIPP

Szlachta bezeichnet den polnischen Kleinadel, der bis ins 20. Jahrhundert hinein eine außergewöhnlich große Rolle innerhalb der polnischen Gesellschaft spielte. Seine ehemaligen Landsitze prägen bis heute das polnische Landschaftsbild.

6

Lesen Sie den Text und beantworten Sie anschließend die Fragen.

Jednym z najczęściej granych klasyków w polskich teatrach jest „Pan Tadeusz" Adama Mickiewicza – satyra polskiej szlachty. Akcja poematu dzieje się na Litwie w latach 1811-1812, na dworze szlacheckim w Soplicowie oraz w Dobrzynie.
Próba adaptacji poematu wzbudzała liczne kontrowersje. Mimo, że nikt nie wierzył w sukces ekranizacji „Pana Tadeusza" w reżyserii Andrzeja Wajdy, film obejrzało w kinach ponad sześć milionów widzów.

1. Kto napisał „Pana Tadeusza"?

   ____

2. Czy „Pana Tadeusza" można zobaczyć tylko w teatrze?

   ____

3. Ilu widzów obejrzało „Pana Tadeusza" w kinach?

   ____

4. Kto wyreżyserował filmową adaptację „Pana Tadeusza"?

   ____

7

Was gehört zusammen? Verbinden Sie.

1. malar-	___	**A**	obraz
2. kraj-	___	**B**	tret
3. akwa-	___	**C**	kcja
4. por-	___	**D**	leria
5. abstra-	___	**E**	stwo
6. ga-	___	**F**	rela

SPRACHTIPP

Das polnische Wort **landszaft** ist ein Lehnwort aus dem Deutschen und bedeutet *Kitschgemälde*.

8

Welche Aussage ist richtig? Lesen Sie den Text und kreuzen Sie an.

Najdroższe obrazy polskich malarzy

Już ponad 20 obrazów Tamary Łempickiej sprzedano za ponad milion dolarów. Najdroższy z nich, obraz „Le rêve", kosztował 8,5 miliona dolarów! Do najdrożej sprzedanych obrazów polskich artystów zaliczają się również dzieła Henryka Siemiradzkiego i Romana Opałki.

	RICHTIG	FALSCH
1. Kilkanaście obrazów Łempickiej kosztowało ponad milion dolarów.	☐	☐
2. Najdroższy obraz Łempickiej kosztował kilkadziesiąt milionów dolarów.	☐	☐
3. Do najdrożej sprzedanych obrazów polskich artystów zaliczają się dzieła kilku artystów.	☐	☐

ABC WORTSCHATZ

dzieło – *Werk*
kilka/kilku – *einige*
kilkadziesiąt/kilkudziesięciu – *einige zehn, zig*
kilkanaście/kilkunastu – *etwa zwölf (bis neunzehn)*
ponad – *über*
sprzedano – *wurde(n) verkauft*
zaliczać się do – *zu etw. zählen*

Unbestimmte Grundzahlwörter

Die unbestimmten Grundzahlwörter bezeichnen eine unbestimmte Menge/Anzahl und antworten auf die Frage **ile?** (gemischt-geschlechtliche Form) bzw. **ilu?** (maskulin-personale Form) (wie viel?/wie viele?).

Ile?	**Ilu?**	
kilka	kilku	*(einige)*
parę	paru	*(ein paar)*
wiele	wielu	*(mehrere)*
kilkanaście	kilkunastu	*(etwa zwölf, bis 19)*
kilkadziesiąt	kilkudziesięciu	*(einige zehn, zig)*
kilkaset	kilkuset	*(einige hundert)*

SPRACHTIPP

Nastolatka/Nastolatek *(Teenager)* ma (kilka)naście lat.

9

Ergänzen Sie das passende Grundzahlwort.

1. (kilka/kilku) _____ filmów, _____ reżyserów, _____ festiwali
2. (parę/paru) _____ pianistów, _____ fortepianów , _____ pianistek
3. (wiele/wielu) _____ dyrygentów, _____ instrumentów
4. (kilkanaście/kilkunastu) _____ aktorów, _____ aktorek

KULTURTIPP

Zu den polnischen Literaturnobelpreisträgern gehören Henryk Sienkiewicz, Władysław Reymont, Czesław Miłosz und Wisława Szymborska. Im Jahr 2000 erhielt Andrzej Wajda als erster polnischer Filmemacher einen Oscar für sein Gesamtwerk.

10

Bilden Sie Fragen.

1. instrumentów | znasz | muzycznych | ile | ?

____

2. ilu | pisarzy | nagrodę Nobla | i | poetów | polskich | dostało | ?

____

3. polskich | ilu | reżyserów | dostało | Oskara | ?

____

4. jest | mieście | ile | w | twoim | teatrów | ?

____

SPRACHTIPP

Die feminine Form von **mistrz** *(Meister)* lautet **mistrzyni**. Die maskuline Form von **gwiazda** (Star) lautet **gwiazdor**.

11

Lesen Sie die Biographie von Tamara Łempicka. Ergänzen Sie die Verben.

podróżowała | stała | studiować | studiowała | urodziła się | wyemigrowała | wyjechali | wyjechała | wyszła (2x) | zmarła

Tamara Łempicka (1) _____ w 1898 r. w Warszawie lub w 1896 w Moskwie. W 1916 roku (2) _____ za mąż za Tadeusza Łempickiego. Latem 1918 roku Łempiccy (3) _____ do Paryża. Łempicka (4) _____ malarstwo w Paryżu. Często (5) _____ do Włoch, aby (6) _____ dzieła dawnych mistrzów. W 1934 Łempicka ponownie (7) _____ za mąż, w 1938 roku wraz z mężem (8) _____ do Stanów Zjednoczonych, gdzie (9) _____ się ulubioną portrecistką gwiazd Hollywood. Po śmierci męża Łempicka (10) _____ do Meksyku, gdzie (11) _____ w 1980 roku.

12

Bilden Sie Sätze im Präteritum.

1. urodzić się | Andrzej Wajda | w Suwałkach | w 1926 roku | .

2. reżyserię | i | w | Krakowie i Łodzi | malarstwo | studiować | .

3. filmem | być | Wajdy | pierwszym | „Pokolenie" | .

4. stać się | jego | film | klasykiem polskiego kina | „Człowiek z żelaza" | .

5. zajmować się | Andrzej Wajda | również | działalnością teatralną | .

6. wiele | otrzymać | prestiżowych nagród | .

7. drugą żoną | być | jego | Beata Tyszkiewicz | znana polska aktorka | .

8. w | 2016 roku | Warszawie | Andrzej Wajda | w | zemrzeć | .

KULTURTIPP

Da die bekannteste polnische Filmhochschule sich in Łódź befindet, wird die Stadt gern HollyŁódź genannt.

13

Vervollständigen Sie die Wortreihen. Die Zahl in Klammern gibt jeweils an, wie viele Wörter es insgesamt sein sollen.

1. kilku znanych polskich artystów (3)

2. kilka imprez kulturalnych (4)

3. parę zawodów związanych z kulturą (4)

4. parę instytucji kultury (4)

SPRACHTIPP

Das Adjektiv **kulturalny** hat zwei Bedeutungen: kulturell (Bsp. 1) und vornehm (Bsp. 2). Im Kontext der interkulturellen Kommunikation verwendet man das Adjektiv **(inter) kulturowy** (Bsp. 3).

(1) impreza kulturalna, magazyn kulturalny
(2) kulturalny człowiek, kulturalni ludzie
(3) komunikacja interkulturowa, kompetencja interkulturowa, trening interkulturowy

SPRACHTIPP

Viele polnische Kultureinrichtungen sind auf Facebook präsent. Wenn etwas gefällt, werden **lajki** vergeben.
Ta wystawa ma 100 lajków!
To muzeum ma 202 lajki!

14

Über Kunst sprechen. Welche der folgenden Ausdrücke drücken Gefallen bzw. Missfallen aus?

	GEFALLEN	MISSFALLEN
1. Ten musical jest niesamowity!	☐	☐
2. To ma być sztuka? Chyba żartujesz!	☐	☐
3. Tamten obraz podoba mi się najbardziej ze wszystkich, jakie kiedykolwiek widziałem.	☐	☐
4. Ten film jest po prostu nudny.	☐	☐
5. Strasznie mi się podoba ta piosenka.	☐	☐
6. Ten koncert mi się w ogóle nie podoba, bo nie słucham tego typu muzyki.	☐	☐
7. Fajna ta wystawa.	☐	☐

Die meistbesuchten Museen in Polen
Laut Zahlen des Statistischen Hauptamtes von Polen (GUS) sind Muzeum Pałac w Wilanowie (Warschau/Warszawa), Muzeum Łazienki Królewskie (Warschau/Warszawa), Muzeum Auschwitz-Birkenau, Zamek Królewski na Wawelu (Krakau/Kraków) und Muzeum Żup Krakowskich die fünf meistbesuchten Museen in Polen. Sie wurden von fast 9 Millionen Besuchern gesehen.

SPRACHTIPP

Alle Substantive auf **-um**, z.B. **muzeum**, **planetarium**, **laboratorium** können nicht dekliniert werden.

15

Wie man begründet, welches von zwei Museen man auswählt. Verbinden Sie die passenden Satzteile.

1. Muzeum przedstawia historię ...	___	**A** są dużo ciekawsze
2. W Muzeum ... wystawy.	___	**B** bo można dotykać tam eksponaty.
3. Bardziej podoba mi się Muzeum..., bo	___	**C** bardziej interesująco.
4. Wolę pójść do Muzeum...,	___	**D** miejsce dla rodzin z dziećmi.
5. Muzeum ... to lepsze	___	**E** to polecam Muzeum ...
6. Jeśli chcesz poznać historię ...,	___	**F** nie było w nim dużo ludzi.

16

Anna will Tickets für eine Kulturveranstaltung bestellen. Ordnen Sie die fehlenden Dialogteile zu, indem Sie die passenden Nummern eintragen.

(1) Mam jeszcze dwa miejsca w ósmym rzędzie. | (2) Normalny kosztuje 70 zł, a ulgowy 40. | (3) To poproszę. Czy mogę zapłacić kartą? | (4) Nie, dziękuję. | (5) Na dziś czy na jutro? | (6) Gdzie chciałaby Pani siedzieć? | (7) Przykro mi, ale na jutro wszystko jest zarezerwowane.

Anna: Poproszę dwa bilety na „Pana Tadeusza".
Kasjerka: ___
Anna: Na jutro.
Kasjerka: ___
Anna: W porządku, to wobec tego na dzisiaj proszę. Ile kosztują bilety?
Kasjerka: ___
Anna: Poproszę dwa normalne.
Kasjerka: ___
Anna: Hm... Nie zastanawiałam się nad tym... Może gdzieś w środku?
Kasjerka: ___
Anna: ___
Kasjerka: Tak, oczywiście. Czy życzy Pani sobie program?
Anna: ___

KULTURTIPP

Immer mehr Tickets für Kulturveranstaltungen in Polen werden übers Internet verkauft. Portale wie z.B. www.bilety24.pl bieten Tickets für Kulturveranstaltungen in ganz Polen.

17

Welche der folgenden Fragen können Sie stellen, wenn Sie sich mit jemandem zu einer Kulturveranstaltung verabreden wollen? Kreuzen Sie an.

1. ☐ Gdzie tu jest szatnia?
2. ☐ Na którą się umawiamy?
3. ☐ Masz ochotę pójść ze mną na balet?
4. ☐ Lubisz sztukę nowoczesną?
5. ☐ Czy mogę prosić o program?
6. ☐ Czy życzy sobie Pan audioprzewodnik?
7. ☐ O której zaczyna się przedstawienie?
8. ☐ Chcesz dzisiaj wyjść do klubu?
9. ☐ Jak ci się podobało?
10. ☐ Gdzie chcesz się spotkać?
11. ☐ Masz ochotę zatańczyć?
12. ☐ O której kończy się spektakl?

KULTURTIPP

Nahezu jede Stadt in Polen hat einen Treffpunkt – **miejsce spotkań**. Die Krakauer verabreden sich oft „**pod Adasiem**", d.h. vor dem Denkmal von Adam Mickiewicz, das auf dem Marktplatz steht.

Medien und Kommunikation

SPRACHTIPP

Dem Einfluss des Englischen unterliegt auch die polnische Sprache vor allem im Medienbereich:
e-mail - E-Mail
joystick - Joystick
klikać/kliknąć - klicken
Internet - Internet
komputer - Computer
laptop - Laptop
offline, online - offline, online
reality show - Realityshow
selfie - Selfie
smartfon - Smartphone
tablet - Tablet
Einige englische Begriffe haben jedoch ihre polnischen Entsprechungen:
ściągać/ściągnąć - herunterladen

1

Ordnen Sie die Sätze den Bildern zu, indem Sie die passenden Nummern eintragen.

1. Jak włączyć polską klawiaturę w Windowsie?
2. Jaki telewizor wybrać - Full HD czy Ultra HD?
3. Korzystam z tableta, aby przeglądać strony internetowe.
4. Coraz więcej emerytów ma smartfona.
5. Możesz mi podać pilota?
6. Dostałem na urodziny czytnik e-booków.
7. Jakie słuchawki wolisz - czarne czy białe?
8. Czy opłaca się kupić używany laptop?

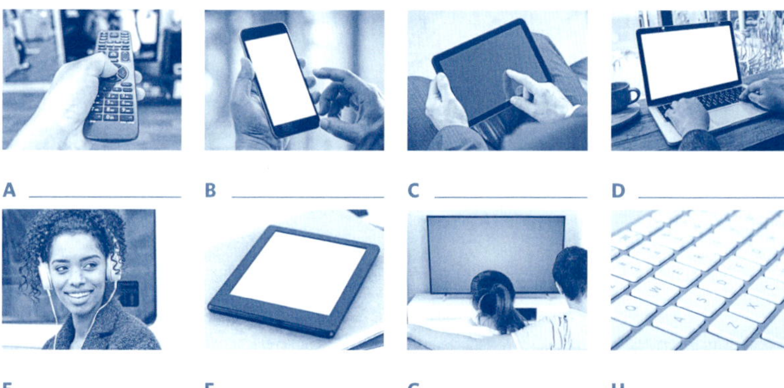

A ______ B ______ C ______ D ______

E ______ F ______ G ______ H ______

TR. 18

SPRACHTIPP

Soziale Medien wie Facebook oder Instragram heißen auf Polnisch **media społecznościowe** (wörtlich übersetzt *Gesellschaftsmedien*).

2

Hören Sie das Interview und kreuzen Sie an.

	RICHTIG	FALSCH
1. Jacek studiuje ekologię we Wrocławiu.	☐	☐
2. Dziennikarz pyta respondentów o korzystanie z mediów.	☐	☐
3. Jacek korzysta najrzadziej z Internetu.	☐	☐
4. Pani Helena jest matką Jacka.	☐	☐
5. Pani Helena korzysta nie tylko z Internetu.	☐	☐
6. Zdaniem pani Heleny najlepszy sposób na relaks to Facebook i Instagram.	☐	☐

Telewizja w Polsce
Den polnischen Fernsehmarkt teilen sich die öffentlich-rechtliche Aktiengesellschaft Telewizja Polska S.A. mit Sitz in Warschau und Privatsender. Zu den beliebtesten öffentlich-rechtlichen Sendern gehören TVP1 (Jedynka, dt. die Eins) und TVP2 (Dwójka, dt. die Zwei). Seit den 1990er Jahren existieren mehrere private Sender, wie z.B. Polsat, TVN und RTL7.

3

Hören Sie die Sätze und nummerieren Sie sie in der richtigen Reihenfolge. Beantworten Sie anschließend die Fragen.

TR. 19

___ Najpopularniejszym niesportowym programem telewizyjnym był serial „M jak miłość", który w styczniu 2012 roku miał prawie osiem milionów widzów.

___ Liderem wśród obecnie emitowanych reality show jest program TVP1 „Rolnik szuka żony".

___ Do najchętniej oglądanych programów telewizyjnych ostatnich sześciu lat należą transmisje sportowe: piłka nożna, skoki narciarskie i siatkówka mężczyzn.

___ Na trzecim miejscu uplasowały się programy rozrywkowe, wśród których coraz popularniejsze stają się tak zwane reality show.

___ Mecz piłki nożnej Polski z Portugalią oglądało łącznie 15 milionów telewidzów, a mecz z Niemcami ponad 14 milionów.

1. Jakie programy telewizyjne oglądane są w Polsce najchętniej?

___

2. Ilu widzów oglądało w styczniu 2012 roku serial „M jak miłość"?

___

3. Jakie programy rozrywkowe stają się coraz popularniejsze?

___

4. Czy program „Rolnik szuka żony" emituje Jedynka czy Dwójka?

___

WORTSCHATZ

emitować - hier: *ausstrahlen*
prawie - *fast*
rolnik - *Bauer*
siatkówka - *Volleyball*
skoki narciarskie - *Skispringen*
uplasować się - *sich platzieren*

SPRACHTIPP

Die Wörter **(radio)słuchacze** *(Rundfunkhörer)* und **(tele)widzowie** *(Fernsehzuschauer)* können auch in der Kurzfassung **słuchacze** (Hörer) und **widzowie** (Zuschauer) verwendet werden. Dies betrifft allerdings nicht das Wort **internauci** (Internetnutzer).

SPRACHTIPP

imperfektive Verben
jest oglądany (Präsens)
był oglądany (Präteritum)
będzie oglądany (Futur)
perfektive Verben
został obejrzany (Präteritum)
zostanie obejrzany (Futur)

Vorgangspassiv
Das Vorgangspassiv wird mit Hilfe der Hilfsverben **być** oder **zostać** und dem **Partizip Präteritum** der imperfektiven bzw. perfektiven Verben gebildet.
(1) Ten serial był często oglądany. *Diese Fernsehserie wurde oft geschaut.*
(2) Ten serial został obejrzany przez 8 mln widzów. *Diese Fernsehserie wurde von 8 Mio. Zuschauern geschaut.*
Während das Passiv von imperfektiven Verben nur im Präsens gebildet werden kann, gibt es je zwei Passivvarianten im Präteritum und Futur.

SPRACHTIPP

Die Präposition **przez** wird in Passivsätzen verwendet, um den Urheber zu nennen und entspricht den deutschen Präpositionen *von* bzw. *durch*.

4

Aktiv und Passiv: Verbinden Sie Sätze mit gleichem Inhalt.

1. W zeszłym roku Polacy najchętniej czytali gazetę „Fakt". ___	**A** Serial „M jak miłość" był oglądany w styczniu 2012 roku przez prawie 8 mln widzów.
2. W 1990 roku wydawnictwo Bauer założyło popularne czasopismo dla kobiet „Twój Styl". ___	**B** Pierwsza polska prywatna stacja radiowa została założona przez Stanisława Tyczyńskiego w 1981 roku w Krakowie.
3. Serial „M jak miłość" oglądało w styczniu 2012 roku prawie 8 mln widzów. ___	**C** Radio RMF FM z Krakowa jest najchętniej słuchane przez młodych Polaków.
4. Pierwszą polską prywatną stację radiową założył Stanisław Tyczyński w 1981 roku w Krakowie. ___	**D** W zeszłym roku gazeta „Fakt" była najchętniej czytana przez Polaków.
5. Młodzi Polacy słuchają najchętniej radia RMF FM z Krakowa. ___	**E** Popularne czasopismo dla kobiet „Twój Styl" zostało założone w 1990 roku przez wydawnictwo Bauer.

SPRACHTIPP

Sowohl die Hilfsverben als auch die Partizip Präteritum -Formen der imperfektiven und perfektiven Verben müssen mit dem Subjekt des Passivsatzes übereinstimmen.

serial (m)
→ jest/był oglądany
wideo (n)
→ jest/było oglądane
reklama (f)
→ jest/była oglądana
zawodnicy (mpG)
→ są/byli oglądani
seriale (ggG)
→ są/były oglądane

5

Welche Übersetzung ist richtig? Markieren Sie.

1. był oglądany/było oglądane/była oglądana | byli oglądani/były oglądane
- ☐ **A** wurde geschaut | wurden geschaut
- ☐ **B** wird geschaut | werden geschaut

2. został założony/zostało założone/została założona | zostali założeni/zostały założone
- ☐ **A** wird gegründet werden | werden gegründet werden
- ☐ **B** wurde gegründet | wurden gegründet

3. jest najchętniej słuchany/słuchane/słuchana | są najchętniej słuchani/słuchane
- ☐ **A** wird am liebsten gehört | werden am liebsten gehört
- ☐ **B** wird am häufigsten gehört | werden am häufigsten gehört

4. był najchętniej czytany/było najchętniej czytane/była najchętniej czytana | byli najchętniej czytani/były najchętniej czytane
- ☐ **A** wurde am liebsten gelesen | wurden am liebsten gelesen
- ☐ **B** wurde am liebsten gehört | wurden am liebsten gehört

6

Markieren Sie die passenden Passivformen. Pro Satz ist nur eine Form korrekt.

1. Blog „Szybkie gotowanie, wolne jedzenie" był najchętniej czytany | było najchętniej czytane | była najchętniej czytana | byli najchętniej czytani | były najchętniej czytane w zeszłym roku.
2. Seriale „M jak Miłość", „Na dobre i na złe" oraz „Barwy szczęścia" jest najchętniej oglądany | jest najchętniej oglądane | jest najchętniej oglądana | są najchętniej oglądani | są najchętniej oglądane w polskiej telewizji.
3. Prywatne stacje telewizyjne został założony | zostało założone | została założona | zostali założeni | zostały założone w latach dziewięćdziesiątych.
4. Jaka strona internetowa jest najczęściej odwiedzany | jest najczęściej odwiedzane | jest najczęściej odwiedzana | są najczęściej odwiedzani | są najczęściej odwiedzane przez polskich internautów?

KULTURTIPP

Die größte Online-Shopping-Plattform Polens heißt **allegro**. Es kann in folgenden Kategorien eingekauft werden:
Elektronika
Moda
Dom i ogród
Supermarket
Dziecko
Uroda i zdrowie
Kutura i rozrywka
Sport i wypoczynek
Motoryzacja
Kolekcje i sztuka

7

Welche Aussage ist richtig? Lesen Sie den Text und kreuzen Sie an.

Teleexpress

Teleexpress to piętnaście minut informacji z kraju i ze świata. Ten krótki program informacyjny na Jedynce emitowany jest od trzydziestu lat codziennie o godzinie 17. W Teleexpressie prezentowane są nie tylko informacje dotyczące polityki, nauki, techniki, kultury oraz sportu, ale i prognoza pogody oraz raporty regionalne. Specyfiką Teleexpressu jest fakt, że w każdym wydaniu omawiane są ciekawe informacje muzyczne, które tradycyjnie przedstawia dziennikarz Marek Sierocki.

	RICHTIG	FALSCH
1. Teleexpress to program rozrywkowy.	☐	☐
2. Teleexpress trwa 15 minut.	☐	☐
3. Teleexpress emitowany jest na TVP1.	☐	☐
4. Teleexpress emitowany jest od trzynastu lat.	☐	☐
5. Teleexpress można oglądać tylko w weekend.	☐	☐

WORTSCHATZ

dotyczący – *betreffend*
każdy/-e/-a – *jede/r/s*
kraj – *Land,* (hier:) *Inland*
omawiać – *besprechen*
specyfika – (hier:) *Besonderheit*
świat – *Welt*
trwać – *dauern*
wydanie – *Ausgabe*

SPRACHTIPP

Die Suffixe müssen mit dem Genus und Numerus des Bezugswortes übereinstimmen, z.B. obejrzany serial (m.), obejrzane wideo (n.), obejrzana reklama (f.), obejrzani zawodnici (mpG), obejrzane seriale (ggG)

SPRACHTIPP

Folgende Vokabeln können Sie gut gebrauchen:
zasięg - Empfang
ograniczony zasięg - eingeschränkter Empfang
Tutaj jest dobry/zły zasięg.
Nie mam zasięgu.

KULTURTIPP

Ein von polnischen Informatikern entwickeltes Computerspiel - **gra komputerowa „Wiedźmin"** („Der Hexer") - basiert auf den Büchern des Schriftstellers Andrzej Sapkowski und feiert seit seiner Markteinführung 2002 ununterbrochen Erfolge auf dem internationalen Computerspielmarkt.

Partizip Präteritum

Das Partizip Präteritum (Passiv) wird vom Infinitiv der perfektiven und der imperfektiven Verben gebildet, indem man die Infinitivendung durch folgende Suffixe ersetzt:

-a-ny	bei Verben auf **-ać** und **-eć**, z.B. **oglądać → oglądany**
-o-ny	bei Verben auf **-ść**, **-źć**, **-ić**, **-yć** und **-c**, z.B. **kupić → kupiony**
-ty	bei Verben auf **-ić**, **-uć** und **-yć**, z.B. **ściągć → ściągnięty**
-ęty/-ony	bei Verben auf **-nąć**, z.B. **kliknąć → kliknięty**

8

Bilden Sie Partizipformen. Achten Sie auf die Deklinationsendung.

1. emitować → ______ audycja
2. prezentować → ______ poglądy
3. wysłać → ______ e-maile
4. zainstalować → ______ program
5. usunąć → ______ zdjęcie
6. wyłączyć → ______ komputer
7. zaprenumerować → ______ gazeta
8. ograniczyć → ______ zasięg

9

Bilden Sie Passivsätze im Präteritum. Achten Sie auf die Form des Hilfsverbs.

1. być | w każdą sobotę | Audycja w języku polskim | emitowana | .
______
2. w sobotnim talkshow | być | na temat gier komputerowych | dyskutowane | Poglądy psychologów | .
______
3. Wszystkie e-maile | bez załącznika | zostać | wysłane | .
______
4. nie zostać | przeze mnie | Ten program | zainstalowany | .
______
5. które wczoraj dodałam na Facebooku, | dziś | zostać | usunięte | Zdjęcie, | .
______
6. ograniczyć | Przez cały wieczór | być | zasięg sieci WiFi w hotelu | .
______

10

Welche der Ausdrücke können in der offiziellen E-Mail-Korrespondenz verwendet werden? Welche in der privaten? Kreuzen Sie an.

	KORESPONDENCJA OFICJALNA	KORESPONDENCJA PRYWATNA
1. Szanowny Panie Dyrektorze!	☐	☐
2. Cześć Aniu!	☐	☐
3. Z poważaniem Jan Nowak	☐	☐
4. Serdeczne pozdrowienia Jan	☐	☐
5. W przypadku pytań proszę o kontakt.	☐	☐
6. Życzę Pani udanej konferencji Monika Padlewska	☐	☐
7. Podaj mi proszę twój adres pocztowy.	☐	☐

Emotikony (Smileys) werden wie auch in Deutschland in der privaten E-Mail-Korrespondenz gern verwendet.

11

Eine E-Mail schreiben. Finden Sie Wortgrenzen und schreiben Sie Sätze.

1. MAMNADZIEJĘŻEWSZYSTKOUCIEBIEWPORZĄDKU.

____

2. PROSZĘOPRZESŁANIEDOKUMENTOWNAPONIŻSZYADRES.

____

3. WZAŁĄCZNIKUPRZESYŁAMWYMAGANEDOKUMENTY.

____

4. PISZĘŻEBYZAPROSIĆCIĘNAMOJEURODZINY

____

5. DAJZNAĆCZYDASZRADĘPRZYJECHAĆNAIMPREZĘ.

____

Folgende Ausdrücke sollten Sie kennen, wenn Sie ein E-Mail-Programm auf Polnisch benutzen wollen:

anuluj – löschen
(kopia) do – (in Kopie) an
kosz – Papierkorb
napisz wiadomość – E-Mail schreiben
temat – Betreff
wysłane – gesendet
wyślij – senden
załączniki – Anhänge
zapisz szkic – Entwurf speichern

Telefonzellen
Zwischen 2006 und 2008 wurden viele polnische **budki telefoniczne** abgebaut - heute existieren noch ca. 14 000 von ihnen. Für die Verwertung der alten Telefonzellen gibt es mehrere Ideen. In der Stadt Oppeln wurden zwölf alte Telefonzellen zu kostenfreien WLAN-Hotspots umgebaut. Klassisches Telefonieren geht an den superschnellen Internetstationen übrigens immer noch.

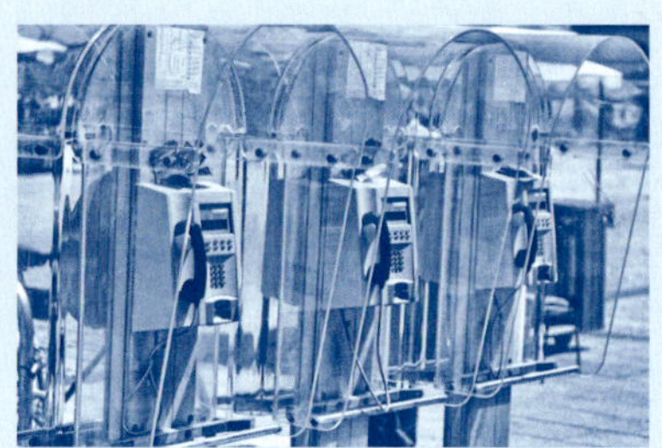

SPRACHTIPP

Eine gute Hilfestellung beim Fremdsprachenlernen bietet das Internet mit dem Online-Wörterbuch **www.pons.com**, das auch auch als App **aplikacja** erhältlich ist.

12

Welche der folgenden Ausdrücke können Sie verwenden, wenn Sie sich mit jemandem übers Internet unterhalten? Kreuzen Sie an.

1. □ Cieszę się, że cię słyszę.
2. □ Przepraszam cię bardzo, ale muszę kończyć. Muszę iść do lekarza.
3. □ Chyba mój mikrofon nie działa, moment...
4. □ Dawno ze sobą nie rozmawialiśmy, co u Ciebie słychać?
5. □ Czy mogę prosić o sól i pieprz?
6. □ Przepraszam, ale ze chwilę mam następną rozmowę.
7. □ Masz chwilę na rozmowę?
8. □ Masz ochotę na lody?
9. □ Co ci podać do picia?
10. □ Niestety nic nie słyszę. Mógłbyś mówić trochę głośniej?
11. □ Masz ochotę zatańczyć?
12. □ Przepraszam, gdzie tu są jakieś gazety do czytania?

SPRACHTIPP

Folgendes können Sie sagen, wenn **automatyczna sekretarka** (Mailbox) angehen sollte:

Hej/Dzień dobry, tu ... (imię, ewentualnie nazwisko) szkoda, że nie możesz odebrać telefonu. Spróbuję zadzwonić do Ciebie później. Do usłyszenia!

13

Auf Polnisch telefonieren. Verbinden Sie die passenden Sätze.

1. sich vergewissern, dass man mit dem gewünschten Gesprächspartner spricht	___	**A** Czy... może do mnie oddzwonić?
2. etwas ausrichten	___	**B** Czy rozmawiam z...?
3. nach einem Gesprächspartner fragen	___	**C** Przepraszam, muszę kończyć rozmowę.
4. sagen, dass man noch einmal anruft	___	**D** Zadzwonię jeszcze raz za godzinę.
5. danach fragen, ob jemand zurückrufen kann	___	**E** Proszę mu/jej przekazać, ...
6. ein Telefongespräch beenden	___	**F** Czy mogę rozmawiać z...?

14

Deklinationsendungen. Markieren Sie die korrekte Endung.

Czy mogę rozmawiać z...

1. A ☐ panem dyrektorem? B ☐ pana dyrektora?
2. A ☐ panią profesor? B ☐ panią profesorem?
3. A ☐ kierowniczkę? B ☐ kierowniczką?
4. A ☐ Ewy? B ☐ Ewą?
5. A ☐ Andrzej? B ☐ Andrzejem?

KULTURTIPP

Titel werden im beruflichen Kontext häufiger benutzt als Namen. Sie fragen also **„Czy mogę rozmawiać z panem dyrektorem?“** statt **„Czy mogę rozmawiać z panem Janem Nowakiem?“**.

15

Ordnen Sie die fehlenden Teile des Telefongesprächs zu, indem Sie die passenden Nummern eintragen. Hören Sie anschließend.

TR. 20

(1) Tak, proszę mu przekazać, żeby do mnie oddzwonił w sprawie kooperacji z naszą firmą. To pilne! | (2) Może Pan przeliterować swoje nazwisko? | (3) Pan dyrektor jest na zebraniu zarządu. Czy mam coś przekazać? | (4) Firma „GraKom", Anita Nowak, w czym mogę pomóc?

Sekretarka: ___

Jens: Jens Schmitt z tej strony. Czy mogę rozmawiać z panem dyrektorem?

Sekretarka: ___

Jens: ___

Sekretarka: Rozumiem. Poproszę pana nazwisko i numer telefonu, pod którym jest pan osiągalny.

Jens: Jens Schmitt, 0049 150 123456.

Sekretarka: ___

SPRACHTIPP

Folgende Ausdrücke hören Sie, wenn Sie jemanden in Polen privat anrufen:
Halo? - Hallo?
Tak (słucham)? - Ja (bitte)?
Słucham? - Ich höre.

16

Beantworten Sie die Fragen zum Telefongespräch aus der Übung 15.

1. Z kim chce rozmawiać Jens?

___

2. Dlaczego dyrektor nie może rozmawiać z Jensem?

___

3. O czym chce rozmawiać Jens z dyrektorem?

___

RÜCKBLICK 1

1

Sie haben schon viele Ausdrücke kennen gelernt, die in unterschiedlichen Situationen angewendet werden können. Welcher Satz passt zu welcher Situation?

Welche der Sätze passen zu diesem Foto? ___

1. ___ jemandem zu den eigenen vier Wänden gratulieren
2. ___ Gefallen äußern
3. ___ fragen, was sehenswert in ... ist
4. ___ fragen, wo eine Stadt liegt
5. ___ fragen, wie viele Fremdsprachen jemand spricht
6. ___ nach einem Gesprächspartner fragen
7. ___ Missfallen äußern
8. ___ nach einem Kinderhochstuhl fragen
9. ___ fragen, ob jemand zu einer Kulturveranstaltung mitkommen möchte
10. ___ sagen, dass man ein Telefongespräch beenden muss

A Masz ochotę pójść ze mną na...?
B Strasznie mi się podoba...
C Ile języków obcych znasz?
D Gratuluję wam własnego kąta!
E Czy mogę rozmawiać z...?
F Czy mają Państwo krzesełko do karmienia?
G Gdzie leży...?
H Przepraszam cię bardzo, ale muszę kończyć.
I Co warto zwiedzić w...?
J To ma być sztuka?

2

TR. 21

Welche Aussage ist richtig? Hören Sie den Text und kreuzen Sie an.

	RICHTIG	FALSCH
1. „Wilki" to polski zespół pop-rockowy.	☐	☐
2. Robert Gawliński jest zarówno kompozytorem piosenek, jak i autorem tekstów.	☐	☐
3. Zespół został założony w 1981 roku.	☐	☐
4. Bardzo popularną piosenką „Wilków" jest „Monika".	☐	☐
5. „Baśka" zdobyła główną nagrodę na Krajowym Festiwalu Piosenki Polskiej w Opolu.	☐	☐
6. Robert Gawliński nie ma ani żony, ani dzieci.	☐	☐
7. Menedżerką zespołu jest Monika Gawlińska.	☐	☐

3

Beantworten Sie die Fragen zum Hörtext aus Übung 2.

1. Kim są „Wilki"?

____

2. Kto komponuje piosenki dla „Wilków"?

____

3. W którym roku zespół „Wilki" został założony?

____

4. Na jakim festiwalu „Wilki" zdobyły główną nagrodę?

____

SPRACHTIPP

Wilki heißt auf Deutsch *Wölfe*.

4

Schreiben Sie E-Mails zu den Fotos.

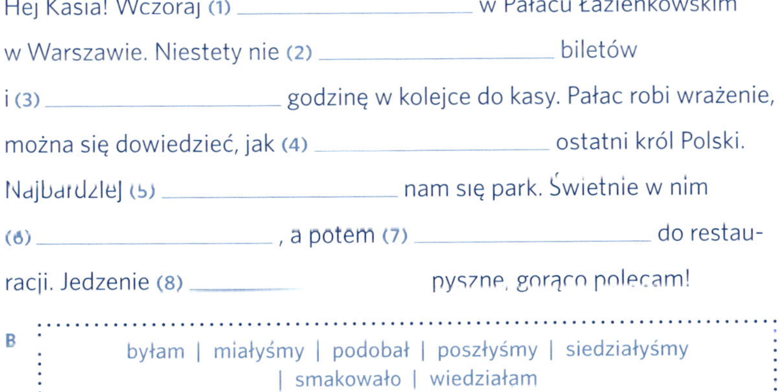

A byliśmy | było | odpoczęliśmy | podobał | poszliśmy | staliśmy | zarezerwowaliśmy | żył

Hej Kasia! Wczoraj (1) ______________ w Pałacu Łazienkowskim w Warszawie. Niestety nie (2) ______________ biletów i (3) ______________ godzinę w kolejce do kasy. Pałac robi wrażenie, można się dowiedzieć, jak (4) ______________ ostatni król Polski. Najbardziej (5) ______________ nam się park. Świetnie w nim (6) ______________, a potem (7) ______________ do restauracji. Jedzenie (8) ______________ pyszne, gorąco polecam!

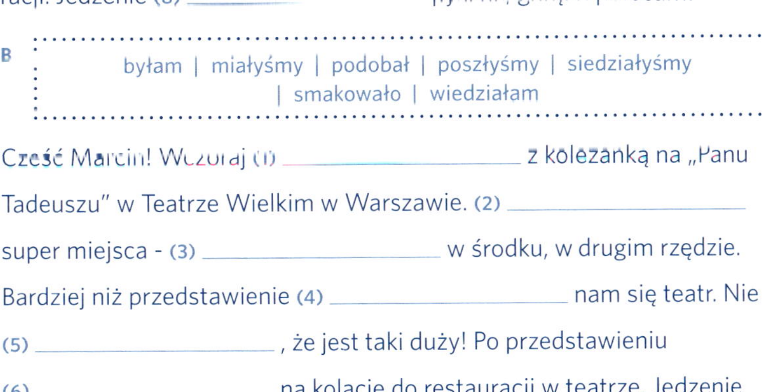

B byłam | miałyśmy | podobał | poszłyśmy | siedziałyśmy | smakowało | wiedziałam

Cześć Marcin! Wczoraj (1) ______________ z koleżanką na „Panu Tadeuszu" w Teatrze Wielkim w Warszawie. (2) ______________ super miejsca - (3) ______________ w środku, w drugim rzędzie. Bardziej niż przedstawienie (4) ______________ nam się teatr. Nie (5) ______________, że jest taki duży! Po przedstawieniu (6) ______________ na kolację do restauracji w teatrze. Jedzenie (7) ______________ nam wyśmienicie!

Welcher der Sätze passt zu diesem Foto?

___

5

Was ist richtig? Kreuzen Sie A, B oder C an. Es gibt nur eine richtige Lösung.

1. Moje mieszkanie ... być funkcjonalne.
   ☐ A powienien ☐ B powinno ☐ C powinna
2. Ten blok jest w złym stanie, ... był remontowany w zeszłym roku.
   ☐ A ale ☐ B chociaż ☐ C że
3. Ania powiedziała, ... mieszka w Warszawie.
   ☐ A bo ☐ B choć ☐ C że
4. Ania ... z rodziną co roku w święta Bożego Narodzenia.
   ☐ A spotykała się ☐ B spotykał się ☐ C spotkała się
5. ... ziemniaki przez 20 minut.
   ☐ A gotowałem ☐ B ugotowałem ☐ C ugotowałam
6. W Berlinie mieszkają ...
   ☐ A Berlinki ☐ B Berlińczycy ☐ C Berlińczyki
7. ... Panie, drodzy Panowie!
   ☐ A drogi ☐ B drogie ☐ C droga
8. Masz ochotę iść ze mną ... koncert?
   ☐ A na ☐ B do ☐ C nad
9. Nie lubię ... kawy ... herbaty.
   ☐ A albo..., albo ☐ B ani..., ani ☐ C nie tylko..., ale
10. Znam ... języków obcych.
   ☐ A kilka ☐ B kilku ☐ C paru

Welcher der Sätze passt zu diesem Foto?

___

6

Bilden Sie Passivsätze. Achten Sie auf die korrekten Formen des Hilfsverbs und des Partizip Präteritum.

1. być | Ten talk-show | oglądany/-e/-a/-ni/-ne | często | przez nauczycieli | .

   ____
2. założony/-e/-a/-eni/-ne | zostać | Te dwie firmy | przez studentów | .

   ____
3. Te gazety | najchętniej | być | czytany/-e/-a/-ani/-ne | przez Polaków | .

   ____
4. przeze mnie | nie być | Ci goście | zaproszony/-e/-a/-eni/-ne | .

   ____
5. Moja rezerwacja | dziś | zostać | anulowany/-e/-a/-ni/-ne | .

   ____

7

Sie haben schon eine Menge Vokabeln gelernt. Hier finden Sie 45 Wörter aus den Lektionen 1–5. Gruppieren Sie die Wörter in Wortfelder.

1. mieszkać

___

2. rodzina

___

3. Polska

___

4. kultura

___

5. media

___

artysta
blok
bilet ulgowy
budka telefoniczna
czasopismo
domek szeregowy
emotikony
folklor
galeria
internauci
jedynak/jedynaczka
język urzędowy
kawalerka
krewni
krzesełko do karmienia
malarstwo
musical
obraz
parapetówka
pilot
plac zabaw
portret
program rozrywkowy
przedstawienie
przewijak
radiosłuchacze
regionalne przysmaki
rynek
smartfon
spektakl
stolica
szafa trzydrzwiowa
święta państwowe
tablet
telewidzowie
urlop rodzicielski
wernisaż
województwo
wózek
wstęp wolny
wydawnictwo
wystawa
załącznik
zamek
zasięg

8

Sie wissen jetzt schon einiges über Land und Leute in Polen. Was ist richtig? Kreuzen Sie an.

1. Zakopane
   - ☐ **A** leży na południu Polski.
   - ☐ **B** leży na północy Polski.
   - ☐ **C** leży na północy Polski.

2. Stolicą Polski jest
   - ☐ **A** Gdańsk.
   - ☐ **B** Kraków.
   - ☐ **C** Warszawa.

3. Dni wolne to niektóre święta
   - ☐ **A** państwowe i wielkanocne.
   - ☐ **B** państwowe i kościelne.
   - ☐ **C** państwowe i rodzinne.

4. Polska podzielona jest na
   - ☐ **A** 16 miast.
   - ☐ **B** 16 krajów.
   - ☐ **C** 16 województw.

5. Walutą Polski jest
   - ☐ **A** euro.
   - ☐ **B** dolar.
   - ☐ **C** złoty.

6. Andrzej Wajda był
   - ☐ **A** znanym polskim pianistą.
   - ☐ **B** znanym polskim reżyserem.
   - ☐ **C** znanym polskim politykiem.

7. Najbardziej znana szkoła filmowa
   - ☐ **A** znajduje się w Krakowie.
   - ☐ **B** znajduje się w Łodzi.
   - ☐ **C** znajduje się w Warszawie.

8. TVP1 und TVP2 to dwie polskie
   - ☐ **A** publiczne stacje telewizyjne.
   - ☐ **B** prywatne stacje telewizyjne.
   - ☐ **C** prywatne stacje radiowe.

Welcher der Sätze passt zu diesem Foto?

___

Gesundheit, Krankheit und Notfall

TR. 22

Ab jetzt ist alles auf Polnisch! Zur Unterstützung finden Sie die Übersetzung der wichtigsten Arbeitsanweisungen im Anhang.

1

Proszę połączyć pytania z pasującymi odpowiedziami. Następnie proszę wysłuchać nagrania i porównać.

1. Jak się Pan odżywia? ___ **A** W punktach typu fast food.
2. Ile posiłków spożywa Pan w ciągu dnia? ___ **B** Słone przekąski, np. czipsy.
3. Co Pan je w przerwach? ___ **C** W ogóle nie jem jarzyn.
4. Gdzie Pan jada obiady? ___ **D** Piję tylko wodę mineralną.
5. Jak często do swoich posiłków dodaje Pan warzywa? ___ **E** Trzy albo cztery razy na dzień.
6. Jak często pije Pan soki owocowe? ___ **F** Myślę, że niezbyt zdrowo.

TR. 23

WORTSCHATZ

bardzo - *sehr*
często - *oft*
dziennie - *täglich*
głównie - *hauptsächlich*
minimum - *mindestens*
najczęściej - *am häufigsten*
nieraz - *öfters*
nigdy - *nie*
ostatnio - *neuerdings*
przeważnie - *meistens*
regularnie - *reglemäßig*
trochę - *ein bisschen*
trudno - *schwer*
więcej - *mehr*
zdrowo - *gesund*

SPRACHTIPP

Die Adverbien **bardzo**, **często**, **dziennie**, **zdrowo** bezeichnen die Umstände einer Handlung und sind undeklinierbar. Nur einige wenige Adverbien können gesteigert werden, z.B. **często – częściej – najczęściej**.

2

Czego dowiaduje się Pan(i) o tych osobach? Proszę wysłuchać nagrania i uzupełnić.

bardzo | często (2x) | dziennie | głównie | minimum | najczęściej | nieraz | nigdy | ostatnio | przeważnie | regularnie | trochę | trudno | więcej | zdrowo (2x)

Myślę, że odżywiam się dość 1__________. Moje menu opiera się 2__________ na nabiale, warzywach, mięsie drobiowym i ciemnym pieczywie. Między posiłkami 3__________ sięgam po jogurty, ale 4__________ 5__________ mi się oprzeć słodyczom, na przykład batonikom i drożdżówkom.

Niestety nie odżywiam się aż tak zdrowo. 6__________ nie mam czasu na śniadania, a obiady 7__________ jadam albo w biurze, albo w restauracji. 8__________ 9__________ przytyłem, dlatego staram się pić 10__________ wody mineralnej i w przerwach jeść owoce.

Odżywiam się 11__________ i jem 12__________ – 13__________ trzy posiłki 14__________. 15__________ lubię gotować, dlatego 16__________ jadam w domu.

3

Proszę napisać pytania o uzupełnienie w drugiej osobie liczby pojedynczej. Proszę następnie wysłuchać nagrania i porównać.

TR. 24

1. *Jak się odżywiasz?*

   Odżywiam się **bardzo zdrowo**.

2. ______________________________

   Kawę pijam tylko **rano**.

3. ______________________________

   Gotuję **codziennie**, bo bardzo lubię gotować.

4. ______________________________

   Słodycze jadam **codziennie**. Nie mogę im się oprzeć.

5. ______________________________

   Jadam mało **owoców**, bo niespecjalnie je lubię.

SPRACHTIPP

Jadać und **pijać** sind die sogenannten iterativen Formen von **jeść** und **pić**. Iterative Verben werden mit „etwas zu tun pflegen" ins Deutsche übersetzt, z.B. **pijać** (zu trinken pflegen).

4

Proszę wysłuchać nagrania. Proszę przeczytać tekst i zaznaczyć poprawne odpowiedzi.

TR. 25

Czy witaminy i minerały naprawdę działają?

Najnowsze badania kanadyjskich naukowców z Uniwersytetu w Toronto wskazują, że witaminy i minerały wcale nie poprawiają zdrowia. To niedobra wiadomość dla miliona osób, które codziennie łykają różne witaminy i minerały. Mało tego – naukowcy są zdania, że niekiedy preparaty witaminowe mogą nam nawet zaszkodzić! Ciekawostką jest fakt, że łykanie suplementów nie prowadzi do lepszego wyniku niż zdrowa porcja warzyw, owoców i orzechów.

	PRAWDA	NIEPRAWDA
1. Naukowcy z Uniwersytetu w Toronto twierdzą, że witaminy i minerały zawsze poprawiają zdrowie.	☐	☐
2. Uniwersytet w Toronto znajduje się w Kanadzie.	☐	☐
3. Milion kobiet codziennie łyka witaminy i minerały.	☐	☐
4. Łykanie witamin i minerałów daje lepsze rezultaty niż jedzenie warzyw, owoców i orzechów.	☐	☐

WORTSCHATZ

Es gibt viele Arten von Bereitschaftsdiensten:
pogotowie ratunkowe - medizinischer Notdienst
pogotowie gazowe - Bereitschaftsdienst bei Gasstörungen
pogotowie hydrauliczne - Klempner-Notdienst
pogotowie techniczne - technischer Bereitschaftsdienst
pogotowie samochodowe - Autopannenhilfe

5

Proszę dopasować wyrazy do poniższych fotografii.

apteka | gabinet lekarski | karetka pogotowia | karta ubezpieczeniowa | lekarka | pielęgniarka | sanitariusz | szpital

1. ______________

2. ______________

3. ______________

4. ______________

5. ______________

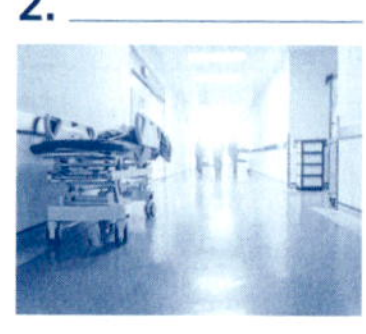
6. ______________

7. ______________

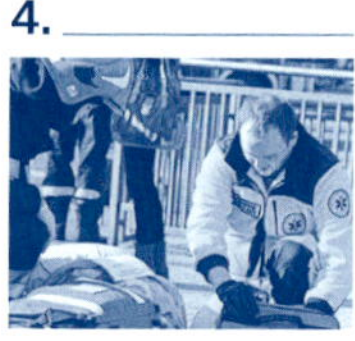
8. ______________

SPRACHTIPP

Obwohl im Polnischen viele Berufsbezeichnungen nur maskuline Formen haben (z.B. Berufsbezeichnungen auf **-log**), haben sich mittlerweile zwei Tendenzen zur Bildung von femininen Formen herausgebildet.

Tendenz 1
Vor die männliche Berufsbezeichnung wird **pani** vorangestellt:
dermatolog (m.)
→ pani dermatolog (f.)

Tendenz 2
In der Umgangssprache wird eine weibliche Form auf **-ka** gebildet:
dermatolog (m.)
→ dermatolożka (f.)

6

Jaki lekarz specjalista jest tu potrzebny? Proszę połączyć.

1.	dermatolog *Hautarzt*	___ **A**	Justyna ma 32 lata i jest w trzecim miesiącu ciąży. Musi chodzić regularnie na kontrole.
2.	pediatra *Kinderarzt*	___ **B**	Jadwiga ma 55 lat i niedosłyszy. Ostatnie badanie słuchu robiła pięć lat temu, wtedy jeszcze wszystko słyszała.
3.	laryngolog *HNO-Arzt*	___ **C**	Kasia ma pięć lat. Boli ją gardło, ma kaszel i gorączkę.
4.	ginekolog *Frauenarzt*	___ **D**	Synek Andrzeja ma dwa latka i dziwnie chodzi: krzywo stawia stopy a jego buciki są zdeformowane.
5.	okulista *Augenarzt*	___ **E**	Marcin uwielbia słodycze i jada je codziennie. Od paru dni boli go ząb, gdy zje coś słodkiego.
6.	dentysta *Zahnarzt*	___ **F**	Mieczysław miał trzy lata temu zawał serca. Teraz musi rzucić palenie i regularnie chodzić na badania.
7.	psycholog *Psychologe*	___ **G**	Jurek ma cukrzycę. Zawsze musi mieć pod ręką coś słodkiego, glukometr, oraz wstrzykiwacz insuliny.
8.	ortopeda *Orthopäde*	___ **H**	Ola od paru tygodni ma problem z prawym okiem -niewyraźnie widzi i nie może czytać książek.

9. diabetolog *Diabetologe* ___ I Basia nie może spać i straciła apetyt. Prawdopodobnie ma depresję.

10. kardiolog *Kardiologe* ___ J Waldemar chodzić na solarium dwa razy w tygodniu, ale od miesiąca skóra na plecach go piecze i swędzi.

7

Proszę przeczytać tekst i odpowiedzieć na poniższe pytania.

Numer alarmowy 112 jest europejskim numerem alarmowym zarówno dla telefonów stacjonarnych, jak i komórkowych. Połączenia na numer 112 są bezpłatne. Po wybraniu numeru 112 należy krótko opisać sytuację, podać swoje imię i nazwisko, wskazać miejsce/adres, w którym miało miejsce zdarzenie/wypadek, udzielać dodatkowych informacji na zadawane przez operatora pytania i wykonywać instrukcje operatora. Dzwonić na numer 112 trzeba w przypadku pożaru, wypadku drogowego, kradzieży, włamania lub innej nagłej sytuacji zagrażającej życiu lub bezpieczeństwu publicznemu.

1. Jakim numerem jest numer 112?

___

2. Ile kosztuje połączenie na numer 112?

___

3. Czy na numer 112 można dzwonić tylko z telefonu stacjonarnego?

___

4. Czy na numer 112 trzeba dzwonić tylko w przypadku wypadku?

___

Parallel zur Nummer 112 können in Polen alte Notrufnummern gewählt werden:

997 **policja** *(Polizei)*
998 **straż pożarna** *(Feuerwehr)*
999 **pogotowie ratunkowe** *(medizinischer Notdienst)*

Modalprädikativa
Modalprädikativa sind unpersönliche subjektlose Formen, die hinsichtlich ihrer Bedeutung den modalen Hilfsverben sehr nahe stehen. Zu den wichtigsten Modalprädikativa gehören **można** *(man kann)*, **należy** *(man muss/soll)*, **trzeba** *(man muss/soll)*, **wolno** *(man darf)*.

KULTURTIPP

Erste-Hilfe-Kurse werden in Polen oft von **Polski Czerwony Krzyż (PCK)** *(Polnisches Rotes Kreuz)* angeboten.

8

Proszę przeczytać polecenia i połączyć je z niemieckimi odpowiednikami.

Należy/Trzeba...	Man muss/soll ...
1. ocenić bezpieczeństwo.	___ **A** die Bewusstseinslage einschätzen.
2. ocenić przytomność.	___ **B** die 112 oder 999 wählen.
3. wołać o pomoc.	___ **C** die Gefahrenlage einschätzen.
4. zadzwonić na 112 lub 999.	___ **D** Hilfe rufen.

ABC WORTSCHATZ

Blutgruppen (**grupy krwi**) heißen auf Polnisch genauso wie auf Deutsch: A, B, AB und 0. Ergänzt wird die Blutgruppe durch den Rhesusfaktur, Rh plus oder Rh minus.

9

W tych zdaniach są błędy. Proszę je poprawić.

1. Ona jest ciężko ranny. *(Sie ist schwer verletzt.)*

Ona jest ciężko ranna.

2. On krwawisz. *(Er blutet.)*

____

3. On jest nieprzytomna. *(Er ist bewusstlos.)*

____

4. On oddycha nie. *(Er atmet nicht.)*

____

5. Ona są w szoku. *(Sie steht unter Schock.)*

____

6. On jeszcze żyjesz. *(Er lebt noch.)*

____

SPRACHTIPP

Einige polnische Substantive kommen nur in der Pluralform vor, z.B.:
plecy *(Rücken)*
usta *(Lippen)*
Niemcy *(Deutschland)*
imieniny *(Namenstag)*
okulary *(Brille)*
urodziny *(Geburtstag)*

10

Proszę uzupełnić brakujące samogłoski A, E i O.

1. Części ciała *(Körperteile)*	**2. Narządy wewnętrzne** *(innere Organe)*
A GŁOW_ (f.) *(Kopf)*	**A** PŁUC_ (n.) *(Lunge)*
B OK_ (n.) *(Auge)*	**B** NERK_ (f.) *(Niere)*
C UCH_ (n.) *(Ohr)*	**C** SERC_ (n.) *(Herz)*
D RĘK_ (f.) *(Hand)*	**D** WĄTROB_ (f.) *(Leber)*
E NOG_ (f.) *(Bein)*	**E** TRZUSTK_ (f.) *(Bauchspeicheldrüse)*
F PAL_C (m.) *(Finger/Zehe)*	**F** ŻOŁĄD_K (m.) *(Magen)*
G SZYJ_ (f.) *(Hals)*	**G** JELIT_ (n.) *(Darm)*

Narodowy Fundusz Zdrowia (NFZ)
Der Nationale Gesundheitsfonds stellt die Versorgung aller Leistungsempfänger sicher. Alle Ärzte, Praxen, Krankenhäuser, Rettungsdienste etc., die einen Vertrag mit dem NFZ unterschrieben haben, sind zur Gewährung der Krankenversicherungsleistungen verpflichtet.
Einem Versicherten aus einem EU-Mitgliedstaat stehen folgende Leistungen zu: ärztliche Grundversorgung, ambulante Grundversorgung, Krankenhausbehandlung, zahnärztliche Behandlung sowie Rettungsdienst und Krankentransport.

11

Proszę rozdzielić i zapisać odpowiednio słowa, tak aby powstały zdania na temat zdrowia.

1. NALEŻYUDAĆSIĘDOLEKARZAKTÓRYPODPISAŁUMOWĘZNFZ

2. TRZEBAOKAZAĆEUROPEJSKĄKARTĘUBEZPIECZENIAZDROWOTNEGO

3. DOLEKARZASPECJALISTYPOTRZEBNEJESTSKIEROWANIEODLEKARZAUBEZPIECZENIAZDROWOTNEGO

4. RECEPTĘNALEKIMOŻNAOTRZYMAĆODLEKARZAKTÓRYPODPISAŁUMOWĘZNFZ

KULTURTIPP

Die meisten Allgemeinmediziner in Polen haben ihre Praxen in sog. **przychodnia** *(örtliches Ärztehaus)*.

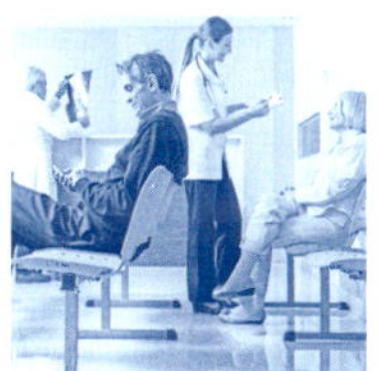

SPRACHTIPP

Recepta klingt ähnlich wie das deutsche Wort *„Rezept"*, hat jedoch nur eine Bedeutung, und zwar eine schriftliche Verordnung von Arznei- und Heilmitteln.
Die polnische Entsprechung von „Rezept", einer Anleitung zur Zubereitung eines Gerichts, heißt **przepis**.

12

Gdzie można to powiedzieć? Proszę zaznaczyć.

	W APTECE	W PRZYCHODNI
1. Chciałbym zapisać się na wizytę do lekarza.	☐	☐
2. Ile razy dziennie mam zażywać te tabletki?	☐	☐
3. Chciałabym zrobić kontrolne badania lekarskie.	☐	☐
4. Proszę o wypisanie recepty na stale przyjmowane leki.	☐	☐
5. Poproszę coś na kaszel.	☐	☐
6. Ma pani coś na ból głowy?	☐	☐
7. Czy te leki mogę nabyć bez recepty?	☐	☐

WORTSCHATZ

biegunka - *Durchfall*
dolegać - hier: *fehlen*
gorączka - *Fieber*
krople - *Tropfen*

13

Która odpowiedź pasuje do którego pytania? Proszę połączyć.

1. Co Pani dolega?	___	**A** Tak, powyżej 38 stopni.
2. Czy ma Pani gorączkę?	___	**B** Od paru dni mam biegunkę.
3. Jaką ma Pani grupę krwi?	___	**C** Tak, biorę leki antyalergiczne.
4. Co Pana boli?	___	**D** Strasznie bolą mnie plecy.
5. Czy jest Pani w ciąży?	___	**E** Poproszę o krople.
6. Czy bierze Pani jakieś leki?	___	**F** Tak, w trzecim miesiącu.
7. Woli Pani tabletki czy krople?	___	**G** Mam grupę A Rh minus.

14

Proszę ułożyć zdania z podanych elementów według podanego wzoru.

Wzór: Mam bóle brzucha. Ból jest uciskający.

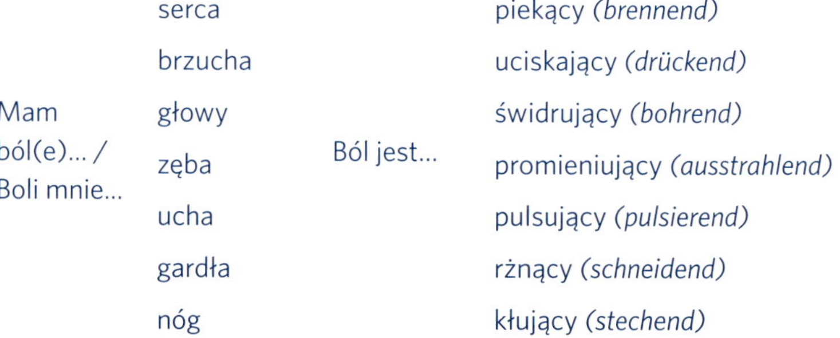

	serca		piekący *(brennend)*
	brzucha		uciskający *(drückend)*
Mam	głowy		świdrujący *(bohrend)*
ból(e)... /	zęba	Ból jest...	promieniujący *(ausstrahlend)*
Boli mnie...	ucha		pulsujący *(pulsierend)*
	gardła		rżnący *(schneidend)*
	nóg		kłujący *(stechend)*

15

Która z podanych reakcji pasuje do której sytuacji?

1. Jestem bardzo chory.
- ☐ **A** Szybkiego powrotu do zdrowia!
- ☐ **B** Bardzo chętnie.
- ☐ **C** Za twoje zdrowie!

2. Mam bóle brzucha.
- ☐ **A** Mogę ci jakoś pomóc?
- ☐ **B** Kiedy jest śniadanie?
- ☐ **C** Jestem bezrobotny.

3. Od dwóch dni boli mnie serce.
- ☐ **A** Trzeba zrobić EKG.
- ☐ **B** Czy to daleko stąd?
- ☐ **C** On krwawi.

4. Chyba złamałam sobie rękę.
- ☐ **A** Trzeba zrobić RTG.
- ☐ **B** Z przyjemnością.
- ☐ **C** Smacznego!

5. Miałem wczoraj wypadek.
- ☐ **A** Co się stało?
- ☐ **B** Nie mam nic przeciwko temu.
- ☐ **C** Gdzie tu jest apteka?

6. Skaleczyłam sobie palec nożem.
- ☐ **A** Pomocy!
- ☐ **B** Przyklej plaster!
- ☐ **C** Ratunku!

7. Moja żona ma raka.
- ☐ **A** Bardzo mi przykro.
- ☐ **B** Nie ma za co.
- ☐ **C** Nie narzekam.

8. Dlaczego tak kichasz?
- ☐ **A** Mam alergię na kurz.
- ☐ **B** Nie mam dziś czasu.
- ☐ **C** Jasne!

WORTSCHATZ

EKG - *EKG*
kichać - *niesen*
plaster - *Pflaster*
rak - *Krebs*
RTG/rentgen - *Röntgen*
skaleczyć (się) - *(sich) verletzen*
USG - *Ultraschall*
złamać - *brechen*

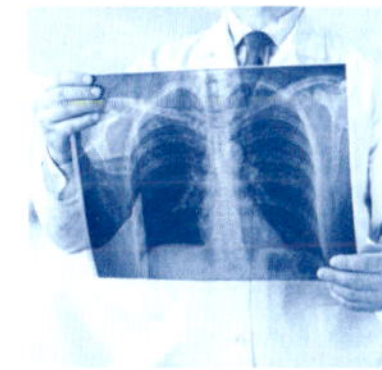

16

Jak to powiedzieć po polsku, gdy...

1. Sie fragen wollen, was passiert ist?

____

2. Sie stechende Magenschmerzen haben?

____

3. Sie pulsierende Zahnschmerzen haben?

____

4. Sie jemandem schnelle Genesung wünschen?

____

5. Sie einem Arzt Ihre Blutgruppe mitteilen wollen?

____

KULTURTIPP

Wenn man ungewollt aufstößt, sagt man **Przepraszam!**

Wenn jemand niest, sagt man **Na zdrowie!**

Freizeit und Spaß

TR. 26

WORTSCHATZ

basen kryty – *Hallenbad*
basen otwarty – *Freibad*
kort tenisowy – *Tennisplatz*
sala bilardowa – *Billardsaal*
sala do zajęć fitnes – *Fitnessraum*
sauna – *Sauna*
siłownia – *Fitnessstudio*

WORTSCHATZ

pływać żabką – *Brustschwimmen*
pływać kraulem – *Kraulschwimmen*
pływać na plecach – *Rückenschwimmen*

1

Proszę wysłuchać nagrania. Co znajduje się w klubie sportowym? Proszę zaznaczyć pasujące wyrazy.

1. □ basen kryty
2. □ basen otwarty
3. □ korty tenisowe kryte
4. □ korty tenisowe otwarte
5. □ sala bilardowa
6. □ sala do zajęć fitness
7. □ sauna
8. □ siłownia

2

Proszę dopasować wyrazy z ćwiczenia nr. 1 do poniższych fotografii.

A ______

B ______

C ______

D ______

E ______

F ______

G ______

H ______

TR. 27

SPRACHTIPP

Tenis stołowy *(Tischtennis)* wird in der Umgangssprache auch **ping-pong** genannt. Um ping-pong zu spielen, wird Folgendes benötigt:
piłeczka – Ball
stół – Tisch
siatka – Netz
rakietka – Schläger

3

Proszę wysłuchać nagrania. Co mówi gość hotelowy: a czy b? Proszę zaznaczyć.

1. Patryk ... w hotelu sportowym.
   □ **A** co roku spędza tydzień
   □ **B** po raz pierwszy spędził tydzień
2. Patryk spędził urlop w hotelu sportowym, ponieważ...
   □ **A** chciał, aby jego rodzina nauczyła się grać w tenisa.
   □ **B** chciał, aby jego żona i jego dzieci nauczyli się grać w tenisa stołowego.
3. Po lekcjach tenisa Patryk i jego rodzina...
   □ **A** odpoczywali w pokoju hotelowym albo w saunie.
   □ **B** odpoczywali w saunie albo na basenie.
4. Przez tydzień rodzina Patryka
   □ **A** niestety niczego się nie nauczyła.
   □ **B** bardzo dużo się nauczyła.

4

Proszę wysłuchać wypowiedzi. Co te osoby robią w czasie wolnym? Co chciałyby robić? Proszę zaznaczyć.

TR. 28

1. W czasie wolnym...

- **A** ☐ wysypiam się.
- **B** ☐ oglądam telewizję.
- **C** ☐ wykonuję remonty w domu.
- **D** ☐ robię to, co zawsze.
- **E** ☐ spędzam czas w Internecie.
- **F** ☐ pracuję na działce.
- **G** ☐ chodzę do pubu.
- **H** ☐ zajmuję się samochodem.
- **I** ☐ czytam książki.
- **J** ☐ odwiedzam rodzinę.

2. W czasie wolnym wolał(a)bym...

- **A** ☐ chodzić na spacery.
- **B** ☐ uprawiać sport.
- **C** ☐ chodzić do kina.
- **D** ☐ jeździć na wycieczki.
- **E** ☐ słuchać muzyki.
- **F** ☐ wykonywać zaległe prace w domu.
- **G** ☐ uczyć się języka obcego.
- **H** ☐ chodzić na kurs tańca.
- **I** ☐ spotykać się z przyjaciółmi.

Irreale Konditionalsätze
Irreale Konditionalsätze werden mit der Konjunktion **gdyby** eingeleitet. Im Hauptsatz wird eine u.U. in der Zukunft realisierbare (1) oder nicht mehr realisierbare (2) Bedingung genannt. Für die im Nebensatz genannten, nicht real gegebenen Folgen wird eine **by**-Konstruktion verwendet, die aus der Präteritumform und einem eingeschobenen **by**-Element gebildet wird.
(1) Gdybym miała czas, chodziłabym na kurs tańca.
(2) Gdybym była młodsza, zapisałabym się na studia.

SPRACHTIPP

by-Konstruktion (1. Pers. Singular und Plural)
chodziłbym (m.)
chodziłabym (f.)
chodzilibyśmy (mpG + ggG)
chodziłybyśmy (f.)

5

Proszę wysłuchać nagrania i połączyć pasujące części zdań.

TR. 29

1. Gdybym wygrał w lotka...
2. Gdybym miał więcej czasu...
3. Gdybym była młodsza...
4. Gdybym więcej zarabiał...
5. Gdybym od jutra miała urlop...
6. Gdybym nie musiała iść do pracy...

___ **A** jeździłbym regularnie na wycieczki.
___ **B** nauczyłabym się jeździć konno.
___ **C** zostałabym w domu.
___ **D** kupiłbym sobie jacht.
___ **E** pracowałbym w ogrodzie.
___ **F** poleciałabym do Grecji.

Das beliebteste und älteste Glücksspiel in Polen heißt **Lotto** oder **lotek**.

SPRACHTIPP

Für in einem Spiel gewürfelte Zahlen (aber auch für Verkehrsmittel und Hotelzimmer) werden substantivierte Zahlwörter verwendet.

liczba jeden - jedynka
liczba dwa - dwójka
liczba trzy - trójka
liczba cztery - czwórka
liczba pięć - piątka
liczba sześć - szóstka
liczba siedem - siódemka
liczba osiem - ósemka
liczba dziewięć - dziewiątka
liczba dziesięć - dziesiątka

6

Proszę przeczytać tekst i zaznaczyć pasującą fotografię.

A ☐ szachy B ☐ minigolf C ☐ chińczyk

___ to gra dla dwóch, trzech lub czterech osób. Do gry potrzebna jest plansza, 16 pionków oraz kostka do gry. Na początek gry każdy gracz wybiera cztery pionki w jednym kolorze - czerwonym, niebieskim, zielonym albo żółtym. Pionki trzeba ustawić w kwadracie tego samego koloru: Czerwone pionki w czerwonym kwadracie, niebieskie w niebieskim itd. Następnie gracze rzucają kostką trzy razy. Ten, kto wyrzuci liczbę sześć - tak zwaną szóstkę, wychodzi z kwadratu i przesuwa się o taką liczbę pól, jaką wyrzucił kostką. Pionki mogą nad sobą przeskakiwać albo zbijać. Wygrywa ten, kto jako pierwszy doprowadzi wszystkie swoje pionki do domku.

WORTSCHATZ

kostka do gry - *Spielwürfel*
osoba - *Person*
pierwszy - *erste/r/s*
potrzebny/e/a do - *benötigt sein für etw.*
pionek - *Spielfigur*
pole - *(Spiel)Feld*
przeskakiwać - *überspringen*
przesuwać się - *vorrücken*
rzucać/wyrzucić kostką - *würfeln*
wychodzić - hier: *Spielfigur auf das Startfeld stellen*
zbijać - hier: *eine gegnerische Figur schlagen*

7

Proszę ponownie przeczytać tekst z ćwiczenia numer 6 i odpowiedzieć na poniższe pytania.

1. Ile osób może grać w chińczyka?

___

2. Co jest potrzebne do gry?

___

3. W jakim kolorze są pionki do gry?

___

4. Kto może wyjść z kwadratu?

___

5. Jak nazywa się ta gra po niemiecku?

___

8

Które zdania pasują do tekstu? Proszę przeczytać tekst i zaznaczyć.

Pierwszy kwietnia czyli Prima aprilis

Nazwa prima aprilis pochodzi z łacińskiej nazwy pierwszego kwietnia, czyli Prima dies Aprilis. W ten dzień robimy sobie żarty w domu i w pracy, na przykład przestawiamy komuś zegarek albo budzik o godzinę do przodu lub podajemy nieprawdziwe informacje przez radio albo przez telefon. Prima aprilis to zwyczaj lubiany i popularny nie tylko w Polsce, ale i w wielu krajach europejskich oraz w Ameryce Północnej. W 1957 roku stacja telewizyjna BBC poinformowała widzów, że w Szwajcarii zebrano pierwsze plony spaghetti i pokazała wideo z farmerami, którzy zrywali makaron z drzew. Po paru minutach do telewizji zadzwoniły tysiące Brytyjczyków, którzy chcieli się dowiedzieć, jak wyhodować spaghetti we własnym ogródku. W prima aprilis nikt nie powinien się obrażać lub denerwować, bo to tylko żarty. Chyba, że ktoś nie zna się na żartach.

	PRAWDA	NIEPRAWDA
1. Prima aprilis to pierwszy dzień roku.	☐	☐
2. W prima aprilis robimy sobie żarty tylko w domu.	☐	☐
3. Prima aprilis to tylko polska tradycja.	☐	☐
4. Informacja o spaghetti na drzewach była nieprawdziwa.	☐	☐
5. Nazwa prima aprilis pochodzi z Ameryki Północnej.	☐	☐

WORTSCHATZ

makaron – *Nudeln*
nieprawdziwy/e/a – *unwahr, falsch*
obrazić się / obrażać się – *beleidigt sein*
plony – *Ernte*
przestawić zegarek/budzik o godzinę do przodu – *die Armbanduhr/den Wecker eine Stunde vorstellen*
wprowadzać kogoś w błąd – *jn. in die Irre führen*
(wy)hodować – *züchten*
znać się na żartach – *Spaß verstehen*
zrywać – *hier: pflücken*
zwyczaj – *Brauch*
żart(y) – *Scherz, Spaß*

9

Proszę połączyć reakcje z niemieckimi odpowiednikami.

1. To jest śmiechu warte! ___ **A** Das ist kein Spaß.
2. Umieram ze śmiechu. ___ **B** Hast du den Verstand verloren?
3. To nie żarty. ___ **C** Willst du mich über den Tisch ziehen?
4. Nie znasz się na żartach? ___ **D** Ich lache mich tot.
5. Zatkało mnie. ___ **E** Es ist zum Lachen.
6. Cieszysz się jak dziecko. ___ **F** Du hast den Bogen überspannt.
7. Nabijasz mnie w butelkę? ___ **G** Du freust dich wie ein Kind.
8. Nie chcę cię znać! ___ **H** Verstehst du keinen Spaß?
9. Przeciągnąłeś strunę. ___ **I** Ich will nichts von dir wissen!
10. Postradałeś zmysły? ___ **J** Mir bleibt die Spucke weg.

SPRACHTIPP

żartowniś – jemand, der Spaß versteht und gerne hat (Spaßvogel, Witzbold)
obrażalski – jemand, der überempfindlich auf Spaß reagiert und deswegen oft beleidigt ist (Sensibelchen)

WORTSCHATZ

przestać - *aufhören*
śmiać/pośmiać się - *lachen*
śmiać/pośmiać się z kogoś/czegoś - *über jdn./etw. lachen*
rozśmieszać/ rozśmieszyć kogoś - *jdn. zum Lachen bringen*
uśmiechać / uśmiechnąć się - *lächeln*

10

Proszę utworzyć od podanych form podstawowych czasowników formy z cząstką -by w drugiej osobie (rodzaj męski oraz żeński) liczby pojedynczej.

1. cieszyć się → cieszyłbyś się (m.), cieszyłabyś się (f.)
2. denerwować (się) → ______ (m.), ______ (f.)
3. (na)uczyć się → ______ (m.), ______ (f.)
4. (po)śmiać się → ______ (m.), ______ (f.)
5. przestać → ______ (m.), ______ (f.)
6. uśmiechnąć się → ______ (m.), ______ (f.)
7. (za)dzwonić → ______ (m.), ______ (f.)

Aufforderungssätze mit einer by-Konstruktion
Eine Aufforderung kann im Polnischen auch durch die Verwendung einer by-Konstruktion ausgedrückt werden:
(1) Cieszyłbyś się tym, co masz! *Du solltest dich daran erfreuen, was du hast!*
(2) Nie denerwowałbyś się tak! *Du solltest dich nicht so aufregen!*
Die Aufforderungen können mit zusätzlichen Wortmitteln wie Partikeln verstärkt werden, z.B. Cieszyłbyś się w końcu/wreszcie tym, co masz! *Du solltest dich endlich daran erfreuen, was du hast!*

SPRACHTIPP

Das Wort **głupio** hat je nach Kontext eine unterschiedliche Bedeutung:
Co się tak głupio uśmiechasz? *Was lächelst du so blöd?*
Bardzo mi głupio, przepraszam. *Es ist mir sehr peinlich, Entschuldigung.*

11

Proszę utworzyć formy grzecznościowe z cząstką -by w liczbie pojedynczej. Które zdania są dosyć nieuprzejme? Proszę zaznaczyć.

1. (Nauczyć się) Nauczyłby się Pan w końcu grać w tenisa! ☐
2. Nie (denerwować się) ______ Pani taką drobnostką! Nie warto. ☐
3. (Pośmiać się) ______ Pan trochę! Śmiech to zdrowie! ☐
4. (Przestać) ______ się Pan tak głupio uśmiechać! ☐
5. (Uśmiechnąć się) ______ Pani! Jest taki piękny dzień. ☐
6. (Zadzwonić) ______ Pan w końcu po taksówkę! Ile można czekać? ☐

12

Proszę rozdzielić i zapisać odpowiednio słowa, tak aby powstały zdania pytające.

1. C Z Y L U B I S Z G R Y H A Z A R D O W E ?

   ____

2. W C O U M I E P A N G R A Ć ?

   ____

3. C Z Y U M I E S Z G R A Ć W S Z A C H Y ?

   ____

4. C Z Y M S I Ę P A N I T A K D E N E R W U J E ?

   ____

5. Z C Z E G O S I Ę T A K Ś M I E J E S Z ?

   ____

SPRACHTIPP

grać **w** grę (+ Akk.)
→ w chińczyka
→ w szachy

grać **na** instrumencie (+ Lok.)
→ na gitarze (Gitarre)
→ na flecie (Flöte)
→ na fortepianie (Flügel)
→ na pianinie (Klavier)
→ na skrzypcach (Geige)

13

Proszę odnaleźć nazwy ośmiu gier ukrytych poniżej.

U	Q	G	S	Ä	C	A	M	M	K	A	R	T	Y	Ś	E
E	F	P	Z	W	Ö	N	A	U	S	T	L	S	Ę	A	Ą
B	I	L	A	R	D	G	S	G	O	L	F	Z	Ż	P	Ó
T	E	O	C	C	H	E	C	K	E	N	Y	G	Ć	O	T
Z	M	T	H	G	Ö	N	C	H	I	Ń	C	Z	Y	K	Z
D	D	E	Y	M	H	E	I	M	A	T	T	I	Ó	Ł	Ł
I	F	K	N	Y	Ä	R	U	L	E	T	K	A	Ż	R	H

14

Proszę utworzyć formy podanych w nawiasie rzeczowników w liczbie mnogiej.

Dzieci lubią bawić się...
(+ Instrumental)

1. (zabawka) ______________
2. (lalka) ______________
3. (klocki) ______________

Dzieci uwielbiają...
(+ Akkusativ)

1. (pluszak) ______________
2. (puzzle) ______________
3. (kredki) ______________

WORTSCHATZ

bawić się – *spielen mit*
klocki – *Bauklötze*
kredki – *Bunstifte*
lalka – *Puppe*
pluszak – *Plüschtier*
zabawka – *Spielzeug*

SPRACHTIPP

Sowohl das Substantiv **towarzystwo**, als auch das Adjektiv **towarzyski** haben viele Bedeutungen.

dotrzymać komuś towarzystwa - *jdm. Gesellschaft leisten*
dusza towarzystwa - jemand, der sehr aufgeschlossen und gesellig ist, schnell Kontakte knüpft und eine positive Ausstrahlung hat
w towarzystwie kogoś - *in Begleitung von jdm.*
mecz towarzyski - *Freundschaftsspiel*
taniec towarzyski - *Gesellschaftstanz*
towarzyska osoba - *eine gesellige Person*

15

Proszę opowiedzieć o poniższych osobach i ich sposobie spędzania czasu wolnego tworząc zdania z podanych elementów.

1. 

Daniel | chodzić do | szkoła
po szkole | musieć | odrabiać | zadania
w wolnym czasie | uwielbiać | bawić się
bardzo lubić | klocki Lego

2. 

Jola | pracować | apteka
wolny czas | spędzać z | mąż i dzieci
często | chodzić do | aqua park
jest | optymistka
dlatego | być zawsze | w | dobry humor

3.

Artur | już | nie pracować
być | emeryt i wdowiec
wolny czas | lubić | spędzać na | rower
bardzo | lubić | żartować
dlatego | często | oglądać | kabaret

4. 

Agata i Jacek | być | studenci
wolny czas | spędzać na | imprezy
zawsze | być | dusza towarzystwa
uwielbiać | muzyka i taniec
zawsze | mieć | dobry nastrój

SPRACHTIPP

Als Gesellschaftstanz (**taniec towarzyski**) bezeichnet man Standardtänze (**tańce standardowe: foxtrot, quickstep, tango, walc angielski i walc wiedeński**) und lateinamerikanische Tänze (**tańce latynoamerykańskie: cha-cha, jive, pasodoble, rumba i samba**).

16

Proszę połączyć pytania z pasującymi odpowiedziami.

1. Dotrzymasz mi towarzystwa?
2. Czy on zawsze jest taki towarzyski?
3. Jesteś duszą towarzystwa.
4. Umiesz tańczyć walca?
5. Kto wygrał mecz towarzyski między Polską a Niemcami?
6. W czyim towarzystwie bawiłaś się w Sylwestra?

___ **A** Byłam na balu z moim chłopakiem.
___ **B** Dziękuję za komplement.
___ **C** Nie lubię tańców towarzyskich i nie potrafię ich tańczyć.
___ **D** Polska.
___ **E** Tak. Na każdej imprezie jest duszą towarzystwa.
___ **F** Bardzo chętnie.

17

Proszę ułożyć zdania z podanych elementów według podanego wzoru.

Wzór: Czasem śmieję się z siebie.

Czasem		z kawałów/dowcipów *(über Witze)*
Często		ze swojego języka *(über die eigene Muttersprache)*
Nigdy		z ironicznych komentarzy *(über ironische Anmerkungen)*
W domu	(nie) śmieję się...	z komedii albo z kabaretu *(über Komödien oder Kabaret)*
W pracy		z absurdalnych sytuacji *(über absurde Situationen)*
Zawsze		z innych ludzi *(über andere Menschen)*
Z dziećmi		z siebie *(über sich selbst)*

Reflexivpronomen „się" und „sobie"
Das Reflexivpronomen **się** dient u.a. zur Bildung der reflexiven Verben (1) und wird nicht dekliniert. Das Reflexivpronomen **sobie** besitzt weder Nominativ- noch Vokativformen, wird dekliniert und in Sätzen verwendet, in denen sich Subjekt und Objekt auf dieselbe Person beziehen.
(1) Czasem śmieję się z innych ludzi. (2) Czasem śmieję się z siebie.

KULTURTIPP

In Polen wird viel über **kabarety** *(Kabaretts)* gelacht. Zu den bekanntesten Ensembles gehören z.B. „Kabaret Ani Mru-Mru" und „Kabaret Neo-Nówka". Sehr beliebt ist der aus Deutschland stammende Kabarettist Steffen Möller.

SPRACHTIPP

Gen.	siebie, się*
Dat.	sobie
Akk.	siebie, się*
Instr.	sobą
Lok.	sobie

* Kurzform

18

Które tłumaczenie jest poprawne? Proszę zaznaczyć.

1. Dlaczego mówisz sama do siebie?
- ☐ **A** Warum sprichst du mit dir selbst?
- ☐ **B** Warum spricht sie mit sich selbst?

2. Sama sobie szkodzisz.
- ☐ **A** Du schadest dir selbst.
- ☐ **B** Ihr schadet euch selbst.

3. Wyobraź sobie, że on się nigdy nie śmieje.
- ☐ **A** Stell dir vor, dass er nie lächelt.
- ☐ **B** Stell dir vor, dass er nie lacht.

4. Nie przypomina sobie Pani tego?
- ☐ **A** Können Sie sich an nichts erinnern?
- ☐ **B** Können Sie sich nicht daran erinnern?

KULTURTIPP

„Wyobraź sobie, że zawsze masz czas. Wszystko jest dobrze i wszystko w sam raz" - sind die Worte aus dem Refrain eines Liedes von Lech Janerka - einem polnischen Rockmusiker, Sänger, Bassisten und Komponisten, geboren am 2. Mai 1953 in Wrocław.

Alles rund ums Geld

1

TR. 30

Bankomat. Proszę ponumerować zdania w odpowiedniej kolejności.

WORTSCHATZ

bankomat - *Geldautomat*
gotówka - *Bargeld*
kwota - *Betrag*
potwierdzenie - *Bestätigung*
potwierdzić/ zatwierdzić - *bestätigen*
wypłata - *Auszahlung*

___ Wybierz język.
___ Zatwierdź kod PIN klawiszem „akceptuj".
___ Wyjmij kartę w ciągu 30 sekund.
___ Wsuń kartę.
___ Z listy na ekranie wybierz „wypłata gotówki".
___ Wprowadź swój czterocyfrowy kod PIN.
___ Wybierz kwotę wypłaty, np 300 zł.
___ Zdecyduj, czy chcesz otrzymać potwierdzenie transakcji.

2

TR. 30

Proszę ponownie wysłuchać nagrania z ćwiczenia numer 1 i wpisać numery zdań do pasujących odpowiedników w języku niemieckim.

___ **A** Möchten Sie eine Transaktionsbestätigung?
___ **B** Geben Sie Ihre 4-stellige Geheimzahl ein.
___ **C** Wählen Sie aus der Liste „Bargeld abheben".
___ **D** Führen Sie Ihre Karte ein.
___ **E** Entnehmen Sie Ihre Karte binnen 30 Sekunden.
___ **F** Bestätigen Sie die Geheimzahl mit der Taste „Bestätigung".
___ **G** Wählen Sie den gewünschten Betrag, z.B. 300 zł.
___ **H** Wählen Sie eine Sprache.

3

TR. 31

WORTSCHATZ

kantor walutowy - *Wechselstube*
wymienić euro - *Euro (in Zloty) wechseln*

Proszę wysłuchać nagrania i zaznaczyć pasujące do nagrania zdania.

	PRAWDA	NIEPRAWDA
1. Gość hotelowy pyta recepcjonistkę, czy może wymienić euro.	☐	☐
2. Niestety w hotelu nie ma kantoru.	☐	☐
3. Najbliższy kantor znajduje się w galerii Nowa albo w Banku Polskim PKO.	☐	☐
4. Galeria Nowa znajduje się zaraz obok hotelu.	☐	☐
5. Bank PKO otwarty jest od godziny 9 do 18.	☐	☐

Verben mit Präpositionen
Viele polnische Verben werden mit einer festen Präposition verwendet. Nach der Präposition steht ein Objekt in einem bestimmten Kasus (1). Es gibt keine Regel, welches Verb mit welcher Präposition gebraucht wird. Bei Fragen nach dem Präpositionalobjekt muss zwischen Personen (2) und Sachen (3) unterschieden werden.

SPRACHTIPP

(1) czekać na + Akk.
warten auf + Akk.
(2) Na kogo czekasz?
Auf wen wartest du?
(3) Na co czekasz?
Worauf wartest du?

4

Na, o czy za? Proszę wysluchać nagrania i zaznaczyć poprawne przyimki.

TR. 32

	NA	O	ZA
1. Czekać ________ wypłatę.	☐	☐	☐
2. Dziękować ________ napiwek.	☐	☐	☐
3. Myśleć ________ kredycie.	☐	☐	☐
4. Oszczędzać ________ samochód.	☐	☐	☐
5. Płacić ________ telefon.	☐	☐	☐
6. Prosić ________ kredyt.	☐	☐	☐
7. Przepraszać ________ pomyłkę.	☐	☐	☐
8. Tęsknić ________ starą pracą.	☐	☐	☐
9. Uważać ________ portfel.	☐	☐	☐
10. Wydawać ________ urlop.	☐	☐	☐

5

Na co te osoby wydają pieniądze? Proszę wysłuchać wypowiedzi osób i uzupełnić.

TR. 33

WORTSCHATZ

akademik – *Studentenwohnheim*
czesne – *Studiengebühren*
opłaty – *Abgaben*
przeznaczać na – *für etw. bestimmen*
żłobek – *Krippe*
żywność – *Nahrung*

akademik | czesne | gaz | Internet | jedzenie (2x) | media | mieszkanie | napoje bezalkoholowe | opłaty | prąd | przedszkole | rozrywka | telefon | telewizję | wodę | żłobek | żywność

A

A Najwięcej pieniędzy wydaję na 1 ________. Prawie 25 procent moich dochodów przeznaczam na 2 ________ i 3 ________.

B

B Najwięcej wydajemy na 4 ________. Co miesiąc musimy płacić za 5 ________ i 6 ________, czyli 7 ________, 8 ________ i 9 ________. Do tego dochodzi jeszcze abonament za 10 ________, 11 ________ i 12 ________ oraz miesięczne opłaty za 13 ________ i 14 ________.

C

C Na co najwięcej wydaję? Na 15 ________ – około 400 zł miesięcznie. Na drugim miejscu jest 16 ________. A na trzecim 17 ________ i 18 ________

KULTURTIPP

Diese Branchen zahlten im Jahr 2017 in Polen am besten:
- produkty ekologiczne
- elektronika
- Internet
- zdrowie i medycyna
- usługi turystyczne
- nieruchomości
- motoryzacja
- edukacja oraz
- finanse.

6

Proszę przeczytać tekst i odpowiedzieć na pytania.

Najlepiej płatne zawody w Polsce

Do pięciu najlepiej zarabiających zawodów zaliczają się aktualnie *brand manager, project manager, human resource business partner, key account manager* oraz *kontroler finansowy*. *Brand manager* zarabia ok. 7500 zł brutto. Jego lub jej zadaniem jest promocja firmowych produktów. Tworzy plany oraz strategie rynkowe oraz kieruje zespołem, który jest odpowiedzialny za promocję. Średnie zarobki *project managera* to 7700 zł. Odpowiedzialny/-a jest za planowanie, realizację i efekt końcowy projektu w różnych branżach, np. w budownictwie, IT i finansach. *Human resource business partner* zarabia miesięcznie 7800 zł brutto. Opracowuje, wdraża i nadzoruje strategię zarządzania pracownikami. *Key account manager* jest odpowiedzialny/-a za kontakt z najważniejszymi i największymi klientami. Jego/Jej średnie zarobki miesięczne to 8500 zł brutto. *Kontroler finansowy* nadzoruje finanse firmy. Jego/Jej zadaniem jest między innymi przygotowanie rocznego budżetu. Zarabia 8800 zł brutto.

1. W jakim języku są nazwy najlepiej płatnych zawodów w Polsce?

____

2. Kto promuje nowe produkty?

____

3. W jakich branżach pracuje project manager?

____

4. Kto zarabia najwięcej?

____

SPRACHTIPP

(1) odpowiedzialny/-a **za** + Akk. *verantwortlich für + Akk.*
(2) Za kogo jesteś odpowiedzialny? *Für wen bist du verantwortlich?*
(3) Za co jesteś odpowiedzialna? *Wofür bist du zuständig?*

Adjektive mit Präpositionen

Viele polnische Adjektive werden mit einer festen Präposition verwendet. Nach der Präposition steht ein Objekt in einem bestimmten Kasus (1). Es gibt keine Regel, welches Adjektiv mit welcher Präposition gebraucht wird. Bei Fragen nach dem Präpositionalobjekt muss zwischen Personen (2) und Sachen (3) unterschieden werden.

7

Proszę zaznaczyć pasujące pytania.

1. Jestem niezadowolony z moich zarobków.
   - ☐ **A** Z kogo jesteś niezadowolony?
   - ☐ **B** Z czego jesteś niezadowolony?

2. Ona jest strasznie podobna do mojej szefowej.
   - ☐ **A** Do kogo ona jest podobna?
   - ☐ **B** Do czego ona jest podobna?

3. Jestem odpowiedzialna za moją firmę.
   - ☐ **A** Za kogo jesteś odpowiedzialna?
   - ☐ **B** Za co jesteś odpowiedzialna?

4. Nie jestem jeszcze przygotowana do oficjalnej prezentacji.
   - ☐ **A** Do kogo nie jesteś jeszcze przygotowana?
   - ☐ **B** Do czego nie jesteś jeszcze przygotowana?

5. On jest w niej zakochany.
   - ☐ **A** W kim on jest zakochany?
   - ☐ **B** W czym on jest zakochany?

6. To jest niezgodne z prawdą!
   - ☐ **A** Z czym to jest niezgodne?
   - ☐ **B** Z kim to jest niezgodne?

WORTSCHATZ

dumny z + Gen. – *stolz auf*
odpowiedzialny za + Akk. – *verantwortlich für*
podobny do + Gen. – *jmd. ähnlich*
przygotowany do + Gen. – *vorbereitet auf*
(nie)zadowolony z + Gen. – *unzufrieden mit*
zakochany w + Dat. – *verliebt in*
(nie)zgodny z + Instr. – *nicht übereinstimmend mit*

8

Proszę przeczytać fragmenty tekstu i dopasować odpowiednie nagłówki.

___ **A** *Polscy „Milionerzy".*

___ **B** *Podatek od gier.*

___ **C** *Dlaczego pani Maria nie jest niezadowolona z podatku?*

___ **D** *Na co pani Maria przeznaczyła wygraną?*

1. Pani Maria wcale nie myśli o podatku, bo planuje zostawić dla siebie tylko 10 procent z miliona. Resztę pieniędzy, czyli 900 tysięcy złotych, planuje przeznaczyć na cele charytatywne.

2. W polskiej edycji „Milionerów" główna nagroda padła dwa razy – w roku 2010 oraz w roku 2018. Pierwszym milionerem został Krzysztof Wójcik. Za drugim razem wygrała kobieta – emerytowana nauczycielka języka polskiego, pani Maria Romanek.

3. Od wygranej w każdym konkursie, czyli też w „Milionerach", trzeba zapłacić podatek w wysokości 10 procent. W przypadku pani Marii, która wygrała milion złotych, jest to dokładnie 100 tysięcy złotych.

4. Swoją wygraną pani Maria planuje przeznaczyć przede wszystkim na podróże. Chce pojechać na Wyspę Księcia Edwarda, do Gruzji, do Odessy oraz na Kubę. Poza tym chciałaby pojechać z jedną córką do Paryża, a z drugą do Lizbony. Oprócz podróży przewidziała remont swojej kuchni.

KULTURTIPP

In Polen gibt es deutlich weniger Steuern (**podatki**) als in Deutschland – 17 zu 40. Die wichtigsten Steuerarten sind die Einkommenssteuer (PIT), Körperschaftssteuer (CIT), Grundsteuer und Umsatzsteuer (VAT). Es gibt weder Gewerbe- noch Kirchensteuer.

Die Zahlwörter tausend, Million und Milliarde
Die Zahlwörter **tysiąc**, **milion** und **miliard** werden genauso wie die unbelebten Maskulina dekliniert:

N. Sg.	tysiąc I milion I miliard	N. Pl.	tysiące I miliony I miliardy
G.	tysiąca I miliona I miliarda		tysięcy I milionów I miliardów
D.	tysiącowi I milionowi I miliardowi		tysiącom I milionom I miliardom
A.	tysiąc I milion I miliard		tysiące I miliony I miliardy
I.	tysiącem I milionem I miliardem		tysiącami I milionami I miliardami
L.	tysiącu I milionie I miliardzie		tysiącach I milionach I miliardach

9

Jakie nagrody pieniężne można wygrać w „Milionerach"? Proszę zapisać liczby słowami.

5000 zł za czwarte pytanie → ____________________

40 000 zł za siódme pytanie → ____________________

125 000 zł za dziewiąte pytanie → ____________________

250 000 zł za dziesiąte pytanie → ____________________

500 000 zł za jedenaste pytanie → ____________________

1 000 000 zł za dwunaste pytanie → ____________________

° 10

Proszę rozdzielić i zapisać odpowiednio słowa, tak aby powstały przysłowia.

1. C Z A S T O P I E N I Ą D Z
(Zeit ist Geld)

____

2. P I E N I Ą D Z E S Z C Z Ę Ś C I A N I E D A J Ą
(Geld allein macht nicht glücklich)

____

3. W Y R Z U C A Ć P I E N I Ą D Z E W B Ł O T O
(Sein Geld zum Fenster hinauswerfen)

____

4. W Y C I Ą G A Ć K O M U Ś P I E N I Ą D Z E Z K I E S Z E N I
(Jmd. das Geld aus der Tasche ziehen)

____

SPRACHTIPP
Für **pieniądze** gibt es in der Umgangssprache einige Synonyme, z.B.
- **kasa**
- **forsa** und
- **szmal**.

11

Gdzie można przechowywać pieniądzie? Zdjęcia pomogą Pani/Panu odgadnąć, o jakie osiem słów tu chodzi.

Ą	Ó	G	K	I	E	S	Z	E	Ń	B	T
E	P	O	R	T	F	E	L	U	S	S	L
R	R	A	A	I	N	J	S	B	D	K	A
Ę	E	I	S	Z	U	F	L	A	D	A	Y
Z	M	P	D	G	Ż	N	H	N	E	R	U
D	S	K	A	R	B	O	N	K	A	P	T
I	F	F	N	Y	Ł	H	N	L	I	E	H
O	Ń	N	G	Ę	G	M	E	C	H	T	D
X	W	Y	F	T	O	R	E	B	K	A	S

1

2

3

4
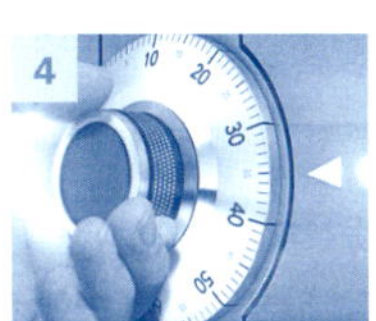

5

6
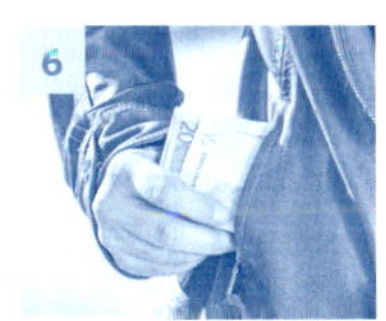

7

8

12

Proszę napisać zdania z czasownikami/przymiotnikami z przyimkami.

1. dziękuje | za | turystom | Kelner | napiwek | .

____

2. kolację | Kto | za | płaci | ?

____

3. najwięcej | Na | wydajecie | pieniędzy | co | ?

____

4. ciebie | Długo | czekaliśmy | na | .

____

5. mnie | przeprasza | Pan | co | Za | ?

____

6. Nie | odpowiedzialny | jestem | to | za | .

____

7. w | zakochana | nic | Nigdy | byłam | tobie | .

____

8. Dlaczego | niezadowoleni | z | jesteście | nas | ?

____

9. z | ciebie | dumny | Jestem | bardzo | !

____

10. do | tego | Nie | przygotowany | byłem | .

____

KULTURTIPP

Alle an Flughäfen, Bahnhöfen, etc. abgegebenen Fundsachen werden nach drei Tagen an eine zentrale Fundstelle des jeweiligen Landkreises weitergeleitet. Die zuständigen Fundbüros – **biura rzeczy znalezionych** – finden Sie im Internet.

° 13

Silke pyta w biurze rzeczy znalezionych na warszawskim lotnisku o swój portfel. Proszę połączyć pytania z pasującymi odpowiedziami.

1. Jaki przedmiot Pani zgubiła?	___ **A** Dzisiaj rano w Galerii „Galaxy" przy ulicy Mazowieckiego.
2. Kiedy i gdzie zgubiła Pani portfel?	___ **B** Nie, niestety nie...
3. Jak wyglądał Pani portfel?	___ **C** Zgubiłam portfel.
4. Co było w portfelu?	___ **D** Czarny, skórzany, z napisem Michael Kors.
5. Czy to jest Pani portfel?	___ **E** Silke Meier, numer telefonu...
6. Proszę o Pani dane kontaktowe.	___ **F** Pieniądze, karty płatnicze i dokumenty.

KULTURTIPP

Rabat, **upust** i **zniżka** to synonimy.

° 14

W których pytaniach negocjowana jest cena? Proszę zaznaczyć.

1. Dostanę jakiś upust? ☐
2. Dostanę jakiś kredyt? ☐
3. Ile procent rabatu dostanę? ☐
4. Ile to kosztuje? ☐
5. Macie Państwo jakieś zniżki? ☐
6. Macie Państwo jakieś perfumy? ☐
7. Poproszę rachunek! ☐
8. Poproszę zniżkę! ☐

Targować się
Das Verb **targować się** *(feilschen)* geht auf **targ** *(Markt)* zurück. Obwohl **negocjacje cenowe** *(Preisverhandlungen)* in Polen gesetzlich erlaubt sind, werden sie eher auf *Wochenmärkten* (**targowiska**) als in großen, modernen Handelsgalerien praktiziert.

15

Na co najwięcej/najmniej... ludzi w Pani/Pana kraju wydaje pieniądze? Proszę ułożyć zdania z podanych elementów według podanego wzoru.

Wzór: Dużo ludzi w Polsce wydaje pieniądze na dom albo na mieszkanie.

1. Większość ludzi w ...		na dom albo na mieszkanie
2. Dużo ludzi w ...		na żywność i napoje
3. Niektórzy ludzie w ...		na opłaty, na przykład na telefon
4. Mało ludzi w ...	wydaje/-ą pieniądze / nie wydaje pieniędzy na ...	na samochód
5. Najmniej ludzi w ...		na urządzenia elektroniczne
6. Prawie nikt w ...		na urlop i na podróże
7. Chyba nikt w ...		na rozrywkę

KULTURTIPP

Über Geld zu sprechen gilt in manchen Kontexten als unangebracht. Deswegen tasten Sie sich an dieses Thema vorsichtig heran.

16

Jak to powiedzieć po polsku, gdy... ?

1. ... Sie fragen wollen, ob man hier Geld wechseln kann?
   ____
2. ... Sie fragen wollen, wo hier ein Geldautomat ist?
   ____
3. ... Sie wissen wollen, wieviel ein Controller in Polen verdient?
   ____
4. ... Sie Ihr Portemonnaie verloren haben?
   ____
5. ... Sie nach einem Rabatt fragen wollen?
   ____
6. ... Sie fragen wollen, wofür die meisten Polen ihr Geld ausgeben?
   ____

KULTURTIPP

Zu den größten polnischen Banken gehören u.a. Bank PKO BP und Alior Bank. Neben polnischen Banken haben sich auf dem polnischen Markt mehrere Kreditinstitute mit Auslandskapital etabliert, z.B. Deutsche Bank und Crédit Agricole.

Polskie rezerwaty biosfery UNESCO
Dziesięć z łącznie 23 parków narodowych w Polsce bierze udział w zapoczątkowanym przez UNESCO programie „Człowiek i biosfera", MAB, mającym na celu zapewnienie zrównoważonych relacji między człowiekiem i biosferą. Jednymi z pierwszych rezerwatów wpisanych na Światową Listę Rezerwatów Biosfery jest założony w 1976 roku Rezerwat Biosfery Białowieża - położony na wschód od Warszawy przy granicy polsko-białoruskiej oraz Rezerwat Biosfery Babia Góra - na południu od Krakowa przy granicy ze Słowacją.

TR. 34

WORTSCHATZ

alpejski - *alpin*
górski - *Berg-/Gebirgs-*
góry - *Berge, Gebirge*
jezioro - *See (m)*
Kraina Tysiąca Jezior - *(das) Land der tausend Seen*
krajobraz - *Landschaft*
las - *Wald*
łąka - *Wiese*
połonina - *Bergweide*
przepiękny - *wunderschön*
wąż - *Schlange*
znajdować się - *sich befinden*

° 1

Proszę dopasować zdania do poniższych fotografii. Następnie proszę wysłuchać nagrania.

1. Rezerwat Biosfery Białowieża to ostatni pierwotny las Europy.
2. W Rezerwacie Biosfery Karpaty Wschodnie występują przepiękne łąki górskie (połoniny) oraz największy wąż europejski - wąż Eskulapa.
3. Tatrzański Rezerwat Biosfery to najwyższe polskie góry z krajobrazem alpejskim.
4. Rezerwat Biosfery Jezioro Łukajno znajduje się na terenie Mazur - Krainy Tysiąca Jezior.

A ______________________

B ______________________

C ______________________

D ______________________

SPRACHTIPP

1999
1 (a) tysiąc
9 (b) dziewięćset
9 (c) dziewięćdziesiąty
9 (d) dziewiąty

Aber: 2000 - rok dwutysięczny

Jahresangaben
Das Jahr wird sowohl mit der Kardinal- als auch mit der Ordnungszahl angegeben:

- für Tausender (a) und Hunderter (b) werden Kardinalzahlen verwendet
- für Zehner (c) und Einer (d) werden Ordnungszahlen verwendet

Je nach Frage verändert sich der Fall, in dem die Zahlen stehen:

- Który to (był) rok? *Welches Jahr ist/war es?* - Nominativ
- W którym roku? *In welchem Jahr?* - Lokativ
- Od/Do którego roku? *Seit/Bis welchem Jahr?* - Genitiv

2

Który to rok? Proszę wysłuchać i połączyć.

TR. 35

1. tysiąc siedemset osiemdziesiąty dziewiąty ___ A 1994
2. tysiąc osiemset dwunasty ___ B 2018
3. tysiąc dziewięćset pięćdziesiąty pierwszy ___ C 1985
4. tysiąc dziewięćset siedemdziesiąty siódmy ___ D 1951
5. tysiąc dziewięćset osiemdziesiąty piąty ___ E 1812
6. tysiąc dziewięćset dziewięćdziesiąty czwarty ___ F 1977
7. dwa tysiące drugi ___ G 1789
8. dwa tysiące osiemnasty ___ H 2002

SPRACHTIPP

Da **rok** *(Jahr)* maskulin ist, sind die Endungen der Ordnungszahlen ebenfalls maskulin, z.B. **pierwszy**, **dwunasty**, **siedemdziesiąty siódmy**.

3

Proszę wysłuchać nagrania i zaznaczyć pasujący rok.

TR. 36

1. Rezerwat Biosfery Białowieża wpisany został na listę UNESCO w ___ roku. ☐ 1976 ☐ 1967
2. Rezerwat Biosfery Jezioro Łukajno wpisano na listę UNESCO w ___ roku. ☐ 1977 ☐ 1917
3. Rezerwat Biosfery Karpaty Wschodnie znajduje się na liście UNESCO od ___ roku. ☐ 1994 ☐ 1992

4

Proszę ponumerować fragmenty w odpowiedniej kolejności.

TR. 37

___ Do zwierząt chronionych w Polsce zaliczane są m.in. liczne gatunki ssaków (np. niedźwiedź brunatny, wilk i żubr), ptaków (np. bocian biały), gadów (np. wąż Eskulapa) i owadów (np. modliszka zwyczajna).

___ W Polsce istnieje wiele form ochrony przyrody. Oto trzy przykłady: parki narodowe, rezerwaty przyrody oraz ochrona gatunkowa roślin, zwierząt i grzybów.

___ Żubr – krewniak bizona – jest symbolem Białowieskiego Parku Narodowego. Samiec ma do 2 m wysokości i waży do 1000 kg.

___ Aktualnie w Polsce istnieją 23 parki narodowe. Najmniejszy jest Ojcowski Park Narodowy – 2146 ha, zaś największy Biebrzański Park Narodowy – 59 223 ha.

WORTSCHATZ

nakrętka - *(Schraub-)Verschluss*
odpadki warzywne - *Gemüseabfälle*
odpady niebezpieczne - *gefährliche Abfälle*
pojemnik - *Behälter*
puszka - *Dose*
skoszona trawa - *Rasenschnitt*
słoik - *(Einmach-)Glas*
szklany - *Glas-*
środki czystości - *Putzmittel*
tektura - *Pappe*
torebka foliowa - *Plastikbeutel*
tworzywo sztuczne - *Kunststoff*
ulotka - *Flyer*

5

Proszę przyporządkować śmieci do pasujących kategorii.

1. Gazety, czasopisma, ulotki, opakowania z papieru i tektury, zeszyty i papier biurowy
2. Słoiki, butelki po napojach i żywności oraz szklane opakowania po kosmetykach
3. Butelki plastikowe, nakrętki, kapsle, zakrętki od słoików, plastikowe opakowania, torebki/worki foliowe, kartony po mleku/sokach, puszki po żywności, folia aluminiowa oraz opakowania po kosmetykach i środkach czystości
4. Odpadki warzywne i owoce, resztki jedzenia bez mięsa, gałęzie drzew i krzewów oraz skoszoną trawę, liście i kwiaty
5. Wszystko, czego nie można wrzucić do pozostałych pojemników, a co nie jest odpadem niebezpiecznym

___ **A** *ZMIESZANE*
___ **B** *BIO*
___ **C** *PAPIER*
___ **D** *METALE I TWORZYWA SZTUCZNE*
___ **E** *SZKŁO*

WORTSCHATZ

biogaz - *Biogas*
biomasa - *Biomasse*
biopaliwo - *Biokraftstoff*
budynek - *Gebäude*
deszczówka - *Regenwasser*
energia geotermalna - *Geothermalenergie*
energia słoneczna - *Sonnenenergie*
energia wiatrowa - *Windenergie*
energia wodna - *Wasserkraft*
gaz ziemny - *Erdgas*
konsument - *Verbraucher*
odnawialny - *erneuerbar*
szkodzić - *schaden*
węgiel brunatny - *Braunkohle*
węgiel kamienny - *Steinkohle*
znak - *Zeichen, Symbol*
zwierzę - *Tier*
źródło - *Quelle*
żywność - *Lebensmittel*

6

Proszę przeczytać fragmenty tekstu i dopasować je do poniższych fotografii.

___ **A**

___ **B**

___ **C**

1. Etykiety lub znaki ekologiczne to symbole informujące konsumenta o tym, że dany produkt mniej szkodzi środowisku naturalnemu niż inne podobne produkty, ponieważ na przykład nie był testowany na zwierzętach. Symbole ekologiczne widoczne są na żywności ekologicznej lub na kosmetykach.
2. Zielona energia to energia pochodząca ze źródeł odnawialnych. Do takich źródeł zaliczane są: energia wodna, wiatrowa, słoneczna, geotermalna, biomasa, biogaz i biopaliwo. Źródłami energii nieodnawialnej są m.in. węgiel kamienny i brunatny, gaz ziemny oraz ropa naftowa.
3. Coraz popularniejsze stają się w Polsce zielone domy, czyli budynki ekologiczne. Takie budynki o specjalnej konstrukcji wykorzystują zieloną energię a poprzez specjalne systemy oszczędzają wodę, na przykład dzięki wykorzystaniu deszczówki.

Adjektivische Partizipien
Im Polnischen gibt es zwei Arten von Partizipien, die wie Adjektive vor oder nach Substantiven stehen:
a) das *Partizip Präsens* (imiesłów przymiotnikowy czynny), das von imperfektiven Verben durch das Anhängen von **-cy/-ce/-ca** an die 3. Pers. Pl. gebildet wird und,
b) das *Partizip Präteritum* (imiesłów przymiotnikowy bierny), das vom Infinitiv der perfektiven und der imperfektiven Verben durch das Anhängen von **-ny/-ne/-na** bzw. **-ty/-te/-ta** gebildet wird.
Das *Partizip Präsens* bezeichnet andauernde aktivische Vorgänge. Das *Partizip Präteritum* bezeichnet abgeschlossene passivische Vorgänge.

SPRACHTIPP

a) pochodzący/-ce/-ca
oszczędzający/-ce/-ca
b) testowany/-ne-/-na
skoszony/-ne/-na

7

Czy podkreślone słowo to imiesłów przymiotnikowy czynny czy bierny? Proszę zaznaczyć.

	PPräs.	PPrät.
1. Etykiety ekologiczne to symbole <u>informujące</u> konsumenta o tym, że produkt mniej szkodzi środowisku niż inne podobne produkty.	☐	☐
2. Kosmetyki <u>testowane</u> na zwierzętach nie są ekologiczne.	☐	☐
3. Zielona energia to energia <u>pochodząca</u> ze źrodeł odnawialnych.	☐	☐
4. Zielone domy to budynki <u>wykorzystujące</u> zieloną energię.	☐	☐
5. <u>Wpisany</u> na listę UNESCO w 1976 roku Rezerwat Biosfery Białowieża to ostatni pierwotny las Europy.	☐	☐

KULTURTIPP

Das polnische Öko-Zertifikat **EKO** wird seit 1998 vergeben und garantiert die Erfüllung höchster Öko-Standards z.B. von Kosmetika, Schreibwaren und Spielsachen.

8

Która forma imiesłowu jest poprawna? Proszę zaznaczyć.

1. Żywność ekologiczna to żywność ... bez pestycydów.
☐ **A** produkująca
☐ **B** produkowana

2. Czy masz w domu kosz na odpady ...?
☐ **A** segregujące
☐ **B** segregowane

3. Prządki to najczęściej ... rezerwat na Podkarpaciu.
☐ **A** odwiedzający
☐ **B** odwiedzany

4. Dom energooszczędny to dom ... energię.
☐ **A** oszczędzający
☐ **B** oszczędzany

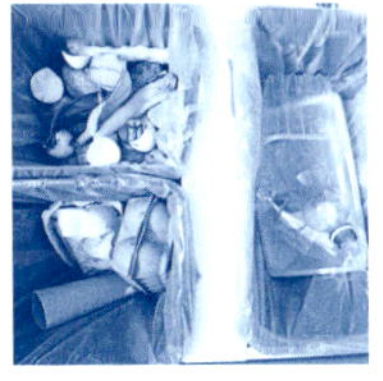

WORTSCHATZ

energooszczędne - *energiesparend*
leki - *Medikamente*
przeterminowany - *abgelaufen*
światło - *Licht*
świecić - *leuchten, brennen*
używać - *benutzen*
zgniatać - hier: *zerdrücken*

9

Proszę rozdzielić i zapisać odpowiednio słowa, tak aby powstały zdania rozkazujące.

1. Z G N I A T A J P U S Z K I P R Z E D W Y R Z U C E N I E M !

____

2. N I E Ś W I E Ć Ś W I A T Ł A B E Z P O T R Z E B Y !

____

3. N I E U Ż Y W A J P L A S T I K O W Y C H T O R E B E K !

____

4. O D D A W A J P R Z E T E R M I N O W A N E L E K I D O A P T E K I !

____

5. K U P U J P R O D U K T Y E N E R G O O S Z C Z Ę D N E !

____

10

Proszę zapisać daty słowami.

922 → _______________
1025 → _______________
1310 → _______________
1467 → _______________
1629 → _______________
1990 → _______________
1997 → _______________
2000 → _______________
2010 → _______________
2017 → _______________

KULTURTIPP

Die polnischen Banknoten bilden polnische Könige ab:
10 zł = Mieszko I (922–945)
20 zł = Bolesław Chrobry (967-1025)
50 zł = Kazimierz Wielki (1310-1370)
100 zł = Władysław Jagiełło (1362-1434))
200 zł = Zygmunt Stary (1467-1548)
500 zł = Jan III Sobieski (1629-1696)

11

Co może być poddane recyclingowi? Zdjęcia pomogą Pani/Panu odgadnąć, o jakie 10 słów tu chodzi.

U	Q	S	Ł	O	I	K	I	M	O	O	Ć
T	B	U	T	E	L	K	I	U	P	D	L
E	Ź	A	A	I	N	G	S	S	O	Z	A
K	P	U	S	Z	K	I	C	K	N	I	Y
T	A	P	D	G	Ę	N	H	O	Y	E	U
U	P	L	A	S	T	I	K	O	A	Ż	T
R	I	F	N	T	Ś	H	N	L	I	C	H
A	E	N	B	A	T	E	R	I	E	Ń	D
Ó	R	Y	F	L	E	N	P	U	A	S	S

1 2 3 4 5 6 7 8 9 10

12

Proszę przekształcić imiesłowy na zdania względne.

1. Etykiety ekologiczne to symbole informujące konsumenta, ...
   Etykiety ekologiczne to symbole, które informują konsumenta, ...
2. Zielona energia to energia pochodząca z odnawialnych źródeł
3. Zielone domy to budynki wykorzystujące zieloną energię.
4. Dom energooszczędny to dom oszczędzający energię.
5. Żywność ekologiczna to żywność spełniająca standardy certyfikatu EKO.
6. Żywność ekologiczna to żywność nie zawierająca pestycydów.

WORTSCHATZ

aprobata/zgoda - *Zustimmung*
być czegoś pewnym/pewną - *sich einer Sache sicher sein*
inny pogląd - *eine andere Meinung*
mieć rację - *Recht haben*
sprzeciw - *Widerspruch*
śmieć - hier: *trauen, wagen*
wątpić - *zweifeln, bedenken*
wątpliwość - *Zweifel, Bedenken*
zgadzać się - *zustimmen*

13

Proszę dopasować poniższe zwroty do podanych kategorii.

wątpliwość | sprzeciw / inny pogląd | aprobata / zgoda

Ma Pan(i) całkowicie rację.
W pełni się z Panem/Panią zgadzam.
Zgadzam się z tym, że...
Jesteśmy tego samego zdania.
Jesteśmy jednomyślni.
Zgoda.

1. aprobata / zgoda

Nie zgadzam się z tym, że...
Jestem niestety innego zdania.
Nie podzielam Pana/Pani zdania.
To nonsens! To kompletna bzdura!
W przeciwieństwie do Pana/Pani uważam, że...

2. ______

Nie jestem tego pewien/pewna.
Śmiem wątpić, że...
Bardzo w to wątpię.
Trudno mi zająć w tej kwestii jakieś stanowisko.
To nieprawdopodobne, żeby...

3. ______

14

Proszę połączyć pary polsko-niemieckie.

1. Ma Pan(i) całkowicie rację.
2. W pełni się z Panem/Panią zgadzam.
3. Jesteśmy tego samego zdania/jednomyślni.
4. Zgoda.
5. Jestem niestety innego zdania.
6. Nie podzielam Pana/Pani zdania.
7. To nonsens! To totalna bzdura!
8. W przeciwieństwie do Pana/Pani uważam, że...
9. Nie jestem tego pewien/pewna.

___ **A** Einverstanden.
___ **B** Ich teile Ihre Meinung nicht.
___ **C** Im Gegensatz zu Ihnen bin ich der Meinung, dass ...
___ **D** Sie haben völlig Recht.
___ **E** Ich stimme Ihnen völlig zu.
___ **F** Ich bin leider ganz anderer Meinung.
___ **G** Wir sind uns ganz einig.
___ **H** Da bin ich nicht sicher.
___ **I** Das ist ja totaler Unsinn/Quatsch!

15

Proszę dopasować zdania z dialogów do sytuacji wpisując odpowiednie cyfry.

(1) Według mnie segregacja śmieci to kompletna bzdura. | (2) Ma Pani całkowicie rację! | (3) Jestem zdania, że zielone domy są zbyt drogie. | (4) Uważam, że nie powinno się używać plastikowych worków na zakupy. | (5) W przeciwieństwie do Pana uważamy, że segregacja śmieci jest bardzo ważna. | (6) Uważam, że certyfikaty ekologiczne to nonsens. | (7) Nie podzielam twojego zdania. | (8) Trudno mi zająć w tej kwestii jakieś stanowisko.

Anna ist der Meinung, dass man keine Plastikeinkaufstaschen verwenden sollte. **Piotr** teilt ihre Meinung nicht.	**A** **Anna:** ___ **Piotr:** ___
Frau **Ewa Lipińska** ist der Meinung, dass Öko-Häuser viel zu teuer sind. Herr **Piotr Nowakowski** teilt ihre Meinung.	**B** **Pani Ewa Lipińska:** ___ **Pan Piotr Nowakowski:** ___
Karl ist der Meinung, dass Mülltrennung keinen Sinn macht. **Agata und Monika** sind einer anderen Meinung.	**C** **Karl:** ___ **Agata i Monika:** ___
Daniel findet, dass Öko-Zertifikate sinnlos sind. **Helena** fällt es schwer, in dieser Frage Stellung zu nehmen.	**D** **Daniel:** ___ **Helena:** ___

SPRACHTIPP

Wörter, die derselben Wortfamilie angehören, können eine gänzlich unterschiedliche Bedeutung haben:

śmieciarka – *Müllabfuhrwagen*
śmietnik – *Mülleimer*
śmietnisko – *Müllhalde*
śmiecić – *Dreck machen*
śmieć – *Müll, Abfall*

ABER:
śmieć – *sich trauen, wagen*

16

Proszę napisać pytania do podkreślonych części zdania.

1. Rezerwat Biosfery Białowieża wpisany został na listę UNESCO <u>w 1976 roku</u>.
   ____
2. Moja córka studiuje ekologię od <u>2016 roku</u>.
   ____
3. <u>Tak</u>, żubr jest w Polsce pod ochroną.
   ____
4. <u>Nie</u>, nie zgadzam się z tym zupełnie.
   ____
5. Zielone domy wykorzystują <u>zieloną energię</u>.
   ____
6. <u>Tak</u>, w Polsce trzeba segregować śmieci.
   ____
7. Tatrzański Rezerwat Biosfery figuruje na liście UNESCO <u>od 1992 roku</u>.
   ____

 TR. 38

SPRACHTIPP

Wörter, die derselben Wortfamilie angehören:

emigracja - *Auswanderung*
emigracyjny - *Auswanderungs-*
emigrant/-ka - *Auswanderer/-in*
emigrować/ wyemigrować - *auswandern*

1

Proszę wysłuchać dialogu i zaznaczyć pasujące zdania.

	PRAWDA	NIEPRAWDA
1. Ute mieszka w Polsce, ale pracuje w Niemczech.	☐	☐
2. Ute mieszka w Polsce od 1998 roku.	☐	☐
3. Ute studiowała slawistykę i ekonomię.	☐	☐
4. Ute wyemigrowała do Polski, bo nie chciała pracować w Niemczech.	☐	☐
5. Po 20 latach w Polsce Ute jest niezadowolona i chce wrócić do Niemiec.	☐	☐
6. Ute pracuje w dużej firmie niemieckiej w stolicy Polski.	☐	☐

Imigracja do Polski
Na początku 2016 roku liczba cudzoziemców w Polsce wynosiła 211 869 osób, co stanowiło 0,55% ogólnej populacji kraju. Dziesięć głównych krajów pochodzenia imigrantów to Ukraina, Niemcy, Białoruś, Rosja, Wietnam, Włochy, Chiny, Francja, Wielka Brytania i Bułgaria. Osoby przyjeżdżające do Polski na stałe mają obowiązek zgłosić się do wojewody w miejscu zamieszkania w ciągu najpóźniej 30 dni od daty przyjazdu. Aby podjąć w Polsce pracę konieczne jest posiadanie **Numeru Identyfikacji Podatkowej** (NIP). Złożenie wniosku o przyznanie numeru identyfikacji osobowej **PESEL** jest dla cudzoziemców dobrowolne.

 TR. 39

WORTSCHATZ

bezrobocie - *Arbeitslosigkeit*
branża budowlana - *Baubranche*
dojeżdżać - *pendeln*
mieszkaniec - *Einwohner*
nawet - *sogar*
Pomorze - *Pommern*
przyjeżdżać pracować - *arbeiten kommen*
sięgać - hier: *erreichen*
stawać się - *werden*

2

Proszę wysłuchać nagrania i ponumerować fragmenty w odpowiedniej kolejności.

___ Land Meklemburgia to najbiedniejszy region Niemiec, w którym bezrobocie sięga nawet 19 procent. To właśnie mieszkańcy tego regionu często dojeżdżają do pracy w Szczecinie, który nadal rozwija się gospodarczo i staje się coraz bardziej atrakcyjny dla Niemców.

___ Według tygodnika „Der Spiegel" w Szczecinie i regionie Pomorza pracuje około 2500 Niemców głównie w branży budowlanej, porcie szczecińskim oraz w centralach telefonicznych.

___ Jak podaje niemiecki tygodnik „Der Spiegel" coraz więcej Niemców z północno-wschodniego regionu Meklemburgii przyjeżdża pracować do Polski, głównie do Szczecina.

Mieszkać w Niemczech/Polsce, pracować w Polsce/Niemczech
Ponad jedna trzecia wszystkich obywateli Unii Europejskiej mieszka i pracuje na europejskich terenach przygranicznych. Wśród nich są też trzy tereny na pograniczu Niemiec i Polski oraz jeden na styku Niemiec, Czech i Polski. Są to:
euroregion POMERANIA (DE/PL)
euroregion PRO EUROPA VIADRINA (DE/PL)
euroregion Sprewa-Nysa-Bóbr (DE/PL)
euroregion Nysa (DE/CZ/PL)

3

Dzięki czemu? Proszę wysłuchać zdań i połączyć ich pasujące fragmenty.

 TR. 40

1. Ute od razu dostała pracę w dużej niemieckiej firmie...
2. Ralf-Dieter dostał ofertę pracy jako doradca techniczno-handlowy w porcie szczecińskim...
3. Anke szybko znalazła zatrudnienie jako konsultantka ds. obsługi kontrahentów zagranicznych...
4. Olaf dostał bardzo dobrze płatną pracę w branży budowlanej...
5. Anna-Lena dobrze mówi po polsku...

___ **A** dzięki znajomości technologii energooszczędnych.
___ **B** dzięki doświadczeniu w obsłudze klienta oraz znajomości języków obcych.
___ **C** dzięki wieloletniemu doświadczeniu w branży morskiej.
___ **D** dzięki semestrowi zagranicznemu w Polsce.
___ **E** dzięki znajomości języka niemieckiego.

Von Ortsnamen abgeleitete Adjektive werden klein geschrieben, z.B.:
Gdańsk – gdański
Katowice – katowicki
Kraków – krakowski
Poznań – poznański
Szczecin – szczeciński
Warszawa – warszawski
Wrocław – wrocławski
Zakopane – zakopiański

Präpositionen mit dem Dativ
Folgende Präpositionen stehen immer mit dem Dativ: **dzięki** *(dank)*, **przeciw(ko)** *(gegen)*, **wbrew** *(entgegen)*.

 TR. 41

4

Proszę wysłuchać nagrania i zaznaczyć pasujące formy celownika.

1. dzięki	☐ mojemu szefowi	☐ mojego szefa
2. przeciw	☐ grypę	☐ grypie
3. wbrew	☐ moją rodziną	☐ mojej rodzinie
4. dzięki	☐ twoją znajomą	☐ twojej znajomej
5. przeciwko	☐ przepisami	☐ przepisom
6. wbrew	☐ pozorom	☐ pozorami

SPRACHTIPP

Einige nützliche Redewendungen mit dem Wort **pozór** *(Anschein)*:
Pod żadnym pozorem! *(Unter keinen Umständen!)*
stwarzać/zachowywać pozory *(etw. vortäuschen / den Schein wahren)*

SPRACHTIPP

*Dasz **mi*** proszę*
*twój numer telefonu**?*

* indirektes Objekt/ Dat.
** direktes Objekt/ Akk.

Der Dativ
Der Dativ antwortet auf die Fragen **Komu? Czemu?** *(Wem?)* und wird bei Verben mit indirektem Objekt (siehe Beispiel rechts) sowie nach einigen Präpositionen verwendet. Substantive im Singular erhalten folgende Endungen: **-owi** (selten **-u**) → Maskulina, **-(i)e**, **-i** und **-y** (wie im Lokativ) → Feminina und **-u** → Neutra. Alle Substantive im Plural bekommen im Dativ die Endung **-om**.

SPRACHTIPP

Achtung, falsche Freunde! Das polnische **gimnazjum** ist anders als das deutsche **Gymnasium** Teil des Sekundarbereichs I, dauert drei Jahre und berechtigt zur Fortsetzung der Ausbildung an einer Schule des Sekundarbereichs II. Dazu gehören:
- dreijährige allgemeinbildende und profilierte Lyzeen (vergleichbar mit deutschen Gymnasien)
- vierjährige berufsbildende Technika sowie
- drei- bzw. vierjährige Berufsschulen.

Nach der letzten Schulreform wird das Gymnasium allerdings zum 31. August 2019 abgeschafft.

5

Proszę dopasować komunikaty do pasujących fotografii wpisując odpowiedni numer.

1. Dyrektor niemieckiego gimnazjum im. Karola Liebknechta we Frankfurcie nad Odrą, do którego chodzą młodzi Polacy i Niemcy, odebrał dziś tytuł Ambasadora Słubic. Troszczącemu się w wyjątkowy sposób o edukację polskiej i niemieckiej młodzieży dyrektorowi gratulował m. in. burmistrz miasta Słubice Tomasz Ciszewicz.
2. Polski pacjent podziękował niemieckiemu ratownikowi za uratowanie życia. Niemiecki ratownik brał udział w projekcie unijnym „Zintegrowane transgraniczne ratownictwo medyczne w Pomeranii/Brandenburgii" i dobrze włada specjalistyczną terminologią medyczną w języku polskim. W ramach projektu brał udział w kursach języka polskiego dla niemieckich ratowników na terenach przygranicznych.
3. Przedszkolanki jednego ze szczecińskich przedszkoli podziękowały kolegom i koleżankom z zaprzyjaźnionego przedszkola w Löcknitz za udział w polsko-niemieckim spotkaniu „Bawmy się razem"/"Wir spielen zusammen". Już w 24 szczecińskich przedszkolach i szkołach dzieci uczą się języka niemieckiego. Po stronie niemieckiej bierze udział aż 29 placówek oświatowych, w których nauczany jest język polski.

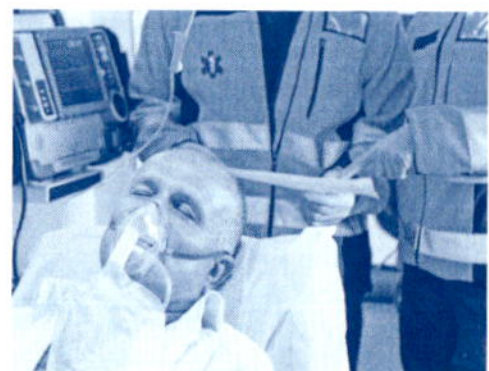

A ___

B ___

C ___

Verben mit Dativ
Folgende Verben stehen immer mit dem Dativ: **dawać** *(geben)*, **dziękować** *(danken)*, **mówić** *(sagen)*, **opowiedzieć** *(erzählen)*, **podobać się** *(gefallen)*, **pomagać** *(helfen)*, **ufać** *(vertrauen)*, **zazdrościć** *(beneiden)* und **życzyć** *(wünschen)*.

6

Proszę ponownie przeczytać fragmenty tekstu z ćwiczenia nr. 5 i zaznaczyć pasujące zdania.

	PRAWDA	NIEPRAWDA
1. Dyrektor gimnazjum gratulował burmistrzowi miasta.	☐	☐
2. Młodzi Polacy uczą się w gimnazjum razem z młodymi Niemcami.	☐	☐
3. Projekt dla niemieckich i polskich ratowników medycznych przeprowadzony został w Euroregionie Spree-Neiße-Bóbr-Sprewa-Nysa-Bóbr.	☐	☐
4. Polski pacjent podziękował niemieckiemu ratownikowi.	☐	☐
5. W szczecińskich przedszkolach i szkołach dzieci uczą się języka angielskiego.	☐	☐
6. Niemieckie przedzkolanki podziękowały polskim kolegom i koleżankom.	☐	☐

SPRACHTIPP

Wójt, burmistrz czy prezydent miasta? Die Unterscheidung hängt mit dem Gemeindetyp zusammen. Im Falle einer städtischen Gemeinde heißt der Gemeindevorsteher **prezydent miasta**, im Falle einer städtisch-ländlichen Gemeinde **burmistrz** und im Falle einer ländlichen Gemeinde **wójt**.

7

Proszę zaznaczyć formy w celowniku.

(1) Dałem moją kartę ubezpieczenia zdrowotnego ratownikowi | ratownikiem | ratownika. (2) Polskiemu pacjentowi | Polskiego pacjenta | Polskim pacjentem bardzo podobał się fakt, że niemiecki ratownik mówił do niego po polsku. (3) Niemiecka przedszkolanka opowiedziała polskimi dziećmi | polskich dzieci | polskim dzieciom bajkę po niemiecku. (4) Prezydent miasta życzył dzieci | dzieciom | dziećmi sukcesów w nauce języka niemieckiego. (5) Pomogłam moich znajomych | moim znajomym | moimi znajomymi znaleźć pracę w Szczecinie.

KULTURTIPP

Zu den bekanntesten deutsch-polnischen Schulen in Deutschland gehören das Karl-Liebknecht-Gymnasium in Frankfurt (Oder), die Katharina-Heinroth-Grundschule in Berlin sowie das Deutsch-Polnische Gymnasium in Löcknitz. Die Nachfrage für Polnisch wächst v.a. an Kitas in deutsch-polnischen Grenzregionen: Dort wird immer häufiger Polnisch als Nachbarsprache angeboten.

8

Proszę napisać zdania z czasownikami oraz przyimkami z celownikiem.

1. podziękował | za | pomoc | Uczeń | nauczycielowi | .
2. mój | Komu | daliście | numer telefonu | ?
3. Proszę, | o | mów | szefowej | nie | tych problemach | .
4. Panu | Jak | podoba | się | naszej firmy | nowe logo | ?
5. mnie | przeprasza | Pan | co | Za | ?
6. Dlaczego | ufasz | nie | twojemu przyjacielowi | ?
7. Życzę | udanej kooperacji | z | Państwu | niemieckimi partnerami | !
8. Dlaczego | przeciwko | z | jesteście | kooperacji | regionalnymi firmami | ?
9. opinii | Wbrew | doradcy | umowę | podpisaliśmy | .
10. Pana zaangażowaniu | Dzięki | udało mi | się | stypendium | otrzymać | .

KULTURTIPP

Auf der Seite des **Urząd do Spraw Cudzoziemców** (Polnische Ausländerbehörde) https://udsc.gov.pl/ werden alle relevanten Informationen für **uchodźcy** *(Flüchtlinge)* und **cudzoziemcy** *(Ausländer)* in Polen zusammengestellt.

9

Proszę uzupełnić czasowniki w czasie teraźniejszym.

dać | dziękować | mówić | opowiadać | podobać się | pomagać | ufać | życzyć

(1) _____ Panu udanego pobytu w Polsce! Możesz mi (2) _____ listę uczestników szkolenia? Dlaczego nie (3) _____ ci się to mieszkanie? Mój kolega z pracy zaangażował się w pracę organizacji, która (4) _____ dzieciom uchodźców. (5) _____ Pani za szybkie udzielenie odpowiedzi. Agata jest moją przyjaciółką i całkowicie jej (6) _____. Sam powinieneś decydować, co komu (7) _____. Zapytałeś, dlatego ci o tym (8) _____.

Verbalsubstantive
Die substantivierten Infinitive (sog. Verbalsubstantive) werden im Polnischen sehr oft gebraucht und wie folgt gebildet:

a) Infinitive auf **-ać** haben die Endung **-anie**: czytać → czytanie
b) Infinitive auf **-ić**, **-yć** und **-eć** haben die Endung **-enie**, wobei sich die Konsonanten (wie 1. Pers. Sg.Präs) verändern: prosić → proszenie
c) Einsilbige Infinitive auf **-uć**, **-yć** und **-ić** haben die Endungen **-ucie**, **-ycie** und **-icie**: żyć → życie.

Verbalsubstantive können sowohl von imperfektiven als auch von perfektiven Verben gebildet werden und werden wie Neutra dekliniert.

SPRACHTIPP
imperf.
zamawiać → zamawianie
perf.
zamówić → zamówienie

10

Proszę tak przestawić litery, aby powstały rzeczowniki odczasownikowe.

1. pracować → A P C R W O A I E N ___PRACOWANIE___
2. myśleć → E N I E M Ś L Y ______
3. myć → Y M C E I ______
4. studiować → E I S U W O A T D N I ______
5. malować → A I E N W O M A L ______
6. pływać → A P W I E N Y Ł ______
7. liczyć → L Z C I E I N E ______
8. szyć → Y S Z E C I ______

SPRACHTIPP
Manche Verbalsubstantive haben eine doppelte oder sogar mehrfache Bedeutung, z.B.:
prać → pranie
1. das Waschen 2. die Wäsche
siedzieć → siedzenie
1. das Sitzen 2. der Sitz 3. das Gesäß
zająć → zajęcie
1. die Besetzung 2. die Beschäftigung

11

Proszę połączyć pary

1. kupić
2. kupować
3. jeździć
4. jechać
5. nieść
6. nosić
7. spóźnić się
8. spóźniać się

___ **A** kupowanie
___ **B** noszenie
___ **C** spóźnienie
___ **D** jechanie
___ **E** jeżdżenie
___ **F** spóźnianie
___ **G** kupienie
___ **H** niesienie

KULTURTIPP
Kommen Sie verspätet an, können Sie den folgenden Ausdruck gut gebrauchen:
Przepraszam za spóźnienie.

WORTSCHATZ

argumentowanie - *das Argumentieren, Begründen*
dokonać wyboru - *eine Wahl treffen*
kojarzyć - *assoziieren*
oddawać - hier: *wiedergeben*
odrzucenie - *die Ablehnung*
odpowiadać - hier: *entsprechen*
opisywanie - *das Beschreiben*
w plenerze - *unter freiem Himmel*
poruszać - hier: *ansprechen*
powierzchownie - *oberflächlich*
rozgrywać się - *sich abspielen*
widać - *es ist zu sehen*
wybranie - *das Auswählen*
zdecydować się - *sich entscheiden*
znajdować się - *sich befinden*

12

Proszę dopasować poniższe zwroty do podanych trzech kategorii.

~~opisywanie zdjęcia~~ | argumentowanie przy odrzuceniu zdjęcia | argumentowanie przy wybraniu zdjęcia

Gdybym miał(a) dokonać wyboru, wybrał(a) bym zdjęcie numer ___, ponieważ najlepiej odpowiada projektowi/lekcji/artykułowi. Zdecydował(a)bym się na zdjęcie numer ___, bo świetnie pasuje do projektu/lekcji/artykułu.	1. ______________
Scenka na tym zdjęciu rozgrywa się prawdopodobnie w plenerze/na zewnątrz/w budynku... Na obrazku widać... Obrazek/Zdjęcie przedstawia... Na pierwszym planie znajduje się/znajdują się... a na drugim planie widać... Po prawej/lewej stronie... Z przodu/Z tyłu/Pośrodku widać...	2. *opisywanie zdjęcia*
Zdjęcie numer ___ w ogóle nie oddaje tematu projektu/lekcji/artykułu. Uważam, że nikt nie będzie kojarzył tego zdjęcia z tematyką projektu/lekcji/artykułu. Zdjęcie numer ___ porusza temat projektu/lekcji/artykułu tylko powierzchownie.	3. ______________

Studiować w Polsce
W roku akademickim 2016/17 studiowało w Polsce 65 793 studentów z 166 państw. Większość studentów pochodziła z Ukrainy (35584), poza tym m.in. z Białorusi (5119), Indii (2138), Hiszpanii (1607), Norwegii (1531), Turcji (1471), Szwecji (1242), Niemiec (1173), Czech (1061) oraz Rosji (1055). Informacje na temat studiowania w Polsce dostępne są na stronie http://www.studyinpoland.pl/

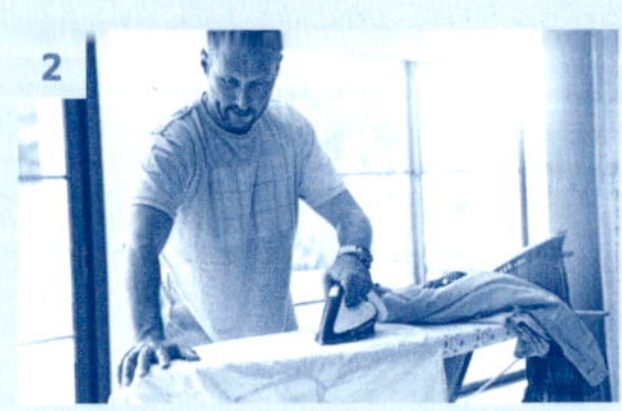

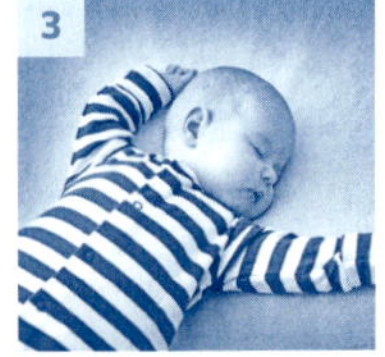

13

Która z fotografii na tej stronie pasuje Pani/Pana zdaniem najlepiej do tekstu „Studiować w Polsce"? Proszę uzasadnić swój wybór i opisać fotografię za pomocą zwrotów z ćwiczenia nr. 12.

14

Proszę połączyć pary polsko-niemieckie.

1. Przypuszczam, że...	___	**A** Ich bin fast sicher, dass ...
2. To nie jest wykluczone, że...	___	**B** Es ist nicht ausgeschlossen, dass ...
3. To możliwe, że...	___	**C** Es unterliegt keinem Zweifel, dass ...
4. Wydaje mi się, że...		**D** Ich vermute, dass ...
5. Jestem praktycznie pewien/pewna, że...	___	**E** Höchstwahrscheinlich handelt es sich um ...
6. Najprawdopodobniej chodzi o...	___	**F** Es ist möglich, dass ...
7. Można przyjąć, że...	___	**G** Es ist anzunehmen, dass ...
8. Nie ulega wątpliwości, że...	___	**H** Mir scheint, dass ...

SPRACHTIPP

Chodzić *(gehen)* und **lecieć** *(fliegen)*: Manche Ausdrücke mit Bewegungsverben haben wie im Deutschen nichts mit Bewegung zu tun, z.B. **O co chodzi?** *Worum geht es?* Manche Ausdrücke lassen sich wiederum nicht eins zu eins ins Deutsche übersetzen, z.B. **Jak ci leci?** *Wie geht es dir?*

15

Proszę przyporządkować zdania z dialogów do sytuacji wpisując pasujące cyfry.

(1) To nie jest wykluczone. | (2) Jestem pewien, że chcę mieszkać i pracować w Polsce. | (3) Jestem zdania, że zdjęcie karetki nie odpowiada celowi projektu. | (4) Dlaczego Pani tak przypuszcza? | (5) Przypuszczam, że bardzo dużo młodych Niemców będzie się ubiegać o pracę. | (6) Wydaje mi się, że to niezły pomysł! | (7) Wydaje mi się, że w semestrze zimowym przyjedzie bardzo mało studentów z Niemiec.

Anna nimmt an, dass im Wintersemester nur wenige Studierende aus Deutschland kommen. **Piotr** schließt es nicht aus.

A
Anna: ___
Piotr: ___

Frau Ewa Lipińska vermutet, dass sich ganz viele junge Deutsche bewerben werden. **Herr Piotr Nowakowski** fragt, warum sie das vermutet.

B
Pani Ewa Lipińska: ___
Pan Piotr Nowak: ___

Karl ist sicher, dass er in Polen leben und arbeiten will. **Günter** sagt: Es scheint mir keine schlechte Idee!

C
Karl: ___
Günter: ___

Daniel findet, dass ein Bild eines Rettungswagens nicht das Ziel des Projektes wiedergibt.

D
Daniel: ___

KULTURTIPP

Koszty utrzymania (Lebenshaltungskosten) w Polsce sind niedriger als in Deutschland und betragen ca. 475 EUR monatlich p/P (ohne Miete). Wer in Berlin monatlich 2000 EUR ausgeben muss, braucht in der teuersten Stadt Polens **Warszawa** ca. 1300 EUR, um auf dem gleichen Niveau leben zu können.

1

Poznali już Państwo sporo słówek. Proszę przyporządkować 41 słówek z lekcji 6-10 do pasujących kategorii.

alergia | bankomat | basen | cudzoziemcy | emigranci | gotówka | góry | grupa krwi | jezioro | karetka pogotowia | karta płatnicza | karta ubezpieczeniowa | kantor | kod PIN | kort tenisowy | krajobraz | las | lekarka | łąka | numer alarmowy | numer ewidencyjny PESEL | numer identyfikacji podatkowej NIP | park narodowy | pielęgniarka | pieniądze | pokój hotelowy | portfel | ptak | recepcja | rezerwat | sanitariusz | sauna | serce | siłownia | szok | szpital | uchodźcy | wypłata | zagraniczny | znajomość języków obcych | zwierzę

1. pierwsza pomoc
____
2. pobyt w hotelu
____
3. bank
____
4. przyroda
____
5. emigracja
____

2

Proszę zaznaczyć poprawną formę czasownika.

Welcher der Sätze passt zu diesem Foto?
___

1. ... mało owoców, bo niespecjalnie je lubię.
☐ **A** Jem ☐ **B** Jadam ☐ **C** Jadłam
2. Po wybraniu numeru 112 ... krótko opisać sytuację.
☐ **A** można ☐ **B** należy ☐ **C** wolno
3. Gdybym ... młodsza, zapisałabym się na studia.
☐ **A** był ☐ **B** była ☐ **C** byłabym
4. Gdybym miał więcej czasu, ... na kurs tańca.
☐ **A** chodziłabym ☐ **B** chodziłbym ☐ **C** chodził
5. Na co ... Pani miesięcznie najwięcej pieniędzy?
☐ **A** oszczędza ☐ **B** płaci ☐ **C** wydaje
6. Nie ... twojego zdania.
☐ **A** pasuje ☐ **B** podzielam ☐ **C** uważam
7. Polski pacjent ... niemieckiemu ratownikowi za uratowanie życia.
☐ **A** dał ☐ **B** podziękował ☐ **C** życzył
8. Na zdjęciu ... młodych studentów z różnych krajów.
☐ **A** przedstawia ☐ **B** widać ☐ **C** znajdują się

3

Poznali już Państwo sporo zwrotów, których można użyć w różnych sytuacjach. Które zwroty pasują do której sytuacji?

1. ___ sagen, dass jemand schwer verletzt ist.
2. ___ fragen, ob man die Medikamente ohne Rezept bekommen kann.
3. ___ eine(n) Bekannte(n) fragen, ob er/sie Ihnen Gesellschaft leisten kann.
4. ___ sagen, dass man sein Portemonnaie verloren hat.
5. ___ fragen, ob man einen Preisnachlass bekommt.
6. ___ fragen, wo man hier Geld wechseln kann.
7. ___ sagen, dass Sie jemandes Meinung leider nicht teilen.
8. ___ sagen, dass Sie etwas sehr bezweifeln.
9. ___ sagen, dass etwas nicht ausgeschlossen ist.
10. ___ sich für Ihre Verspätung entschuldigen.

A Dotrzymasz mi towarzystwa?
B Dostanę jakiś upust?
C Przepraszam za spóźnienie.
D On jest ciężko ranny.
E Gdzie tu można wymienić pieniądze?
F To nie jest wykluczone.
G Bardzo w to wątpię.
H Niestety nie podzielam Pana/Pani zdania.
I Zgubiłam/-em portfel.
J Czy te leki mogę nabyć bez recepty?

Welche der Sätze passen zu diesem Foto? ___

4

Proszę zaznaczyć poprawne przyimki.

1. Moja córka gra od dwóch lat ... gitarze.
☐ **A** do ☐ **B** na ☐ **C** w

2. Kicham, bo mam alergię ... kurz.
☐ **A** na ☐ **B** przeciw ☐ **C** przez

3. Dziękuję ci ... pomoc.
☐ **A** dla ☐ **B** na ☐ **C** za

4. ... kogo tak długo czekamy?
☐ **A** Na ☐ **B** Przeciw ☐ **C** Wbrew

5. Rodzice są odpowiedzialni ... wychowanie swoich dzieci.
☐ **A** dla ☐ **B** dzięki ☐ **C** za

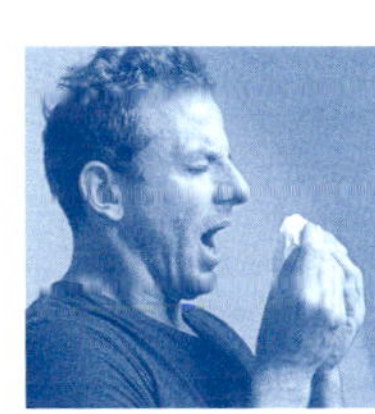

Welcher der Sätze passt zu diesem Foto? ___

Welcher der Sätze passt zu diesem Foto?

___

5

Proszę napisać zdania w trybie przypuszczającym. Podane w nawiasie imiona pomogą Państwu przy wyborze odpowiedniej formy osobowej.

1. (Robert): Gdybym | umieć mówić | po niemiecku | szukać | pracy | w Niemczech.

___

2. (Monika): Gdyby | ta praca | być lepiej płatna | ubiegać się | o nią.

___

3. (Ania i Thomas): Gdybyśmy | mieć | dłuższy urlop | pojechać | też | do rezerwatu przyrody.

___

4. (Agnieszka): Gdybym | nie musieć | nie segregować | śmieci.

___

5. (Jacek): Gdyby | nie boleć | mnie | głowa | pójść | na koncert.

___

6. (Gosia i Marcin): Gdybyśmy | mieć | więcej pieniędzy | kupić | nowy samochód.

___

6

Proszę dopasować poniższe zwroty do podanych kategorii.

(1) Ma Pan(i) całkowicie rację. | (2) Na obrazku widać... | (3) Jestem zdania, że... | (4) Uważam, że... | (5) Wydaje mi się, że... | (6) Nie zgadzam się z tym, że... | (7) Moim zdaniem... | (8) Najprawdopodobniej chodzi o... | (9) W pełni się z Panem/Panią zgadzam. | (10) Na pierwszym planie znajduje się/znajdują się... a na drugim planie widać... | (11) Obrazek/Zdjęcie przedstawia... | (12) Przypuszczam, że...

opisywanie zdjęcia	popieranie lub odrzucanie argumentów innych osób
___	___
wyrażanie własnego zdania	**wyrażanie przypuszczenia**
___	___

7

Proszę połączyć pary.

1. w 1999 r. ___ **A** rok tysiąc dziewięćset osiemdziesiąty
2. od 1999 r. ___ **B** w roku tysiąc dziewięćset dziewięćdziesiątym dziewiątym
3. 2000 r. ___ **C** od roku dwa tysiące dziewiętnastego
4. od 2019 r. ___ **D** od roku tysiąc dziewięćset osiemdziesiątego dziewiątego
5. do 2018 r. ___ **E** od roku tysiąc dziewięćset dziewięćdziesiątego dziewiątego
6. 1980 r. ___ **F** do roku dwa tysiące osiemnastego
7. od 1989 r. ___ **G** w roku dwa tysiące piątym
8. w 2005 r. ___ **H** rok dwutysięczny

8

Quiz wiedzy o Polsce. Proszę zaznaczyć pasujące odpowiedzi.

1. Jaki numer ma pogotowie ratunkowe w Polsce?
- ☐ **A** 112 albo 997
- ☐ **B** 112 albo 998
- ☐ **C** 112 albo 999

2. Do jakiego lekarza należy iść jako Niemiec w Polsce?
- ☐ **A** Do lekarza, który podpisał umowę z NFZ.
- ☐ **B** Do lekarza, który jest specjalistą.
- ☐ **C** Do lekarza, który umie mówić po niemiecku.

3. Kim jest „wójt"?
- ☐ **A** Urzędnikiem gminy miejskiej.
- ☐ **B** Urzędnikiem gminy wiejskiej.
- ☐ **C** Urzędnikiem gminy wiejsko-miejskiej.

4. Co Polacy robią 1. kwietnia?
- ☐ **A** Grają w różne gry, np. w chińczyka.
- ☐ **B** Grają w lotka.
- ☐ **C** Robią sobie żarty w domu i w pracy.

5. Co to jest „ogród działkowy" albo „działka"?
- ☐ **A** Rezerwat przyrody.
- ☐ **B** Mały kawałek ziemi do uprawy ogrodowej i wypoczynku w mieście.
- ☐ **C** Teren, gdzie przetrzymywane są żywe zwierzęta.

6. Na polskich banknotach widać...
- ☐ **A** polskie parki narodowe.
- ☐ **B** zabytki polskich miast.
- ☐ **C** polskich króli.

Welcher der Sätze passt zu diesem Foto?

___

1 LEKTIONSWORTSCHATZ

LEKTION 1

mieszkanie	*Wohnung*	L1Ü1
generalny remont	*vollständige Renovierung*	L1Ü1
po prawej stronie	*auf der rechten Seite*	L1Ü1
aneks kuchenny	*Kochnische*	L1Ü1
połączony	*verbunden*	L1Ü1
jeszcze raz	*noch einmal*	L1Ü1
jak najbardziej	*selbstverständlich*	L1Ü1
po lewej stronie	*auf der linken Seite*	L1Ü1
wanna	*Badewanne*	L1Ü1
prysznic	*Dusche*	L1Ü1
łóżko	*Bett*	L1Ü2
materac	*Matratze*	L1Ü2
szafa	*Schrank*	L1Ü2
trzydrzwiowy	*dreitürig*	L1Ü2
lustro	*Spiegel*	L1Ü2
zestaw	*Set*	L1Ü2
stół	*Tisch*	L1Ü2
krzesło	*Stuhl*	L1Ü2
komplet	*Set*	L1Ü2
sofa	*Sofa*	L1Ü2
fotel	*Sessel*	L1Ü2
szafka	*Schränkchen*	L1Ü2
szafka RTV	*TV-Schrank*	L1Ü2
RTV	*Radio und TV*	L1Ü2
dywan	*Teppich*	L1Ü2
orientalny	*Orient-*	L1Ü2
naprzeciw	*gegenüber*	L1Ü3
przy	*an, bei*	L1Ü3
pod	*unter*	L1Ü3
na	*auf*	L1Ü3
nad	*über*	L1Ü3
obok	*neben*	L1Ü3
chciałby	*möchte* m	L1Ü4
chciałaby	*möchte* f	L1Ü4
wieś	*Dorf*	L1Ü4
na wsi	*auf dem Land*	L1Ü4
drewniany	*Holz-*	L1Ü4
może	*vielleicht*	L1Ü4
powinien	*sollte* m	L1Ü4
powinna	*sollte* f	L1Ü4
powinno	*sollte* n	L1Ü4
parter	*Erdgeschoss*	L1Ü4
kominek	*Kaminofen*	L1Ü4
piętro	*Stockwerk*	L1Ü4
gościnny	*Gäste-*	L1Ü4
ogród	*Garten*	L1Ü4
dwupokojowy	*Zweizimmer-*	L1Ü4
blok	*Wohnblock*	L1Ü4
jednorodzinny	*Einfamilien-*	L1Ü4
niedaleko	*unweit*	L1Ü4
dziecięcy	*Kinder-*	L1Ü4
funkcjonalny	*funktional, bequem*	L1Ü5
skomunikowany	*verkehrstechnisch gut gelegen*	L1Ü5
przytulny	*gemütlich*	L1Ü5
miesiąc temu	*vor einem Monat*	L1Ü6
modny	hier: *angesagt*	L1Ü6
dzielnica	*Stadtteil*	L1Ü6
widok	*Blick*	L1Ü6
architektka	*Architektin*	L1Ü6
awangardowy	*ausgefallen*	L1Ü6
prawie że	*beinahe*	L1Ü6
bajkowy	*märchenhaft*	L1Ü6
rezydencja	*Residenz*	L1Ü6
zaprojektować *perfektiv*	*entwerfen*	L1Ü6
tydzień temu	*vor einer Woche*	L1Ü6
wyprowadzić się z *perfektiv*	*ausziehen aus*	L1Ü6
miasto	*Stadt*	L1Ü6
parterowy	*Erdgeschoss-*	L1Ü6
sad	*Obstgarten*	L1Ü6
wynajęty	*gemietet*	L1Ü6
kawalerka	*Einzimmerwohnung*	L1Ü6
sześciopiętrowy	*sechsstöckig*	L1Ü6
chociaż	*obwohl*	L1Ü6
kawaler	*Junggeselle, Single; ledig*	L1Ü7
sam	*allein*	L1Ü7
dosyć	*ziemlich; genug*	L1Ü7
dwóchsetletni	*zweihundert Jahre alt*	L1Ü7
dom szeregowy	*Reihenhaus*	L1Ü7
choć	*obwohl*	L1Ü8
etat	*Etat*	L1Ü8
cały etat	*volle Stelle*	L1Ü8
kamienica	*Mietshaus*	L1Ü8
stan	*Zustand*	L1Ü8
remontowany	*renoviert*	L1Ü8
instalacje wodne	*Wasserleitungen*	L1Ü8
instalacje gazowe	*Gasleitungen*	L1Ü8
wymieniony	*ausgetauscht*	L1Ü8
całkiem niedawno	*nicht lange her*	L1Ü8
blokowisko	*Plattensiedlung*	L1Ü8
zieleń	*Grün*	L1Ü8
okolica	*Gegend*	L1Ü8
dojazd	*Anfahrt*	L1Ü8
telenowela	*Soap-Serie*	L1Ü9
połączyć *perfektiv*	*verbinden*	L1Ü9
serial	*Serie*	L1Ü9

emitowany	*ausgestrahlt*	L1Ü9
pierwowzór	*Originalvorlage*	L1Ü9
bohater	*Hauptperson, Held*	L1Ü9
między innymi	*unter anderem*	L1Ü9
prowadzić	*führen*	L1Ü9
adaptowany	*adaptiert*	L1Ü9
osiedle	*Wohnsiedlung*	L1Ü9
znajdować się	*sich befinden*	L1Ü9
do wynajęcia	*zum Vermieten*	L1Ü10
trzypokojowy	*Dreizimmer-*	L1Ü10
preferowany	*bevorzugt*	L1Ü10
umeblowany	*möbliert*	L1Ü10
meble	*Möbel*	L1Ü10
meblować się	*sich einrichten*	L1Ü10
sklep meblowy	*Möbelgeschäft*	L1Ü10
zakład meblarski	*Möbelwerk*	L1Ü10
przeprowadzać się	*umziehen*	L1Ü12
remontować	*renovieren*	L1Ü12
parapetówka	*Einweihungsparty*	L1Ü14
córeczka	*Töchterchen*	L1Ü14
matura	*Abitur*	L1Ü14
zdać maturę *perfektiv*	*Abitur machen*	L1Ü14
rocznica ślubu	*Hochzeitstag*	L1Ü14
sukces	*Erfolg*	L1Ü14
własny kąt	*eigene vier Wände*	L1Ü14
cisza	*Stille, Ruhe*	L1Ü15
znieść *perfektiv*	*heruntertragen*	L1Ü15
wózek	*Kinderwagen*	L1Ü15
pocałować kogoś w nos	*jemandem gestohlen bleiben können*	L1Ü15
pożyczyć *perfektiv*	*etwas leihen*	L1Ü15
otwieracz do butelek	*Flaschenöffner*	L1Ü15
na twoim miejscu	*an deiner Stelle*	L1Ü16
zlecić komuś coś *perfektiv*	*jemanden mit etwas beauftragen*	L1Ü16
elektryk	*Elektriker*	L1Ü16
hydraulik	*Klempner*	L1Ü16
malarz	*Maler*	L1Ü16
murarz	*Maurer*	L1Ü16
ogrodnik	*Gärtner*	L1Ü16
stolarz	*Schreiner*	L1Ü16
domofon	*Sprechanlage*	L1Ü17
wymienić *perfektiv*	*austauschen*	L1Ü17
pomalować *perfektiv*	*malen*	L1Ü17
sąsiad	*Nachbar*	L1Ü17
naprawić *perfektiv*	*reparieren*	L1Ü17
żelazko	*Bügeleisen*	L1Ü17
podłączyć *perfektiv*	*anschließen*	L1Ü17
zmywarka	*Spülmaschine*	L1Ü17
żarówka	*Glühbirne*	L1Ü17
nie chcieć się	*keine Lust haben, etwas zu tun*	L1Ü17
kosić	*mähen*	L1Ü17
trawnik	*Rasen*	L1Ü17
basen	*Pool*	L1Ü17
postawić *perfektiv*	*aufstellen*	L1Ü17
huśtawka	*Schaukel*	L1Ü17
lodówka	*Kühlschrank*	L1Ü17
na wymiar	*maßgeschneidert*	L1Ü17
działać	*funktionieren*	L1Ü17
zmywać naczynia	*den Abwasch machen*	L1Ü17
kuchenka	*Herd*	L1Ü17
wytapetować *perfektiv*	*tapezieren*	L1Ü17
prasować	*bügeln*	L1Ü17
wanna z hydromasażem	*Wanne mit Hydromassage*	L1Ü17
otynkować *perfektiv*	*verputzen*	L1Ü17
ściana	*Wand*	L1Ü17

LEKTION 2

czyścić	*putzen*	L2Ü1
gotować	*kochen*	L2Ü1
myć okna	*Fenster putzen*	L2Ü1
odkurzać	*staubsaugen*	L2Ü1
prać	*waschen*	L2Ü1
robić zakupy	*einkaufen*	L2Ü1
sprzątać mieszkanie	*Wohnung aufräumen*	L2Ü1
uszko	*Öhrchen*	L2Ü1
prosię	*Schweinchen*	L2Ü1
każdy	*jeden*	L2Ü2
wyjątkowo	*ausnahmsweise*	L2Ü2
zrobić *perfektiv*	*tun, machen*	L2Ü2
właśnie	*gerade*	L2Ü2
sklepik	*kleiner Laden*	L2Ü2
minąć	*vergehen Zeit*	L2Ü3
ugotować *perfektiv*	*kochen*	L2Ü3
zajmować się	*sich kümmern*	L2Ü3
odkurzyć *perfektiv*	*staubsaugen*	L2Ü3
zająć się *perfektiv*	*sich kümmern*	L2Ü3
makaron	*Nudeln*	L2Ü4
jak często	*wie oft*	L2Ü4
autostrada	*Autobahn*	L2Ü4
komórka	*Handy*	L2Ü4
wyprać *perfektiv*	*waschen*	L2Ü4
nagle	*plötzlich*	L2Ü4
nareszcie	*endlich*	L2Ü4
rzadko kiedy	*selten*	L2Ü4
lotnisko	*Flughafen*	L2Ü5

plaża	*Strand*	L2Ü5
wylądować *perfektiv*	*landen*	L2Ü5
spakować *perfektiv*	*packen*	L2Ü5
para	*Paar*	L2Ü6
namiot	*Zelt*	L2Ü6
gościnny	*gastfreundlich*	L2Ü7
komunia	*Kommunion*	L2Ü7
koszt	*Kosten*	L2Ü7
lokal	*Lokal*	L2Ü7
przyjęcie	*Feier, Empfang*	L2Ü7
rodzinny	*Familien-*	L2Ü7
ślub	*Trauung*	L2Ü7
chrzest	*Taufe*	L2Ü7
plenerowy	*Freilicht-*	L2Ü7
gastronomiczny	*gastronomisch*	L2Ü7
nadal	*weiterhin*	L2Ü7
dokładnie	*genau*	L2Ü7
odwrotnie	*umgekehrt*	L2Ü7
gwiazda	*Stern*	L2Ü8
pomyślność	*Wohlergehen*	L2Ü8
Nowy Rok	*Neujahr*	L2Ü8
życzyć	*wünschen*	L2Ü8
Wesołych Świąt Wielkanocnych	*Frohe Ostern*	L2Ü8
zdrowie	*Gesundheit*	L2Ü8
szczęście	*Glück*	L2Ü8
święto	*Feiertag*	L2Ü8
Boże Narodzenie	*Weihnachten*	L2Ü8
smaczny	*lecker*	L2Ü8
mokry	*nass*	L2Ü8
śmigus-dyngus	Brauch des Bespritzens mit Wasser am Ostermontag	L2Ü8
radość	*Freude*	L2Ü8
miłość	*Liebe*	L2Ü8
droga	*Weg*	L2Ü8
życie	*Leben*	L2Ü8
matka	*Mutter*	L2Ü9
babcia	*Oma*	L2Ü9
córka	*Tochter*	L2Ü9
kuzynka	*Cousine*	L2Ü9
siostra	*Schwester*	L2Ü9
żona	*Ehefrau*	L2Ü9
ciotka	*Tante*	L2Ü9
wnuczka	*Enkelin*	L2Ü9
Rosjanka	*Russin*	L2Ü10
ożenić się	*heiraten (eine Frau)*	L2Ü10
Włoszka	*Italienerin*	L2Ü10
Nigeryjczyk	*Nigerianer*	L2Ü10
oferta	*Angebot*	L2Ü11
rodzicielski	*Eltern-*	L2Ü11
macierzyński	*Mutterschafts-*	L2Ü12
wychowawczy	*Erziehungs-*	L2Ü12
becikowe	*Geburtsgeld*	L2Ü12
zasiłek	*Beihilfe*	L2Ü12
świadczenia	*Leistungen*	L2Ü12
rabat	*Preisnachlass*	L2Ü12
znany	*bekannt*	L2Ü12
producent	*Produzent*	L2Ü12
w pobliżu	*in der Nähe*	L2Ü14
kantor wymiany walut	*Wechselstube*	L2Ü14
plac zabaw	*Spielplatz*	L2Ü14
nakarmić *perfektiv*	*füttern*	L2Ü14
przewijak	*Wickeltisch*	L2Ü14
wydrukować *perfektiv*	*ausdrucken*	L2Ü14
krzesełko do karmienia	*Kinderstuhl*	L2Ü14
karta dań	*Speisekarte*	L2Ü14
krewny	*Verwandter*	L2Ü16
jedynak	*Einzelkind*	L2Ü16
obowiązek	*Pflicht*	L2Ü16
zajmować się	*sich beschäftigen mit*	L2Ü16
dzielić się	*teilen*	L2Ü16
wielodzietny	*kinderreich*	L2Ü16
tęczowy	*regenbogenfarbig*	L2Ü16
założyć rodzinę *perfektiv*	*Familie gründen*	L2Ü16
rozwieść się *perfektiv*	*sich scheiden lassen*	L2Ü16
nienawidzić	*hassen*	L2Ü16
uwielbiać	*verehren*	L2Ü16
członek	*Mitglied*	L2Ü17

LEKTION 3

góra	*Berg*	L3Ü1
jezioro	*See*	L3Ü1
kościół	*Kirche*	L3Ü1
pałac	*Palast*	L3Ü1
park narodowy	*Nationalpark*	L3Ü1
rynek	*Marktplatz*	L3Ü1
Stare Miasto	*Altstadt*	L3Ü1
zamek	*Schloss*	L3Ü1
katedra	*Dom*	L3Ü1
najpiękniejszy	*schönster*	L3Ü2
najchętniej	*am liebsten*	L3Ü2
odwiedzany	*besucht*	L3Ü2
zwiedzić *perfektiv*	*besichtigen*	L3Ü2
proponować	*vorschlagen*	L3Ü2
wieść	*führen*	L3Ü2

brama	*Tor*	L3Ü2
obiekt	*Objekt, Gebäude*	L3Ü2
ciekawy	*interessant*	L3Ü2
malarz	*Kunstmaler*	L3Ü2
warto	*es lohnt sich*	L3Ü2
wzgórze	*Hügel*	L3Ü2
poświęcić na	hier: *sich etwas widmen*	L3Ü2
chrześcijański	*christlich*	L3Ü2
żydowski	*jüdisch*	L3Ü2
tworzyć	*bilden*	L3Ü2
odrestaurowany	*restauriert*	L3Ü2
pojechać *perfektiv*	*fahren*	L3Ü2
północ	*Norden*	L3Ü2
przyroda	*Natur*	L3Ü2
młyn	*Mühle*	L3Ü2
kolejka	*Schlange*	L3Ü3
komnata	*Gemach*	L3Ü3
komnaty królewskie	*königliche Gemächer*	L3Ü3
przewodnik	*Fremdenführer*	L3Ü3
wisieć	*hängen*	L3Ü3
dzwon	*Glocke*	L3Ü3
niesamowity	*unheimlich* (positiv)	L3Ü3
klimat	*Klima*	L3Ü3
wybitny	*hervorragend*	L3Ü4
poeta	*Dichter*	L3Ü4
romantyzm	*Romantik*	L3Ü4
tak jak	*so wie*	L3Ü4
kompozytor	*Komponist*	L3Ü4
pianista	*Pianist*	L3Ü4
fizyczka	*Physikerin*	L3Ü4
chemiczka	*Chemikerin*	L3Ü4
dwukrotny	*zweimalig*	L3Ü4
laureatka	*Preisträgerin*	L3Ü4
generał	*General*	L3Ü4
patron	*Schirmherr*	L3Ü4
Szwajcaria	*Schweiz*	L3Ü4
prezydent	*Präsident*	L3Ü4
astronom	*Astronom*	L3Ü4
ekonomista	*Wirtschaftswissenschaftler*	L3Ü4
wolny od pracy	*arbeitsfrei*	L3Ü6
poza tym	*außerdem*	L3Ü6
niektóry	*mancher*	L3Ü6
związany	*im Zusammenhang mit*	L3Ü6
konstytucja	*Verfassung*	L3Ü6
niepodległość	*Unabhängigkeit*	L3Ü6
Wigilia	*Heiligabend*	L3Ü6
Wielkanoc	*Ostern*	L3Ü6
obchodzić	*feiern*	L3Ü6
praca	*Arbeit*	L3Ü6
południe	*Süden*	L3Ü7
leżeć nad	*liegen an*	L3Ü7
najstarszy	*ältester*	L3Ü7
stolica	*Hauptstadt*	L3Ü7
położony	*gelegen*	L3Ü7
u stóp	*am Fuße*	L3Ü7
Litwa	*Litauen*	L3Ü8
małopolski	*kleinpolnisch*	L3Ü8
Ukraina	*Ukraine, die*	L3Ü8
Unia Europejska	*Europäische Union*	L3Ü8
wielkopolski	*großpolnisch*	L3Ü8
graniczyć z	*grenzen an*	L3Ü8
Rosja	*Russland*	L3Ü8
wschód	*Osten*	L3Ü8
Białoruś	*Weißrussland*	L3Ü8
Słowacja	*Slowakei, die*	L3Ü8
zachód	*Westen*	L3Ü8
wejść do *perfektiv*	hier: *beitreten*	L3Ü8
podzielony	*geteilt*	L3Ü8
województwo	*Woiwodschaft*	L3Ü8
województwo dolnośląskie	*Woiwodschaft Niederschlesien*	L3Ü8
województwo kujawsko-pomorskie	*Woiwodschaft Kujawien-Pommern*	L3Ü8
województwo lubelskie	*Woiwodschaft Lublin*	L3Ü8
województwo lubuskie	*Woiwodschaft Lebus*	L3Ü8
województwo łódzkie	*Woiwodschaft Lodsch*	L3Ü8
województwo mazowieckie	*Woiwodschaft Masowien*	L3Ü8
województwo opolskie	*Woiwodschaft Oppeln*	L3Ü8
województwo podkarpackie	*Woiwodschaft Karpatenvorland*	L3Ü8
województwo podlaskie	*Woiwodschaft Podlachien*	L3Ü8
województwo pomorskie	*Woiwodschaft Pommern*	L3Ü8
województwo śląskie	*Woiwodschaft Schlesien*	L3Ü8
województwo świętokrzyskie	*Woiwodschaft Heilligkreuz*	L3Ü8
województwo warmińsko-mazurskie	*Woiwodschaft Ermland-Masuren*	L3Ü8
województwo wielkopolskie	*Woiwodschaft Großpolen*	L3Ü8
województwo zachodniopomorskie	*Woiwodschaft Westpommern*	L3Ü8
waluta	*Währung*	L3Ü8
język urzędowy	*Amtssprache*	L3Ü8
narodowy	*Volks-*	L3Ü9

piłka nożna	*Fußball*	L3Ü9
laureat	*Preisträger*	L3Ü9
obecnie	*gegenwärtig*	L3Ü9
drapacz chmur	*Wolkenkratzer*	L3Ü9
najpopularniejszy	*populärster*	L3Ü9
polityk	*Politiker*	L3Ü10
Europejczyk	*Europäer*	L3Ü10
muzyk	*Musiker*	L3Ü10
berlińczyk	Berliner Person	L3Ü10
osoba	*Person*	L3Ü10
ekskluzywny	*exklusiv*	L3Ü12
wszystkie	*alle*	L3Ü13
gwiazdka	*Sternchen*	L3Ü13
pogoda	*Wetter*	L3Ü15
katastrofa	*Katastrophe*	L3Ü15
wydarzenie kulturalne	*Kulturveranstaltung*	L3Ü15
pogląd religijny	*religiöse Ansicht*	L3Ü15
sposób spędzania wolnego czasu	*Freizeitaktivität*	L3Ü15
sztuka kulinarna	*Kochkunst*	L3Ü15
zarobki	*Gehalt*	L3Ü15
zarabiać	*verdienen*	L3Ü16
leje deszcz	*es regnet in Strömen*	L3Ü16
deser	*Nachtisch*	L3Ü16
mieć rację	*recht haben*	L3Ü18
kompot	*Trinkkompott*	L3Ü18
okropnie	*schrecklich* Adverb	L3Ü18

LEKTION 4

ludzie	*Leute*	L4Ü1
przyjeżdżać	*ankommen*	L4Ü1
casting	*Casting*	L4Ü1
żaden	*keiner*	L4Ü1
rola	*Rolle*	L4Ü1
podziemny	*unterirdisch*	L4Ü1
odnieść sukces	*Erfolg haben*	L4Ü1
angaż	*Engagement*	L4Ü1
musical	*Musical*	L4Ü1
wyreżyserowany przez	*unter der Regie von*	L4Ü1
organizować	*organisieren*	L4Ü1
stacja metra	*U-Bahn-Station*	L4Ü1
opowiadać o	*erzählen von*	L4Ü1
kariera	*Kariere*	L4Ü1
dylemat	*Dilemma*	L4Ü1
ważniejszy	*wichtiger*	L4Ü1
marzenie	*Traum*	L4Ü1
wystawa	*Ausstellung*	L4Ü2
warsztat plastyczny	*Bastelstunde*	L4Ü2
spektakl	*Aufführung*	L4Ü2
impreza	*Veranstaltung*	L4Ü2
wyjątkowy	*außergewöhnlich*	L4Ü2
najciekawszy	*am interessantesten*	L4Ü2
kreatywność	*Kreativität*	L4Ü2
wstęp wolny	*freier Eintritt*	L4Ü2
ulgowy	*ermäßigt*	L4Ü2
figura	*Figur*	L4Ü2
poruszyć *perfektiv*	*ansprechen*	L4Ü2
kwestia	*Frage*	L4Ü2
feminizm	*Feminismus*	L4Ü2
wolność	*Freiheit*	L4Ü2
emigracja	*Auswanderung*	L4Ü2
ambicja	*Ehrgeiz*	L4Ü2
jarmark	*Jahrmarkt*	L4Ü2
kiermasz	*Markt, Kirmes*	L4Ü2
zapowiadający	*etwas ankündigend*	L4Ü2
tradycyjny	*traditionell*	L4Ü2
pisanka	*Osterei*	L4Ü2
palma	*Palme*	L4Ü2
ozdoba	*Schmuckstück*	L4Ü2
świąteczny	*feierlich*	L4Ü2
zakupić *perfektiv*	*kaufen*	L4Ü2
regionalny	*regional*	L4Ü2
przysmak	*Leckerbissen*	L4Ü2
miód	*Honig*	L4Ü2
ciasto	*Kuchen*	L4Ü2
nauczyć się *perfektiv*	*lernen*	L4Ü2
szyć	*nähen*	L4Ü2
damski	*Damen-*	L4Ü2
tunika	*Tunika*	L4Ü2
spodenki	*Kurzhose*	L4Ü2
kulturoznawstwo	*Kulturwissenschaften*	L4Ü2
folklor	*Folklore*	L4Ü2
oscypek	in der Hohen Tatra hergestellter(geräucherter) Hartkäse aus Schafsmilch	L4Ü3
piernik	*Lebkuchen*	L4Ü3
obwarzanek	*Kringel*	L4Ü3
kolaż	*Collage*	L4Ü4
komedia	*Komödie*	L4Ü4
zdążyć	*rechtzeitig etwas schaffen*	L4Ü5
opera	*Oper*	L4Ü5
fortepian	*Klavier*	L4Ü5
piosenkarz	*Sänger*	L4Ü5
wernisaż	*Vernissage*	L4Ü5
woleć	*bevorzugen*	L4Ü5
najczęściej	*am häufigsten*	L4Ü6

grany	*gespielt*	L4Ü6
klasyk	*Klassiker*	L4Ü6
satyra	*Satire*	L4Ü6
szlachta	*Adel*	L4Ü6
akcja	*Handlung*	L4Ü6
poemat	*Gedicht*	L4Ü6
dziać się	*stattfinden*	L4Ü6
dwór szlachecki	*Gutshof*	L4Ü6
próba	*Probe*	L4Ü6
adaptacja	*Bearbeitung*	L4Ü6
wzbudzić kontrowersje	*Kontroverse auslösen*	L4Ü6
liczny	*zahlreich*	L4Ü6
mimo, że	*trotz*	L4Ü6
wierzyć	*glauben*	L4Ü6
ekranizacja	*Verfilmung*	L4Ü6
reżyseria	*Regie*	L4Ü6
ponad	*über*	L4Ü6
widz	*Zuschauer*	L4Ü6
malarstwo	*Malerei*	L4Ü7
krajobraz	*Landschaft*	L4Ü7
akwarela	*Aquarell*	L4Ü7
portret	*Porträt*	L4Ü7
abstrakcja	*abstrakte Kunst*	L4Ü7
galeria	*Galerie*	L4Ü7
najdroższy	*teuerster*	L4Ü8
już	*schon*	L4Ü8
sprzedano	*wurde verkauft*	L4Ü8
zaliczać się *perfektiv*	*zählen zu*	L4Ü8
również	*auch*	L4Ü8
dzieło	*Kunststück*	L4Ü8
kilka	*einige*	L4Ü8
kilkadziesiąt	*einige zehn*	L4Ü8
kilkanaście	*etwa zwölf (bis neunzehn)*	L4Ü8
kilkaset	*einige hundert*	L4Ü8
reżyser	*Regisseur*	L4Ü9
festiwal	*Festival*	L4Ü9
pianistka	*Pianistin*	L4Ü9
dyrygent	*Dirigent*	L4Ü9
instrument	*Instrument*	L4Ü9
znać	*kennen*	L4Ü10
dostać *perfektiv*	*bekommen*	L4Ü10
podróżować	*reisen*	L4Ü11
stać się *perfektiv*	*werden*	L4Ü11
studiować	*studieren*	L4Ü11
urodzić się *perfektiv*	*geboren sein/werden*	L4Ü11
wyemigrować	*auswandern*	L4Ü11
wyjechać	*ausreisen*	L4Ü11
wyjść za mąż *perfektiv*	*heiraten (einen Mann)*	L4Ü11
latem	*im Sommer*	L4Ü11
ponownie	*erneut*	L4Ü11
Stany Zjednoczone	*Vereinigte Staaten*	L4Ü11
dawny	*früher*	L4Ü11
Meksyk	*Mexiko*	L4Ü11
śmierć	*Tod*	L4Ü11
mistrz	*Meister*	L4Ü11
mistrzyni	*Meisterin*	L4Ü11
gwiazdor	*Star*	L4Ü11
pokolenie	*Generation*	L4Ü12
żelazo	*Eisen*	L4Ü12
działalność	*Wirken, Tätigkeit*	L4Ü12
teatralny	*Theater-*	L4Ü12
otrzymać *perfektiv*	*bekommen*	L4Ü12
prestiżowy	*renommiert*	L4Ü12
nagroda	*Preis*	L4Ü12
związany z	*verbunden mit*	L4Ü13
kulturalny	*kulturell, Kultur-*	L4Ü13
kulturowy	*Kultur-*	L4Ü13
sztuka	*Kunst*	L4Ü14
tamten	*jener*	L4Ü14
kiedykolwiek	*irgendwann*	L4Ü14
po prostu	*einfach*	L4Ü14
planetarium	*Planetarium*	L4Ü15
laboratorium	*Labor*	L4Ü15
przedstawiać	*präsentieren*	L4Ü15
historia	*Geschichte*	L4Ü15
dotykać	*anfassen*	L4Ü15
eksponat	*Exponat*	L4Ü15
rząd	*Reihe*	L4Ü16
zapłacić kartą *perfektiv*	*mit der Karte zahlen*	L4Ü16
zastanawiać się nad	*sich überlegen*	L4Ü16
środek	*Mittel*	L4Ü16
życzyć sobie	*sich wünschen*	L4Ü16
oczywiście	*selbstverständlich*	L4Ü16
szatnia	*Garderobe*	L4Ü17
umawiać się	*sich verabreden*	L4Ü17
balet	*Ballett*	L4Ü17
nowoczesny	*modern*	L4Ü17
audioprzewodnik	*Audioguide*	L4Ü17
przedstawienie	*Vorstellung*	L4Ü17
zatańczyć *perfektiv*	*tanzen*	L4Ü17
kończyć się	*zu Ende gehen*	L4Ü17

LEKTION 5

włączyć	*einschalten*	L5Ü1
klawiatura	*Tastatur*	L5Ü1

przeglądać	*stöbern*	L5Ü1
strona internetowa	*Internetseite*	L5Ü1
emeryt	*Rentner*	L5Ü1
smartfon	*Smartphone*	L5Ü1
pilot	*Fernbedienung*	L5Ü1
podać *perfektiv*	*hinreichen*	L5Ü1
czytnik e-booków	*E-Book-Reader*	L5Ü1
słuchawki	*Kopfhörer*	L5Ü1
opłacać się	*sich lohnen*	L5Ü1
używany	*gebraucht*	L5Ü1
e-mail	*E-Mail*	L5Ü1
joystick	*Joystick*	L5Ü1
klikać	*klicken*	L5Ü1
kliknąć *perfektiv*	*klicken*	L5Ü1
Internet	*Internet*	L5Ü1
komputer	*Computer*	L5Ü1
laptop	*Laptop*	L5Ü1
selfie	*Selfie*	L5Ü1
tablet	*Tablet*	L5Ü1
ściągać	*herunterladen*	L5Ü1
ściągnąć *perfektiv*	*herunterladen*	L5Ü1
korzystać z	*benutzen*	L5Ü2
źródło	*Quelle*	L5Ü2
wiedza	*Wissen*	L5Ü2
rozrywka	*Unterhaltung*	L5Ü2
różnie to bywa	*es ist unterschiedlich*	L5Ü2
wykorzystywać	*nutzen*	L5Ü2
zdobywać informacje	*Informationen gewinnen*	L5Ü2
aktualny	*aktuell*	L5Ü2
wydarzenie	*Ereignis*	L5Ü2
w kraju	*im Inland*	L5Ü2
na świecie	*in der Welt*	L5Ü2
media społecznościowe	*Soziale Medien*	L5Ü2
konto	*Account*	L5Ü2
program telewizyjny	*Fernsehprogramm*	L5Ü3
lider	*Spitzenreiter*	L5Ü3
wśród	*unter*	L5Ü3
rolnik	*Bauer*	L5Ü3
oglądany	*gesehen*	L5Ü3
transmisja sportowa	*Sport-Live-Übertragung*	L5Ü3
skoki narciarskie	*Skispringen*	L5Ü3
siatkówka mężczyzn	*Herren-Volleyball*	L5Ü3
uplasować się (na miejscu)	*sich platzieren*	L5Ü3
program rozrywkowy	*Unterhaltungssendung*	L5Ü3
mecz	*Spiel*	L5Ü3
Portugalia	*Portugal*	L5Ü3
łącznie	*insgesamt*	L5Ü3
telewidz	*Fernsehzuschauer*	L5Ü3
emitować	*senden*	L5Ü3
w zeszłym roku	*im letzten Jahr*	L5Ü4
gazeta	*Zeitung*	L5Ü4
prawie	*fast*	L5Ü4
wydawnictwo	*Verlag*	L5Ü4
założyć	*gründen*	L5Ü4
popularny	*populär*	L5Ü4
czasopismo	*Zeitschrift*	L5Ü4
stacja radiowa	*Radiosender*	L5Ü4
gotowanie	*Kochen*	L5Ü6
wolny	*langsam*	L5Ü6
jedzenie	*Essen*	L5Ü6
barwa	*Farbe*	L5Ü6
elektronika	*Elektronik*	L5Ü6
moda	*Mode*	L5Ü6
uroda	*Schönheit*	L5Ü6
motoryzacja	hier: *Motorsport*	L5Ü6
kolekcja	*Sammlung*	L5Ü6
codziennie	*täglich*	L5Ü7
prezentowany	*präsentiert*	L5Ü7
dotyczący	*betreffend, über*	L5Ü7
polityka	*Politik*	L5Ü7
nauka	*Wissenschaft*	L5Ü7
prognoza pogody	*Wettervorhersage*	L5Ü7
raport regionalny	*Regionalbericht*	L5Ü7
specyfika	*Besonderheit*	L5Ü7
wydanie	*Ausgabe*	L5Ü7
omawiany	*besprochen*	L5Ü7
tradycyjnie	hier: *gewöhnlich*	L5Ü7
dziennikarz	*Journalist*	L5Ü7
trwać	*dauern*	L5Ü7
obejrzeć *perfektiv*	*sehen*	L5Ü8
audycja	*Sendung*	L5Ü8
pogląd	*Meinung*	L5Ü8
wysłać *perfektiv*	*abschicken*	L5Ü8
zainstalować *perfektiv*	*installieren*	L5Ü8
usunąć *perfektiv*	*entfernen*	L5Ü8
wyłączyć *perfektiv*	*ausschalten*	L5Ü8
prenumerować	*abonnieren*	L5Ü8
ograniczyć *perfektiv*	*einschränken*	L5Ü8
zasięg	hier: *Empfang*	L5Ü8
gra komputerowa	*Computerspiel*	L5Ü9
temat	*Thema*	L5Ü9
psycholog	*Psychologe*	L5Ü9
załącznik	*Anhang*	L5Ü9
dodać *perfektiv*	*hinzufügen*	L5Ü9
sieć Wi-Fi	*WLAN-Netz*	L5Ü9
wiedźmin	*Hexer*	L5Ü9

korespondencja	*Korrespondenz*	L5Ü10
szanowny	*geehrter*	L5Ü10
z poważaniem	*hochachtungsvoll*	L5Ü10
pozdrowienie	*Gruß*	L5Ü10
w przypadku	*im Fall*	L5Ü10
udany	*gelungen*	L5Ü10
konferencja	*Konferenz*	L5Ü10
adres pocztowy	*Postadresse*	L5Ü10
anulować	*löschen*	L5Ü11
kopia do	*in Kopie an*	L5Ü11
kosz	*Papierkorb*	L5Ü11
napisać wiadomość	*E-Mail schreiben*	L5Ü11
temat	*Betreff*	L5Ü11
wysłany	*gesendet*	L5Ü11
zapisać szkic	*Entwurf speichern*	L5Ü11
budka telefoniczna	*Telefonzelle*	L5Ü12
cieszyć się	*sich freuen*	L5Ü12
lekarz	*Arzt*	L5Ü12
mikrofon	*Mikrofon*	L5Ü12
rozmowa	*Gespräch*	L5Ü12
mieć ochotę	*Lust haben*	L5Ü12
głośniej	*lauter*	L5Ü12
słownik	*Wörterbuch*	L5Ü12
jakieś	*irgendwelche*	L5Ü12
oddzwonić *perfektiv*	*zurückrufen*	L5Ü13
kończyć rozmowę	*Gespräch beenden*	L5Ü13
zadzwonić jeszcze raz	*nochmals anrufen*	L5Ü13
przekazać	*ausrichten lassen*	L5Ü13
dyrektor	*Leiter, Direktor*	L5Ü14
profesor	*Professor*	L5Ü14
kierowniczka	*Leiterin*	L5Ü14
sprawa	*Angelegenheit*	L5Ü15
kooperacja	*Kooperation*	L5Ü15
firma	*Firma*	L5Ü15
przeliterować *perfektiv*	*buchstabieren*	L5Ü15
zebranie	*Sitzung*	L5Ü15
zarząd	*Vorstand*	L5Ü15
pomóc *perfektiv*	*helfen*	L5Ü15
osiągalny	*erreichbar*	L5Ü15

RÜCKBLICK 1

żartować	*Witze machen*	R1
przebój	*Hit*	R1
menedżerka	*Managerin*	R1
komponować	*komponieren*	R1
zarezerwować *perfektiv*	*reservieren*	R1
dowiedzieć się *perfektiv*	*erfahren*	R1
król	*König*	R1
wyśmienicie	*ausgezeichnet*	R1
anulowany	*annuliert*	R1
stacja telewizyjna	*Fernsehsender*	R1

LEKTION 6

odżywiać się	*sich ernähren*	L6Ü1
niezbyt zdrowo	*nicht wirklich gesund*	L6Ü1
zdrowo	*gesund* Adverb	L6Ü1
posiłek	*Mahlzeit*	L6Ü1
spożywać	*verzehren*	L6Ü1
w ciągu dnia	*im Laufe des Tages*	L6Ü1
przerwa	*Pause*	L6Ü1
słony	*salzig*	L6Ü1
przekąska	*Snack*	L6Ü1
dodawać	*dazugeben*	L6Ü1
warzywo	*Gemüse*	L6Ü1
w ogóle nie	*gar nicht*	L6Ü1
sok owocowy	*Obstsaft*	L6Ü1
woda mineralna	*Mineralwasser*	L6Ü1
dość	*ziemlich*	L6Ü2
opierać się	*basieren auf*	L6Ü2
głównie	*hauptsächlich*	L6Ü2
nabiał	*Molkereiprodukte*	L6Ü2
mięso drobiowe	*Geflügelfleisch*	L6Ü2
ciemny	*dunkel*	L6Ü2
pieczywo	*Backwaren*	L6Ü2
sięgać po	*greifen zu*	L6Ü2
jogurt	*Joghurt*	L6Ü2
nieraz	*öfters*	L6Ü2
oprzeć się *perfektiv*	*widerstehen*	L6Ü2
słodycze	*Süßigkeiten*	L6Ü2
batonik	*Riegel*	L6Ü2
drożdżówka	*Hefegebäck*	L6Ü2
aż tak	*sogar*	L6Ü2
nigdy	*nie*	L6Ü2
śniadanie	*Frühstück*	L6Ü2
przeważnie	*meistens*	L6Ü2
ostatnio	*letztens*	L6Ü2
przytyć	*zunehmen* Gewicht	L6Ü2
starać się	*sich bemühen*	L6Ü2
regularnie	*regelmäßig*	L6Ü2
minimum	*wenigstens*	L6Ü2
jadać	*essen*	L6Ü3
mało	*wenig* Adverb	L6Ü3
niespecjalnie	*nicht besonders*	L6Ü3
witamina	*Vitamine*	L6Ü4
minerał	*Mineral*	L6Ü4
naprawdę	*wirklich*	L6Ü4

Lektionswortschatz

LEKTION 6

działać	*wirken*	L6Ü4
najnowszy	*neuster*	L6Ü4
badanie	*Untersuchung*	L6Ü4
kanadyjski	*kanadisch*	L6Ü4
naukowiec	*Wissenschaftler*	L6Ü4
wskazywać	*deuten auf*	L6Ü4
wcale nie	*gar nicht*	L6Ü4
poprawiać	*verbessern*	L6Ü4
niedobry	*nicht gut*	L6Ü4
wiadomość	*Nachricht*	L6Ü4
łykać	*schlucken*	L6Ü4
różny	*verschieden*	L6Ü4
mało tego	*damit noch nicht genug*	L6Ü4
być zdania	*der Meinung sein*	L6Ü4
niekiedy	*manchmal*	L6Ü4
preparat	*Präparat*	L6Ü4
zaszkodzić *perfektiv*	*schaden*	L6Ü4
ciekawostka	*interessante Neuigkeit*	L6Ü4
suplement	*Ergänzungsmittel*	L6Ü4
wynik	*Ergebnis*	L6Ü4
zdrowy	*gesund*	L6Ü4
porcja	*Portion*	L6Ü4
owoc	*Obststück*	L6Ü4
orzech	*Nuss*	L6Ü4
prawda	*Wahrheit*	L6Ü4
nieprawda	*Unwahrheit*	L6Ü4
twierdzić	*behaupten*	L6Ü4
Kanada	*Kanada*	L6Ü4
rezultat	*Ergebnis*	L6Ü4
apteka	*Apotheke*	L6Ü5
gabinet lekarski	*Arztpraxis*	L6Ü5
karetka pogotowia	*Krankenwagen*	L6Ü5
karta ubezpieczeniowa	*Versichertenkarte*	L6Ü5
lekarka	*Ärztin*	L6Ü5
pielęgniarka	*Krankenschwester*	L6Ü5
sanitariusz	*Sanitäter*	L6Ü5
szpital	*Krankenhaus*	L6Ü5
pogotowie ratunkowe	*medizinischer Notfalldienst*	L6Ü5
pogotowie gazowe	*Bereitschaftsdienst bei Gasstörungen*	L6Ü5
pogotowie hydrauliczne	*Klempner-Notdienst*	L6Ü5
pogotowie techniczne	*technischer Bereitschaftsdienst*	L6Ü5
pogotowie samochodowe	*Autopannendienst*	L6Ü5
lekarz specjalista	*Facharzt*	L6Ü6
dermatolog	*Hautarzt*	L6Ü6
pediatra	*Kinderarzt*	L6Ü6
laryngolog	*HNO-Arzt*	L6Ü6
ginekolog	*Frauenarzt*	L6Ü6
okulista	*Augenarzt*	L6Ü6
dentysta	*Zahnarzt*	L6Ü6
ortopeda	*Orthopäde*	L6Ü6
diabetolog	*Diabetologe*	L6Ü6
kardiolog	*Kardiologe*	L6Ü6
ciąża	*Schwangerschaft*	L6Ü6
kontrola	*Kontrolluntersuchung*	L6Ü6
niedosłyszeć	*schwerhörig sein*	L6Ü6
słuch	*Gehörsinn*	L6Ü6
słyszeć	*hören*	L6Ü6
boleć	*schmerzen*	L6Ü6
gardło	*Kehle*	L6Ü6
ból gardła	*Halsschmerzen*	L6Ü6
kaszel	*Husten*	L6Ü6
gorączka	*Fieber*	L6Ü6
dziwnie	*seltsam*	L6Ü6
krzywo	*schief*	L6Ü6
stawiać stopy	*Füße stellen*	L6Ü6
stopa	*Fuß*	L6Ü6
bucik	*Schühchen*	L6Ü6
zdeformowany	*verformt*	L6Ü6
ząb	*Zahn*	L6Ü6
zjeść *perfektiv*	*essen*	L6Ü6
zawał serca	*Herzinfarkt*	L6Ü6
rzucić palenie *perfektiv*	*mit dem Rauchen aufhören*	L6Ü6
cukrzyca	*Zuckerkrankheit*	L6Ü6
mieć pod ręką	*zur Hand haben*	L6Ü6
coś słodkiego	*etwas Süßes*	L6Ü6
glukometr	*Glukometer*	L6Ü6
wstrzykiwacz insuliny	*Pen, Insulinstift*	L6Ü6
niewyraźnie	*unscharf*	L6Ü6
stracić *perfektiv*	*verlieren*	L6Ü6
apetyt	*Appetit*	L6Ü6
prawdopodobnie	*wahrscheinlich*	L6Ü6
depresja	*Depression*	L6Ü6
solarium	*Sonnenstudio*	L6Ü6
skóra	*Haut*	L6Ü6
piec	hier: *brennen*	L6Ü6
swędzić	*jucken*	L6Ü6
numer alarmowy	*Notfall-Nummer*	L6Ü7
europejski	*europäisch*	L6Ü7
telefon stacjonarny	*Festnetztelefon*	L6Ü7
telefon komórkowy	*Mobiltelefon*	L6Ü7
wybrać numer	*Nummer wählen*	L6Ü7
należy	*man soll*	L6Ü7

opisać *perfektiv*	*beschreiben*	L6Ü7
sytuacja	*Situation, Lage*	L6Ü7
podać *perfektiv*	hier: *nennen*	L6Ü7
wskazać *perfektiv*	*zeigen*	L6Ü7
zdarzenie	*Ereignis*	L6Ü7
wypadek	*Unfall*	L6Ü7
udzielać informacji	*Informationen liefern*	L6Ü7
dodatkowy	*zusätzlich*	L6Ü7
zadawać pytanie	*Fragen stellen*	L6Ü7
wykonywać instrukcje	*Anweisungen befolgen*	L6Ü7
operator	*Operator*	L6Ü7
przypadek	*Fall*	L6Ü7
trzeba	*man soll*	L6Ü7
pożar	*Brand*	L6Ü7
wypadek drogowy	*Straßenunfall*	L6Ü7
kradzież	*Diebstahl*	L6Ü7
włamanie	*Einbruch*	L6Ü7
sytuacja zagrażająca życiu	*lebengefährliche Lage*	L6Ü7
zagrażać	*gefährden*	L6Ü7
bezpieczeństwo publiczne	*öffentliche Sicherheit*	L6Ü7
policja	*Polizei*	L6Ü7
straż pożarna	*Feuerwehr*	L6Ü7
ocenić *perfektiv*	*einschätzen*	L6Ü8
niebezpieczeństwo	*Gefahr*	L6Ü8
przytomność	*Bewusstsein*	L6Ü8
wezwać pomoc *perfektiv*	*Hilfe rufen*	L6Ü8
ranny	*verletzt*	L6Ü9
krwawić	*bluten*	L6Ü9
nieprzytomny	*ohne Bewusstsein*	L6Ü9
oddychać	*atmen*	L6Ü9
być w szoku	*unter Schock stehen*	L6Ü9
jeszcze żyć	*noch leben*	L6Ü9
głowa	*Kopf*	L6Ü10
oko	*Auge*	L6Ü10
ucho	*Ohr*	L6Ü10
ręka	*Hand*	L6Ü10
noga	*Bein*	L6Ü10
palec	*Finger*	L6Ü10
szyja	*Hals*	L6Ü10
płuco	*Lunge*	L6Ü10
nerka	*Niere*	L6Ü10
serce	*Herz*	L6Ü10
wątroba	*Leber*	L6Ü10
trzustka	*Bauchspeicheldrüse*	L6Ü10
żołądek	*Magen*	L6Ü10
jelito	*Darm*	L6Ü10
plecy	*Rücken*	L6Ü10
usta	*Lippen*	L6Ü10
fundusz zdrowia	*Gesundheitsfonds*	L6Ü11
udać się do *perfektiv*	*hingehen zu*	L6Ü11
podpisać *perfektiv*	*unterschreiben*	L6Ü11
umowa	*Vertrag*	L6Ü11
okazać *perfektiv*	*zeigen*	L6Ü11
ubezpieczenie zdrowotne	*Krankenversicherung*	L6Ü11
skierowanie	*Überweisung*	L6Ü11
lekarz rodzinny	*Hausarzt*	L6Ü11
recepta	*Rezept*	L6Ü11
przychodnia	*Ärztehaus*	L6Ü11
zapisać się na wizytę *perfektiv*	*einen Termin vereinbaren*	L6Ü12
zażywać tabletki	*Tabletten einnehmen*	L6Ü12
badanie kontrolne	*Kontrolluntersuchung*	L6Ü12
wypisać receptę	*Rezept verschreiben*	L6Ü12
ból głowy	*Kopfschmerzen*	L6Ü12
nabyć bez recepty	*rezeptfrei kaufen*	L6Ü12
dolegać	*schmerzen*	L6Ü13
powyżej	*über*	L6Ü13
stopień	*Grad*	L6Ü13
biegunka	*Durchfall*	L6Ü13
grupa krwi	*Blutgruppe*	L6Ü13
lek antyalergiczny	*Antiallergikum*	L6Ü13
kropla	*Tropfen*	L6Ü13
brać leki	*Medikamente einnehmen*	L6Ü13
tabletka	*Tablette*	L6Ü13
piekący	*brennend*	L6Ü14
uciskający	*drückend*	L6Ü14
świdrujący	*bohrend*	L6Ü14
promieniujący	*ausstrahlend*	L6Ü14
pulsujący	*pulsierend*	L6Ü14
rżnący	*schneidend*	L6Ü14
kłujący	*stechend*	L6Ü14
Szybkiego powrotu do zdrowia!	*Gute Besserung!*	L6Ü15
za twoje zdrowie	*auf dein Wohl*	L6Ü15
bezrobotny	*arbeitslos*	L6Ü15
złamać *perfektiv*	*brechen*	L6Ü15
skaleczyć się *perfektiv*	*sich verletzen*	L6Ü15
plaster	*Pflaster*	L6Ü15
rak	*Krebs*	L6Ü15
narzekać	*jammern*	L6Ü15
kichać	*niesen*	L6Ü15

LEKTION 7

basen kryty	*Hallenbad*	L7Ü1
basen otwarty	*Freibad*	L7Ü1
kort tenisowy	*Tennisplatz*	L7Ü1
sala bilardowa	*Billardsaal*	L7Ü1
sala do zajęć fitnes	*Fitnessraum*	L7Ü1
sauna	*Sauna*	L7Ü1
siłownia	*Fitnessstudio*	L7Ü1
obiekt	*Sportanlage*	L7Ü1
pływać żabką	*brustschwimmen*	L7Ü2
pływać kraulem	*kraulschwimmen*	L7Ü2
pływać na plecach	*rückenschwimmen*	L7Ü2
hotel sportowy	*Sporthotel*	L7Ü3
grać w tenisa	*Tennis spielen*	L7Ü3
skoordynować *perfektiv*	*koordinieren*	L7Ü3
przejmować się	*sich kümmern*	L7Ü3
dysponować	*verfügen*	L7Ü3
intensywny	*intensiv*	L7Ü3
trening	*Training*	L7Ü3
odpoczywać	*sich ausruhen*	L7Ü3
zakończenie	*Ende*	L7Ü3
wspólny	*gemeinsam*	L7Ü3
pokazać	*zeigen*	L7Ü3
tenis stołowy	*Tischtennis*	L7Ü3
piłeczka	*Ball*	L7Ü3
siatka	*Netz*	L7Ü3
rakietka	*Schläger*	L7Ü3
czas wolny	*Freizeit*	L7Ü4
wysypiać się	*ausschlafen*	L7Ü4
działka	*Schrebergarten*	L7Ü4
odwiedzać	*besuchen*	L7Ü4
chodzić na spacery	*spazieren gehen*	L7Ü4
uprawiać sport	*Sport treiben*	L7Ü4
zaległy	*überfällig*	L7Ü4
kurs tańca	*Tanzkurs*	L7Ü4
taniec	*Tanz*	L7Ü4
zapisać się na *perfektiv*	*sich anmelden für*	L7Ü4
lotto/lotek	*Lotto*	L7Ü5
gdyby	*wenn*	L7Ü5
wygrać w lotka *perfektiv*	*im Lotto gewinnen*	L7Ü5
jeździć konno	*reiten*	L7Ü5
zostać	*bleiben*	L7Ü5
jacht	*Yacht*	L7Ü5
Grecja	*Griechenland*	L7Ü5
szachy	*Schach*	L7Ü6
minigolf	*Minigolf*	L7Ü6
chińczyk	*Mensch-Ärgere-Dich-Nicht*	L7Ü6
gra	*Spiel*	L7Ü6
plansza	*Spielbrett*	L7Ü6
pionek	*Spielfigur*	L7Ü6
kostka do gry	*Spielwürfel*	L7Ü6
gracz	*Spieler*	L7Ü6
wybierać	*wählen*	L7Ü6
kwadrat	*Quadrat*	L7Ü6
rzucać kostką	*würfeln*	L7Ü6
wyrzucić *perfektiv*	*würfeln*	L7Ü6
wychodzić	hier: *Spielfigur aufs Startfeld stellen*	L7Ü6
przesuwać się	*sich fortbewegen*	L7Ü6
pole	*Spielfeld*	L7Ü6
nad sobą	*übereinander*	L7Ü6
przeskakiwać	*überspringen*	L7Ü6
zbijać	hier: *die gegnerische Figur schlagen*	L7Ü6
wygrywać	*gewinnen*	L7Ü6
jako	*als*	L7Ü6
doprowadzić *perfektiv*	*hinführen*	L7Ü6
drzewo	*Baum*	L7Ü8
nieprawdziwy	*unwahr, falsch*	L7Ü8
obrazić się *perfektiv*	*beleidigt sein*	L7Ü8
obrażać się	*beleidigt sein*	L7Ü8
plony	*Ernte*	L7Ü8
przestawić zegarek/budzik o godzinę do przodu	*die Armbanduhr/den Wecker eine Stunde vorstellen*	L7Ü8
wprowadzać w błąd	*in die Irre führen*	L7Ü8
wyhodować *perfektiv*	*züchten*	L7Ü8
znać się na żartach	*Spaß verstehen*	L7Ü8
zrywać	*pflücken*	L7Ü8
zwyczaj	*Brauch*	L7Ü8
żart	*Scherz, Spaß*	L7Ü8
łaciński	*lateinisch*	L7Ü8
robić sobie żarty	*Witze machen*	L7Ü8
Ameryka Północna	*Nordamerika*	L7Ü8
farmer	*Bauer*	L7Ü8
umierać ze śmiechu	*sich tot lachen*	L7Ü9
zatkało mnie	*mir bleibt die Spucke weg*	L7Ü9
przeciągnąć strunę	*den Bogen überspannen*	L7Ü9
postradać zmysły	*den Verstand verlieren*	L7Ü9
żartowniś	*Spaßvogel*	L7Ü9
obrażalski	*Sensibelchen*	L7Ü9
denerwować się	*sich ärgern*	L7Ü10
śmiać się	*lachen*	L7Ü10
przestać	*aufhören*	L7Ü10

uśmiechnąć się *perfektiv*	*lächeln*	L7Ü10
rozśmieszać kogoś	*jdn. zum Lachen bringen*	L7Ü10
rozśmieszyć kogoś *perfektiv*	*jdn. zum Lachen bringen*	L7Ü10
uśmiechać się	*lächeln*	L7Ü10
drobnostka	*Kleinigkeit*	L7Ü11
nie warto	*es lohnt sich nicht*	L7Ü11
śmiech	*Lachen*	L7Ü11
głupio	*dämlich*	L7Ü11
hazardowy	*riskant, Glücks-*	L7Ü12
gitara	*Gitarre*	L7Ü12
flet	*Flöte*	L7Ü12
pianino	*Piano*	L7Ü12
skrzypce	*Geige*	L7Ü12
bawić się	*spielen*	L7Ü14
klocki	*Bauklötze*	L7Ü14
kredki	*Buntstifte*	L7Ü14
lalka	*Puppe*	L7Ü14
pluszak	*Plüschtier*	L7Ü14
zabawka	*Spielzeug*	L7Ü14
towarzystwo	*Gesellschaft*	L7Ü15
dotrzymać towarzystwa	*Gesellschaft leisten*	L7Ü15
dusza towarzystwa	*jemand, der sehr aufgeschlossen und gesellig ist, schnell Kontakte knüpft und eine positive Ausstrahlung hat*	L7Ü15
w towarzystwie kogoś	*in Begleitung von jdm.*	L7Ü15
mecz towarzyski	*Freundschaftsspiel*	L7Ü15
taniec towarzyski	*Gesellschaftstanz*	L7Ü15
towarzyski	*gesellig*	L7Ü15
odrabiać zadania	*Hausaufgaben machen*	L7Ü15
wdowiec	*Witwer*	L7Ü15
nastrój	*Stimmung*	L7Ü15
bal	*Ball (Tanzfest)*	L7Ü16
kabaret	*Kabarett*	L7Ü17
kawał	*Witz*	L7Ü17
dowcip	*Witz*	L7Ü17
ironiczny	*ironisch*	L7Ü17
komentarz	*Kommentar*	L7Ü17
absurdalny	*absurd Adjektiv*	L7Ü17
szkodzić	*schaden*	L7Ü18
wyobrazić sobie *perfektiv*	*sich vorstellen*	L7Ü18
przypominać sobie	*sich erinnern*	L7Ü18

LEKTION 8

bankomat	*Geldautomat*	L8Ü1
gotówka	*Bargeld*	L8Ü1
kwota	*Betrag*	L8Ü1
potwierdzenie	*Bestätigung*	L8Ü1
potwierdzić pefektiv	*bestätigen*	L8Ü1
zatwierdzić *perfektiv*	*bestätigen*	L8Ü1
wypłata	*Auszahlung*	L8Ü1
wybrać pefektiv	*wählen*	L8Ü1
kod	hier: *Geheimzahl*	L8Ü1
klawisz	*Taste*	L8Ü1
akceptować	*akzeptieren, bestätigen*	L8Ü1
wyjąć *perfektiv*	*entnehmen*	L8Ü1
wsunąć *perfektiv*	*einführen*	L8Ü1
lista	*Liste*	L8Ü1
ekran	*Bildschirm*	L8Ü1
czterocyfrowy	*vierstellig*	L8Ü1
zdecydować *perfektiv*	*entscheiden*	L8Ü1
transakcja	*Transaktion*	L8Ü1
wymienić	*wechseln*	L8Ü3
bliżej	*näher*	L8Ü3
otwarty	*offen*	L8Ü3
momencik	*Augenblick*	L8Ü3
napiwek	*Trinkgeld*	L8Ü4
oszczędzać	*sparen*	L8Ü4
pomyłka	*Irrtum*	L8Ü4
tęsknić	*vermissen*	L8Ü4
uważać	*aufpassen*	L8Ü4
wydawać	*ausgeben*	L8Ü4
najwięcej	*am meisten*	L8Ü5
dochody	*Einkünfte*	L8Ü5
przeznaczać	*bestimmen*	L8Ü5
żywność	*Lebensmittel*	L8Ü5
opłata	*Gebühr*	L8Ü5
co miesiąc	*jeden Monat*	L8Ü5
media	*Medien*	L8Ü5
prąd	*Strom*	L8Ü5
abonament	*Abonnement*	L8Ü5
miesięczne	*monatlich*	L8Ü5
żłobek	*Kinderkrippe*	L8Ü5
czesne	*Studiengebühren*	L8Ü5
około	*ungefähr*	L8Ü5
akademik	*Studentenwohnheim*	L8Ü5
najlepiej	*am besten*	L8Ü6
płatny	*bezahlt*	L8Ü6
zawód	*Beruf*	L8Ü6
zadanie	*Aufgabe*	L8Ü6
promocja	*Vermarktung*	L8Ü6
tworzyć	*erarbeiten*	L8Ü6
strategia	*Strategie*	L8Ü6
rynkowy	*Markt-*	L8Ü6
kierować	*führen*	L8Ü6

zespół	*Team*	L8Ü6
odpowiedzialny	*verantwortlich*	L8Ü6
średni	*durchschnittlich*	L8Ü6
planowanie	*Planung*	L8Ü6
realizacja	*Realisierung*	L8Ü6
efekt końcowy	*Endeffekt*	L8Ü6
branża	*Branche*	L8Ü6
budownictwo	*Baubranche*	L8Ü6
finanse	*Finanzbranche*	L8Ü6
opracowywać	*ausarbeiten*	L8Ü6
wdrażać *perfektiv*	*einführen (am Markt)*	L8Ü6
nadzorować	*beaufsichtigen*	L8Ü6
zarządzanie	*Management*	L8Ü6
pracownik	*Mitarbeiter*	L8Ü6
najważniejszy	*wichtigster*	L8Ü6
największy	*größter*	L8Ü6
klient	*Kunde*	L8Ü6
przygotowanie	*Vorbereitung*	L8Ü6
roczny	*jährlich*	L8Ü6
budżet	*Budget*	L8Ü6
produkt ekologiczny	*Öko-Produkt*	L8Ü6
medycyna	*Medizin*	L8Ü6
usługi turystyczne	*Touristik*	L8Ü6
nieruchomości	*Immobilien*	L8Ü6
motoryzacja	hier: *Automobilbranche*	L8Ü6
edukacja	*Bildung*	L8Ü6
niezadowolony	*unzufrieden*	L8Ü7
podobny	*ähnlich*	L8Ü7
przygotowany	*vorbereitet*	L8Ü7
prezentacja	*Präsentation*	L8Ü7
zakochany	*verliebt*	L8Ü7
niezgodny	*nicht übereinstimmend*	L8Ü7
dumny	*stolz*	L8Ü7
nagłówek	*Überschrift*	L8Ü8
milioner	*Millionär*	L8Ü8
podatek	*Steuer*	L8Ü8
przeznaczyć *perfektiv*	*bestimmen*	L8Ü8
wygrana	*Gewinn*	L8Ü8
zostawić	*lassen*	L8Ü8
reszta	*Rest*	L8Ü8
cel	*Ziel*	L8Ü8
cel charytatywny	*Wohltätigkeitszweck*	L8Ü8
edycja	*Auflage*	L8Ü8
padła nagroda	*Gewinn wurde ausgelost*	L8Ü8
dwa razy	*zweimal*	L8Ü8
wygrać *perfektiv*	*gewinnen*	L8Ü8
emerytowany	*pensioniert*	L8Ü8
w wysokości	*in Höhe*	L8Ü8
przede wszystkim	*vor allem*	L8Ü8
podróż	*Reise*	L8Ü8
wyspa	*Insel*	L8Ü8
Gruzja	*Georgien*	L8Ü8
Paryż	*Paris*	L8Ü8
Lizbona	*Lissabon*	L8Ü8
przewidzieć	hier: *planen, vorsehen*	L8Ü8
oprócz	*außer*	L8Ü8
remont	*Renovierung*	L8Ü8
miliard	*Milliarde*	L8Ü8
kasa	*Geld* ugs.	L8Ü10
forsa	*Geld* ugs.	L8Ü10
szmal	*Geld* ugs.	L8Ü10
czas	*Zeit*	L8Ü10
wyrzucać pieniądze w błoto	*Geld zum Fenster hinauswerfen*	L8Ü10
błoto	*Schlamm*	L8Ü10
wyciągać komuś pieniądze z kieszeni	*jemandem Geld aus der Tasche ziehen*	L8Ü10
kieszeń	*Hosentasche*	L8Ü10
skarbonka	*Sparschwein*	L8Ü11
sejf	*Tresor*	L8Ü11
szuflada	*Schublade*	L8Ü11
długo	*lang* Adverb	L8Ü12
biuro rzeczy znalezionych	*Fundbüro*	L8Ü13
przedmiot	*Gegenstand*	L8Ü13
zgubić *perfektiv*	*verlieren*	L8Ü13
portfel	*Geldbeutel*	L8Ü13
wyglądać	*aussehen*	L8Ü13
dane kontaktowe	*Kontaktdaten*	L8Ü13
dane	*Daten*	L8Ü13
kontaktowy	*Kontakt-*	L8Ü13
karta płatnicza	*Geldkarte*	L8Ü13
rabat	*Rabatt*	L8Ü14
upust	*Preisnachlass*	L8Ü14
zniżka	*Preisnachlass*	L8Ü14
targować się	*feilschen*	L8Ü14
targ	*Markt*	L8Ü14
negocjacje cenowe	*Preisverhandlungen*	L8Ü14
targowisko	*Wochenmarkt*	L8Ü14
większość	*Mehrheit*	L8Ü15
dużo	*viel* Adverb	L8Ü15
niektórzy	*manche*	L8Ü15
najmniej	*am wenigsten*	L8Ü15
prawie nikt	*fast niemand*	L8Ü15
chyba	*wahrscheinlich*	L8Ü15
nikt	*niemand*	L8Ü15
urządzenie elektroniczne	*elektronisches Gerät*	L8Ü15

LEKTION 9

rezerwat	*Naturschutzgebiet*	L9Ü1
biosfera	*Biosphäre*	L9Ü1
brać udział	*teilnehmen*	L9Ü1
zapoczątkowany	hier: *initiiert*	L9Ü1
mający na celu	*mit dem Ziel*	L9Ü1
zapewnienie	*Gewährleistung, Sicherstellung*	L9Ü1
zrównoważony	*nachhaltig*	L9Ü1
relacja	*Verhältnis, Relation*	L9Ü1
jeden z pierwszych	*einer der ersten*	L9Ü1
wpisany	*eingetragen*	L9Ü1
wpisać	*eintragen*	L9Ü1
światowy	*Welt-*	L9Ü1
założony	*gegründet*	L9Ü1
granica	*Grenze*	L9Ü1
białoruski	*weißrussisch*	L9Ü1
alpejski	*alpin*	L9Ü1
górski	*Berg-/Gebirgs-*	L9Ü1
Kraina Tysiąca Jezior	*Land der tausend Seen (Masuren)*	L9Ü1
las	*Wald*	L9Ü1
łąka	*Wiese*	L9Ü1
połonina	*Bergweide*	L9Ü1
przepiękny	*wunderschön*	L9Ü1
wąż	*Schlange*	L9Ü1
pierwotny	*Ur-*	L9Ü1
najwyższy	*höchster*	L9Ü1
wpisano	*wurde eingetragen*	L9Ü3
figurować	*verzeichnet sein*	L9Ü3
hektar	*Hektar*	L9Ü3
istnieć	*existieren, bestehen*	L9Ü4
ochrona przyrody	*Umweltschutz*	L9Ü4
ochrona gatunkowa	*Artenschutz*	L9Ü4
roślina	*Pflanze*	L9Ü4
zwierzę	*Tier*	L9Ü4
grzyb	*Pilz*	L9Ü4
aktualnie	*zurzeit*	L9Ü4
najmniejszy	*kleinster*	L9Ü4
chroniony	*geschützt*	L9Ü4
zaliczany	*zählt zu*	L9Ü4
gatunek	*Gattung*	L9Ü4
ssak	*Säugetier*	L9Ü4
niedźwiedź	*Bär*	L9Ü4
niedźwiedź brunatny	*Braunbär*	L9Ü4
wilk	*Wolf*	L9Ü4
żubr	*Wisent*	L9Ü4
ptak	*Vogel*	L9Ü4
bocian	*Storch*	L9Ü4
bocian biały	*Weißstorch*	L9Ü4
gad	*Reptil*	L9Ü4
wąż Eskulapa	*Äskulapnatter*	L9Ü4
owad	*Insekt*	L9Ü4
modliszka zwyczajna	*Europäische Gottesanbeterin*	L9Ü4
krewniak	*Verwandter*	L9Ü4
bizon	*Bison*	L9Ü4
symbol	*Symbol*	L9Ü4
samiec	*Männchen, Bulle*	L9Ü4
wysokość	*Höhe, Größe*	L9Ü4
ważyć	*wiegen*	L9Ü4
nakrętka	*Schraubverschluss*	L9Ü5
odpadki warzywne	*Gemüseabfälle*	L9Ü5
odpady niebezpieczne	*gefährliche Abfälle*	L9Ü5
pojemnik	*Behälter*	L9Ü5
puszka	*Dose*	L9Ü5
skoszona trawa	*Rasenschnitt*	L9Ü5
słoik	*Einmachglas*	L9Ü5
szklany	*Glas-*	L9Ü5
środek czystości	*Putzmittel*	L9Ü5
tektura	*Pappe*	L9Ü5
torebka foliowa	*Plastikbeutel*	L9Ü5
tworzywo sztuczne	*Kunststoff*	L9Ü5
ulotka	*Flyer*	L9Ü5
opakowanie	*Verpackung*	L9Ü5
kapsel	*Kronkorken*	L9Ü5
worek	*Beutel*	L9Ü5
foliowy	*Plastik-*	L9Ü5
karton	*Karton*	L9Ü5
folia aluminiowa	*Alufolie*	L9Ü5
resztki	*Reste, Abfälle*	L9Ü5
gałąź	*Zweig*	L9Ü5
krzew	*Strauch*	L9Ü5
trawa	*Rasen*	L9Ü5
liść	*Blatt*	L9Ü5
kwiat	*Blume*	L9Ü5
wrzucić *perfektiv*	*hineinwerfen*	L9Ü5
pozostały	*restlich*	L9Ü5
zmieszany	*gemischt*	L9Ü5
metal	*Metall*	L9Ü5
szkło	*Glas*	L9Ü5
biogaz	*Biogas*	L9Ü6
biomasa	*Biomasse*	L9Ü6
biopaliwo	*Biokraftstoff*	L9Ü6
budynek	*Gebäude*	L9Ü6
deszczówka	*Regenwasser*	L9Ü6
energia geotermalna	*Geothermalenergie*	L9Ü6
energia słoneczna	*Sonnenenergie*	L9Ü6

energia wiatrowa	*Windenergie*	L9Ü6
energia wodna	*Wasserkraft*	L9Ü6
gaz ziemny	*Erdgas*	L9Ü6
konsument	*Verbraucher*	L9Ü6
odnawialny	*erneuerbar*	L9Ü6
węgiel brunatny	*Braunkohle*	L9Ü6
węgiel kamienny	*Steinkohle*	L9Ü6
znak	*Zeichen, Symbol*	L9Ü6
testować	*testen*	L9Ü6
etykieta	*Etikett*	L9Ü6
dany	*gegeben*	L9Ü6
środowisko naturalne	*Umwelt*	L9Ü6
ponieważ	*weil*	L9Ü6
testowany	*getestet*	L9Ü6
widoczny	*sichtbar*	L9Ü6
pochodzący ze źródła odnawialnego	*aus einer erneuerbaren Quelle*	L9Ü6
pochodzić	*abstammen*	L9Ü6
nieodnawialny	*nicht erneuerbar*	L9Ü6
ropa naftowa	*Erdöl*	L9Ü6
konstrukcja	*Konstruktion*	L9Ü6
poprzez	*durch, mittels*	L9Ü6
pestycyd	*Pestizid*	L9Ü8
kosz	*Eimer*	L9Ü8
segregować	*sortieren*	L9Ü8
energooszczędny	*energiesparend*	L9Ü8
lek	*Medikament*	L9Ü9
przeterminowany	*abgelaufen*	L9Ü9
światło	*Licht*	L9Ü9
świecić	*leuchten, brennen*	L9Ü9
używać	*benutzen*	L9Ü9
zgniatać	*zerdrücken*	L9Ü9
wyrzucić	*wegwerfen*	L9Ü9
potrzeba	*Notwendigkeit*	L9Ü9
spełniać	*erfüllen*	L9Ü12
certyfikat	*Zertifikat*	L9Ü12
aprobata	*Zustimmung*	L9Ü13
zgoda	*Einverständnis*	L9Ü13
być pewnym	*sich sicher sein*	L9Ü13
inny pogląd	*eine andere Meinung*	L9Ü13
sprzeciw	*Widerspruch*	L9Ü13
śmieć	hier: *trauen, wagen*	L9Ü13
wątpić	*zweifeln, bedenken*	L9Ü13
wątpliwość	*Zweifel, Bedenken*	L9Ü13
zgadzać się	*zustimmen*	L9Ü13
jednomyślny	*einstimmig*	L9Ü13
podzielać kogoś zdanie	*Meinung teilen*	L9Ü13
nonsens	*Nonsens*	L9Ü13
bzdura	*Unsinn*	L9Ü13
przeciwieństwo	*Gegensatz*	L9Ü13
zająć stanowisko	*Stellung nehmen*	L9Ü13
nieprawdopodobny	*unwahrscheinlich*	L9Ü13
śmieciarka	*Müllabfuhrwagen*	L9Ü15
śmietnik	*Mülleimer*	L9Ü15
śmietnisko	*Müllhalde*	L9Ü15
śmiecić	*Dreck machen*	L9Ü15
śmieć	*Müll, Abfall*	L9Ü15

LEKTION 10

emigracyjny	*Auswanderungs-*	L10Ü1
emigrant	*Auswanderer*	L10Ü1
emigrantka	*Auswanderin*	L10Ü1
emigrować	*auswandern*	L10Ü1
wyemigrować *perfektiv*	*auswandern*	L10Ü1
zastanowić się *perfektiv*	*sich überlegen*	L10Ü1
opuścić *perfektiv*	*verlassen*	L10Ü1
slawistyka	*Slawistik*	L10Ü1
ekonomia	*Wirtschaft*	L10Ü1
uznać	hier: *entscheiden*	L10Ü1
możliwość	*Möglichkeit*	L10Ü1
zawodowy	*Berufs-*	L10Ü1
zdecydowanie	*definitiv*	L10Ü1
wracać	*zurückkehren*	L10Ü1
kombinacja	*Kombination*	L10Ü1
strzał w dziesiątkę	*Volltreffer*	L10Ü1
język ojczysty	*Muttersprache*	L10Ü1
okazać się	*sich herausstellen*	L10Ü1
przydatny	*nützlich*	L10Ü1
dzięki	*dank*	L10Ü1
imigracja	*Einwanderung*	L10Ü1
początek	*Anfang*	L10Ü1
cudzoziemiec	*Ausländer*	L10Ü1
wynosić	hier: *betragen*	L10Ü1
stanowić	*bilden, darstellen*	L10Ü1
ogólny	*gesamt*	L10Ü1
populacja	*Bevölkerung*	L10Ü1
pochodzenie	*Herkunft*	L10Ü1
przyjeżdżać	*einreisen*	L10Ü1
przyjeżdżać na stałe	*sich niederlassen*	L10Ü1
zgłosić się	*sich melden*	L10Ü1
wojewoda	*Wojewode*	L10Ü1
miejsce zamieszkania	*Wohnort*	L10Ü1
w ciągu	*innerhalb*	L10Ü1
najpóźniej	*spätestens*	L10Ü1
data przyjazdu	*Einreisedatum*	L10Ü1
podjąć pracę *perfektiv*	*Arbeit aufnehmen*	L10Ü1

posiadać	*besitzen*	L10Ü1
złożyć wniosek *perfektiv*	*Antrag stellen*	L10Ü1
wniosek	*Antrag*	L10Ü1
przyznać numer *perfektiv*	*Nummer zuweisen*	L10Ü1
identyfikacja osobowa	*Personenidentifizierung*	L10Ü1
dobrowolny	*freiwillig*	L10Ü1
bezrobocie	*Arbeitslosigkeit*	L10Ü2
branża budowlana	*Baubranche*	L10Ü2
dojeżdżać	*pendeln*	L10Ü2
mieszkaniec	*Einwohner*	L10Ü2
nawet	*sogar*	L10Ü2
Pomorze	*Pommern*	L10Ü2
przyjeżdżać pracować	*arbeiten kommen*	L10Ü2
sięgać	hier:*erreichen*	L10Ü2
stawać się	*werden*	L10Ü2
Meklemburgia	*Mecklenburg*	L10Ü2
najbiedniejszy	*ärmster*	L10Ü2
region	*Region*	L10Ü2
rozwijać się	*sich entwickeln*	L10Ü2
coraz bardziej	*immer stärker*	L10Ü2
według	*laut*	L10Ü2
tygodnik	*Wochenzeitschrift*	L10Ü2
port	*Hafen*	L10Ü2
centrala telefoniczna	*Call-Center*	L10Ü2
jedna trzecia	*ein Drittel*	L10Ü3
obywatel	*Staatsbürger*	L10Ü3
teren przygraniczny	*Grenzregion*	L10Ü3
pogranicze	*Grenzgebiet*	L10Ü3
na styku	*an der Grenze*	L10Ü3
euroregion	*Euroregion*	L10Ü3
od razu	*sofort*	L10Ü3
obsługa klienta	*Kundenservice*	L10Ü3
znajomość	*Kenntnis*	L10Ü3
doradca	*Berater*	L10Ü3
zatrudnienie	*Beschäftigung*	L10Ü3
kontrahent	*Vertragspartner*	L10Ü3
zagraniczny	*ausländisch*	L10Ü3
dobrze płatny	*gut bezahlt*	L10Ü3
wieloletni	*lang*	L10Ü3
branża morska	*Seefahrtsindustrie*	L10Ü3
przeciw	*gegen*	L10Ü3
wbrew	*entgegen*	L10Ü3
pozór	*Anschein*	L10Ü4
Pod żadnym pozorem!	*Unter keinen Umständen!*	L10Ü4
stwarzać pozory	*etwas vortäuschen*	L10Ü4
zachowywać pozory	*Schein wahren*	L10Ü4
grypa	*Grippe*	L10Ü4

przepis	*Vorschrift*	L10Ü4
gimnazjum	*Gymnasium*	L10Ü5
gimnazjum im. Karola Liebknechta	*Karl-Liebknecht-Gymnasium*	L10Ü5
odebrać *perfektiv*	*empfangen*	L10Ü5
tytuł	*Titel*	L10Ü5
ambasador	*Botschafter*	L10Ü5
troszczyć się	*sich kümmern*	L10Ü5
młodzież	*Jugend*	L10Ü5
gratulować	*gratulieren*	L10Ü5
burmistrz	*Bürgermeister*	L10Ü5
ratownik	*Retter*	L10Ü5
uratować *perfektiv*	*retten*	L10Ü5
unijny	*Unions-*	L10Ü5
zintegrowany	*integriert*	L10Ü5
ratownictwo medyczne	*Rettungsdienst*	L10Ü5
Brandenburgia	*Brandenburg*	L10Ü5
władać	hier: *sprechen*	L10Ü5
specjalistyczny	*Spezial-*	L10Ü5
terminologia medyczna	*medizinische Fachsprache*	L10Ü5
w ramach	*im Rahmen*	L10Ü5
przedszkolanka	*Kindergärtnerin*	L10Ü5
przedszkole	*Kindergarten*	L10Ü5
podziękować *perfektiv*	*danken*	L10Ü5
zaprzyjaźniony	*befreundet*	L10Ü5
udział	*Teilnahme*	L10Ü5
spotkanie	*Treffen*	L10Ü5
placówka oświatowa	*Bildungseinrichtung*	L10Ü5
ufać	*vertrauen*	L10Ü6
zazdrościć	*beneiden*	L10Ü6
przeprowadzić *perfektiv*	*durchführen*	L10Ü6
wójt	*Gemeindevorsteher*	L10Ü6
prezydent miasta	*Bürgermeister* einer städtischen Gemeinde	L10Ü6
karta ubezpieczenia zdrowotnego	*Versichertenkarte*	L10Ü7
bajka	*Märchen*	L10Ü7
znajomy	*Bekannter*	L10Ü7
szefowa	*Chefin*	L10Ü8
logo	*Logo*	L10Ü8
zaangażowanie	*Engagement*	L10Ü8
Urząd do Spraw Cudzoziemców	*Ausländerbehörde*	L10Ü9
uchodźca	*Flüchtling*	L10Ü9
pobyt	*Aufenthalt*	L10Ü9
uczestnik	*Teilnehmer*	L10Ü9
szkolenie	*Schulung*	L10Ü9

zaangażować się *perfektiv*	*sich engagieren*	L10Ü9
udzielić odpowiedzi *perfektiv*	*Antwort geben*	L10Ü9
spóźnić się *perfektiv*	*sich verspäten*	L10Ü11
spóźniać się	*sich verspäten*	L10Ü11
argumentowanie	*Argumentieren, Begründen*	L10Ü12
dokonać wyboru *perfektiv*	*Wahl treffen*	L10Ü12
kojarzyć	*assoziieren*	L10Ü12
oddawać	hier: *wiedergeben*	L10Ü12
odrzucenie	*Ablehnung*	L10Ü12
odpowiadać	hier: *entsprechen*	L10Ü12
opisywanie	*Beschreibung*	L10Ü12
w plenerze	*unter freiem Himmel*	L10Ü12
poruszać	hier: *ansprechen*	L10Ü12
powierzchownie	*oberflächlich*	L10Ü12
rozgrywać się	*sich abspielen*	L10Ü12
widać	*es ist zu sehen*	L10Ü12
wybranie	*Auswählen*	L10Ü12
zdecydować się *perfektiv*	*sich entscheiden*	L10Ü12
artykuł	*Artikel*	L10Ü12
pasować do	*passen zu*	L10Ü12
scenka	*Szene*	L10Ü12
na zewnątrz	*draußen*	L10Ü12
pośrodku	*drinnen*	L10Ü12
przypuszczać	*vermuten*	L10Ü14
wykluczony	*ausgeschlossen*	L10Ü14
możliwy	*möglich*	L10Ü14
wydawać się	*scheinen*	L10Ü14
najprawdopodobniej	*am wahrscheinlichsten*	L10Ü14
można przyjąć	*es ist anzunehmen*	L10Ü14
nie ulegać wątpliwości	*keinem Zweifel unterliegen*	L10Ü14

RÜCKBLICK 2

kurz	*Staub*	R2
popierać	*unterstützen*	R2
odrzucać	*ablehnen*	R2
wyrażać	*äußern*	R2
przypuszczenie	*Vermutung*	R2
gmina	*Gemeinde*	R2
miejski	*städtisch*	R2
wiejski	*ländlich*	R2
ogród działkowy	*Schrebergarten*	R2

LEKTION 1

1
Wohnung A

2
1. 732 zł; **2.** 619 zł; **3.** 888 zł; **4.** 6500 zł; **5.** 346 zł; **6.** 337 zł; **7.** 1249 zł

3
1. naprzeciw szafki RTV; **2.** przy stole; **3.** pod stołem; **4.** na sofie; **5.** nad sofą; **6.** obok szafy

4
1. richtig; **2.** falsch; **3.** falsch; **4.** falsch; **5.** falsch

5
1. powinien; **2.** powinna; **3.** powinno; **4.** powinien; **5.** powinien

6
1B; **2**D; **3**E, **4**A, **5**C

7
1. richtig; **2.** falsch; **3.** richtig; **4.** falsch; **5.** falsch

8
1. Monika mieszka na wsi, choć/chociaż...
A. ma mieszkanie w mieście.
B. jej mąż mieszka w mieście.
C. pracuje na cały etat w centrum Wrocławia.
2. Ta kamienica jest w złym stanie, choć/chociaż...
A. była remontowana dwa lata temu.
B. instalacje wodne i gazowe zostały wymienione całkiem niedawno.
C. wymieniono dach.
3. Mieszkamy w blokowisku, choć/chociaż...
A. lubimy zieleń i nowoczesną architekturę.
B. w okolicy nie ma ani sklepów, ani szkoły dla naszego dziecka.
C. mamy zły dojazd do pracy.

9
1. dom; **2.** poniedziałku; **3.** godzinie; **4.** niemiecki; **5.** bar; **6.** dzieci; **7.** mieszkają; **8.** ulicy

10
1. Szukam kawalerki do wynajęcia w Warszawie.
2. Para bez dzieci szuka mieszkania dwupokojowego do 1200 zł.
3. Proszę o e-mail lub telefon po godzinie dwunastej.
4. Rodzina z dzieckiem szuka mieszkania trzypokojowego.
5. Preferowane osiedle Mickiewicza albo centrum.
6. Mieszkanie może, ale nie musi być umeblowane.

11
1. Mieszkanie w Warszawie może, ale nie musi być drogie.
2. Remont mieszkania może, ale nie musi być stresujący.
3. Kuchnia może, ale nie musi być funkcjonalna.
4. Meble biurowe mogą, ale nie muszą być nudne.
5. Dom może, ale nie musi być własny.

12
1. Gdzie Pan mieszka?
2. Od kiedy Pan tu mieszka?
3. Ile razy Pan się już przeprowadzał?
4. Czy remontował już Pan mieszkanie?
5. Czy mieszka Pan sam?

13
Paweł powiedział, że...
1. mieszka w Warszawie, w starej kamienicy.
2. mieszka tu od dwóch lat.
3. przeprowadzał się już cztery razy.
4. jeszcze nigdy nie remontował mieszkania.
5. mieszka sam i jest kawalerem.

14
2, **6**, **7**

15
höflich: **2**, **3**, **6**; unhöflich: **1**, **4**, **5**

16
1. elektrykowi; **2.** hydraulikowi; **3.** malarzowi; **4.** murarzowi; **5.** ogrodnikowi; **6.** stolarzowi

17
1C; **2**B, **3**A, **4**B, **5**B; **6**C

LEKTION 2

1
1. odkurzać; **2.** prać; **3.** prasować; **4.** myć okna; **5.** czyścić łazienkę; **6.** robić zakupy; **7.** gotować; **8.** sprzątać mieszkanie

2
1G; **2**E; **3**C; **4**F; **5**D; **6**B; **7**A

3
1. minął; **2.** była; **3.** zajmowałem; **4.** zrobiłem; **5.** odkurzyłem; **6.** ugotowałeś; **7.** byliśmy; **8.** spotkaliśmy; **9.** byłam; **10.** gotowałaś

4
1A; **2**A; **3**A; **4**B; **5**A; **6**A

5
5A; **2**B; **3**C; **1**D; **4**E

6
1. falsch; **2.** richtig; **3.** falsch; **4.** falsch; **5.** richtig

7
1. rodzinni; **2.** gościnni; **3.** chrzest; **4.** urodziny; **5.** komunia; **6.** ślub; **7.** plenerowe; **8.** lokalu; **9.** przyjęcia; **10.** komfort; **11.** koszty

8
1A; **2**C; **3**C

9
Senkrecht: ciotka, córka, siostra, matka, kuzynka, wnuczka
Waagerecht: babcia, żona

10
1. Druga żona mojego ojca jest Rosjanką.
2. Mój wujek mieszka i pracuje w Anglii.
3. Mąż mojej znajomej jest Niemcem.
4. Ich syn mówi po polsku i po niemiecku.
5. Kuzyn mojego przyjaciela ożenił się z Włoszką.
6. Dziadek mojej żony był Nigeryjczykiem.
7. Wnuk moich sąsiadów ma na imię Arnaud.

11
1. Jakie oferty dla rodzin z dziećmi są w Polsce najpopularniejsze?
2. Czy w Polsce są też hotele rodzinne?
3. Jak się po polsku nazywa „Elternzeit"?
4. Która polska firma rodzinna jest najbardziej znana?

12
1. Jak się po polsku nazywa „Elternzeit"?
2. Jakie oferty dla rodzin z dziećmi są w Polsce najpopularniejsze?
3. Która polska firma rodzinna jest najbardziej znana?
4. Czy w Polsce są też hotele rodzinne?

13
1. jak się po polsku nazywa „Elternzeit".
2. jakie oferty dla rodzin z dziećmi są w Polsce najpopularniejsze.
3. która polska firma rodzinna jest najbardziej znana.
4. czy w Polsce są też hotele rodzinne.

14
2; 3; 4; 6; 8; 10

15
Musterlösung
1. Chciałbym się dowiedzieć, czy jest tu w pobliżu plac zabaw.
2. Przepraszam, czy wie Pan gdzie mogę tu nakarmić dziecko?
3. Mogłaby Pani mi powiedzieć, czy jest tu gdzieś przewijak?
4. Chciałabym się dowiedzieć, czy w autobusie trzeba płacić za wózek?
5. Mógłby Pan mi powiedzieć czy mają Państwo krzesełko do karmienia?
6. Przepraszam, czy mają Państwo menu dla dzieci?

16
1A+B; **2**A+B; **3**B+C; **4**A+C; **5**A+B; **6**A+B

17
Musterlösung
1. matka, ojciec, żona, mąż, dzieci, córka, syn, babcia, dziadek, wnuczka, wnuk
2. kuzynka, kuzyn, ciotka, wujek
3. urodziny, chrzest, komunia, ślub

LEKTION 3

1
1. Stare Miasto; **2.** rynek; **3.** kościół; **4.** pałac; **5.** zamek; **6.** jezioro; **7.** to góry; **8.** park narodowy

2
1. richtig; **2.** richtig; **3.** falsch; **4.** falsch; **5.** richtig; **6.** falsch; **7.** falsch; **8.** falsch

3
1. byliśmy; **2.** Zarezerwowaliśmy; **3.** staliśmy; **4.** Zwiedziliśmy; **5.** pokazał; **6.** wisi; **7.** podobała; **8.** poszliśmy; **9.** rozmawialiśmy

4
1C; **2**F; **3**E; **4**B; **5**A; **6**D

5
Senkrecht: luty, lipiec, marzec, styczeń
Waagrecht: październik, grudzień, maj, listopad, wrzesień, sierpień, czerwiec, kwiecień

6
1. Dniami wolnymi od pracy są w Polsce wszystkie soboty i niedziele.
2. Święta państwowe to święta niezwiązane z kościołem.
3. Święta kościelne to święta związane z kościołem.
4. 24, 25 i 26 grudnia Polacy świętują Boże Narodzenie.
5. Wielkanoc obchodzi się w marcu albo w kwietniu.

7
1B; **2**A; **3**B; **4**A

8
1. Europie; **2.** Litwą; **3.** Ukrainą; **4.** Czechami; **5.** Niemcami; **6.** Unii Europejskiej; **7.** małopolskie; **8.** wielkopolskie; **9.** złoty; **10.** polski

9
1. Narodowym sportem jest piłka nożna.
2. W Polsce mieszka 38,5 milionów osób.
3. 17 Polaków zostało laureatami Nagrody Nobla.
4. W Warszawie jest obecnie osiem drapaczy chmur.
5. Najpopularniejsze polskie nazwisko to Kowalski.

10
1. politycy, Polacy, Europejczycy, muzycy, berlińczycy
2. studenci, prezydenci, poeci, ekonomiści, patroni
3. osoby, szkoły, uniwersytety, katedry, bilety, soboty, góry

11
Musterlösung
1. Gdański, Kraków, Łódź
2. Boże Narodzenie, Wielkanoc
3. Niemcy, Czechy, Słowacja, Litwa
4. Mikołaj Kopernik, Marie Skłodowska-Curie
5. Adam, Fryderyk, Maria, Lech, Mikołaj
6. Kowalski, Wałęsa, Mickiewicz

12
1. wolne; **2.** ekskluzywne; **3.** młode; **4.** młodzi; **5.** polscy; **6.** polskie; **7.** najstarsze; **8.** najstarsi; **9.** europejskie; **10.** państwowe; **11.** Drogie; **12.** Drodzy

13
1F; **2**G; **3**A; **4**B; **5**C; **6**D; **7**E

14
1. Nie wszystkie święta państwowe są dniami wolnymi od pracy.
2. Językiem urzędowym Polski jest język polski.
3. Stolicą województwa śląskiego są Katowice.
4. Obecnym prezydentem Polski jest Andrzej Duda (2019).
5. Ekskluzywne hotele mają pięć gwiazdek.
6. Berlińczycy mieszkają w Berlinie.
7. Zakopane leży na południu Polski u stóp Tatr.

15
neutral: pogoda, wydarzenia kulturalne, sposoby spędzania wolnego czasu, sztuka kulinarna
nicht neutral: polityka, katastrofy, poglądy religijne, zarobki

16
geeignet für Smalltalk: **1**, **4**, **6**, **7**, **8**

17
1D; **2**F; **3**B; **4**C; **5**A; **6**E

18
1A; **2**B; **3**A

LEKTION 4

1

1. „Metro" to polski musical z muzyką Janusza Stokłosy, wyreżyserowany przez Janusza Józefowicza.
2. Musical opowiada o grupie młodych artystów, którzy marzą o miłości i karierze.
3. Ci młodzi ludzie przyjeżdżają na casting do teatru, ale nie dostają żadnej roli.
4. Organizują wobec tego własny musical na stacji metra.
5. Ich podziemny musical odnosi sukces i dostają propozycję angażu do teatru.
6. Teraz młodzi artyści mają dylemat: Co jest ważniejsze - pieniądze czy marzenia?

2

1C; 2D; 3A; 4F; 5B

3

1. na; 2. na; 3. do; 4. na; 5. do; 6. na; 7. Na; 8. na

4

richtig: 2, 3, 4, 5, 6
falsch: 1

5

1C; 2F; 3A; 4B; 5D; 6E

6

1. „Pana Tadeusza" napisał Adam Mickiewicz.
2. „Pana Tadeusza" można zobaczyć w teatrze i w kinie.
3. Film „Pan Tadeusz" obejrzało ponad sześć milionów widzów.
4. Filmową adaptację „Pana Tadeusza" wyreżyserował Andrzej Wajda.

7

1E; 2A; 3F; 4B; 5C; 6D

8

richtig: 3
falsch: 1, 2

9

1. kilka filmów, kilku reżyserów, kilka festiwali
2. paru pianistów, parę fortepianów, parę pianistek
3. wielu dyrygentów, wiele instrumentów
4. kilkunastu aktorów, kilkanaście aktorek

10

1. Ile znasz instrumentów muzycznych?
2. Ilu polskich pisarzy i poetów dostało nagrodę Nobla?
3. Ilu polskich reżyserów dostało Oskara?
4. Ile teatrów jest w twoim mieście? / Ile jest w twoim mieście teatrów?

11

1. urodziła się; 2. wyszła; 3. wyjechali; 4. studiowała; 5. podróżowała; 6. studiować; 7. wyszła; 8. wyemigrowała/wyjechała; 9. stała; 10. wyemigrowała/wyjechała; 11. zmarła

12

1. Andrzej Wajda urodził się w 1926 roku w Suwałkach.
2. Studiował malarstwo i reżyserię w Krakowie i Łodzi.
3. Pierwszym filmem Wajdy było „Pokolenie".
4. Jego film „Człowiek z żelaza" stał się klasykiem polskiego kina.
5. Andrzej Wajda zajmował się również działalnością teatralną.
6. Otrzymał wiele prestiżowych nagród.
7. Jego drugą żoną była znana polska aktorka Beata Tyszkiewicz.
8. Andrzej Wajda zmarł w 2016 roku w Warszawie.

13

Musterlösung

1. Andrzej Wajda, Beata Tyszkiewicz, Tamara Łempicka
2. wieczór jazzowy, warsztaty plastyczne, wystawa literacka, spektakl teatralny
3. malarka, reżyser, aktorka, poeta
4. teatr, kino, muzeum, filharmonia

14

Gefallen: 1, 3, 5, 7
Missfallen: 2, 4, 6

15

1C; 2A; 3F; 4B; 5D; 6E

16

Reihenfolge: 5, 7, 2, 6, 1, 3, 4

17

2, 3, 4, 8, 10, 11

LEKTION 5

1

1H; 2G; 3C; 4B; 5A; 6F; 7E; 8D

2

richtig: 2, 4, 5
falsch: 1, 3, 6

3

Reihenfolge: 3, 5, 1, 4, 2

1. Najchętniej oglądane są transmisje sportowe.
2. Serial „M jak miłość" oglądało w styczniu prawie osiem milionów widzów.
3. Coraz popularniejsze stają się reality show.
4. Program „Rolnik szuka żony" emituje Jedynka.

4

1D; 2E; 3A; 4B; 5C

5

1A; 2B; 3A; 4A

6

1. był najchętniej czytany; 2. są najchętniej oglądane; 3. zostały założone; 4. jest najczęściej odwiedzana

7

richtig: 2, 3
falsch: 1, 4, 5

8

1. emitowana audycja
2. prezentowane poglądy
3. wysłane e-maile
4. zainstalowany program
5. usunięte zdjęcie
6. wyłączony komputer
7. zaprenumerowana gazeta
8. ograniczony zasięg

9

1. Audycja w języku polskim emitowana była w każdą sobotę.
2. Poglądy psychologów na temat gier komputerowych były dyskutowane w sobotnim talkshow.
3. Wszystkie e-maile zostały wysłane bez załącznika.
4. Ten program nie został zainstalowany przeze mnie!

5. Zdjęcie, które wczoraj dodałam na Facebooku, zostało dziś usunięte.
6. Przez cały wieczór zasięg sieci WIFi w hotelu był ograniczony.

10

Korespondencja oficjalna: **1**, **3**, **5**, **6**
Korespondecja prywatna: **2**, **4**, **7**

11

1. Mam nadzieję, że wszystko u ciebie w porządku.
2. Proszę o przesłanie dokumentów na poniższy adres.
3. W załączniku przesyłam wymagane dokumenty.
4. Piszę, żeby zaprosić się na moje urodziny.
5. Daj znać, czy dasz radę przyjechać na imprezę.

12

1, **2**, **3**, **4**, **6**, **7**, **10**

13

1B; **2**E; **3**F; **4**D; **5**A; **6**C

14

1A; **2**A; **3**B; **4**B; **5**B

15

4, **3**, **1**, **2**

16

1. Jens chce rozmawiać z panem dyrektorem.
2. Dyrektor nie może rozmawiać z Jensem, bo jest na zebraniu zarządu.
3. Jens chce rozmawiać z Jenem o kooperacji z firmą Jensa.

RÜCKBLICK 1

1

1D; **2**B; **3**I; **4**G; **5**C; **6**E; **7**J; **8**F; **9**A; **10**H

2

richtig: **1**, **2**, **5**, **7**
falsch: **3**, **4**, **6**

3

1. „Wilki" to polski zespół pop-rockowy.
2. Robert Gawliński komponuje piosenki dla zespołu.
3. Zespół „Wilki" został założony w 1981 roku.
4. „Wilki" zdobyły główną nagrodę na festiwalu w Opolu.

4

A
1. byliśmy; **2.** zarezerwowaliśmy; **3.** staliśmy; **4.** żył; **5.** podobał; **6.** Odpoczęliśmy; **7.** poszliśmy; **8.** Było
B
1. byłam, **2.** Miałyśmy, **3.** siedziałyśmy, **4.** podobał, **5.** wiedziałam, **6.** poszłyśmy, **7.** smakowało

5

1B; **2**B; **3**C; **4**A; **5**A; **6**B; **7**B; **8**A; **9**B; **10**A

6

1. Ten talk-show był często oglądany przez nauczycieli.
2. Te dwie firmy zostały założone przez studentów.
3. Te gazety były najchętniej czytane przez Polaków.
4. Ci goście nie byli przeze mnie zaproszeni.
5. Moja rezerwacja została dziś anulowana.

7

1. mieszkać
   blok, domek szeregowy, plac zabaw, kawalerka, krzesełko do karmienia, szafa trzydrzwiowa, parapetówka, przewijak, rynek, zamek
2. rodzina
   jedynak/jedynaczka, krewni, urlop rodzicielski, wózek
3. Polska
   folklor, język urzędowy, regionalne przysmaki, stolica, województwo, święta narodowe
4. kultura
   malarstwo, musical, obraz, galeria, artysta, bilet ulgowy, portret, przedstawienie wernisaż, wstęp wolny, wystawa, spektakl
5. media
   tablet smartfon, telewidzowie, radiosłuchacze, emotikony, budka telefoniczna, czasopismo, internauci, wydawnictwo, załącznik, zasięg, pilot, program rozrywkowy

8

1A; **2**C; **3**B; **4**C; **5**C; **6**B; **7**B; **8**A
Satz Nr. 1

LEKTION 6

1

1F; **2**E; **3**B; **4**A; **5**C; **6**D

2

1. zdrowo; **2.** głównie; **3.** często; **4.** nieraz; **5.** trudno; **6.** nigdy; **7.** przeważnie; **8.** ostatnio; **9.** trochę; **10.** więcej; **11.** zdrowo; **12.** regularnie; **13.** minimum; **14.** dziennie; **15.** Bardzo; **16.** najczęściej

3

1. Jak się odżywiasz?
2. Kiedy pijasz kawę?
3. Jak często gotujesz?
4. Jak często jadasz słodycze?
5. Ile jadasz owoców?

4

prawda: **2**
nieprawda: **1**, **3**, **4**

5

1. gabinet lekarski; **2.** karta ubezpieczeniowa; **3.** pielęgniarka; **4.** apteka; **5.** karetka pogotowia; **6.** szpital; **7.** lekarka; **8.** sanitariusz

6

1J; **2**C; **3**B; **4**A; **5**H; **6**E; **7**I; **8**D; **9**G; **10**F

7

1. Numer 112 jest europejskim numerem alarmowym.
2. Na numer 112 można dzwonić nie tylko z telefonu stacjonarnego, ale też z telefonu komórkowego.
3. Na numer 112 trzeba dzwonić nie tylko w przypadku wypadku, ale też w przypadku pożaru, kradzieży, włamania lub innej nagłej sytuacji zagrażającej życiu lub bezpieczeństwu publicznemu.
4. Nie. Również w przypadku pożaru, kradzieży, włamania lub innej nagłej sytuacji zagrażającej życiu lub bezpieczeństwu publicznemu.

8

1C; **2**A; **3**D; **4**B

9

1. Ona jest ciężko ranna.
2. On krwawi.
3. On jest nieprzytomny.
4. On nie oddycha.
5. Ona jest w szoku.
6. On jeszcze żyje.

10

1.
A GŁOWA
B OKO
C UCHO
D RĘKA
E NOGA
F PALEC
G SZYJA

2.
A PŁUCO
B NERKA
C SERCE
D WĄTROBA
E TRZUSTKA
F ŻOŁĄDEK
G JELITO

11

1. Należy udać się do lekarza, który podpisał umowę z NFZ.
2. Trzeba okazać Europejską Kartę Ubezpieczenia Zdrowotnego.
3. Do lekarza specjalisty potrzebne jest skierowanie od lekarza ubezpieczenia zdrowotnego.
4. Receptę na leki można otrzymać od lekarza, który podpisał umowę z NFZ.

12

w aptece: **2**, **5**, **6**, **7**
w przychodni: **1**, **3**, **4**

13

1B; **2**A; **3**G; **4**D; **5**E; **6**C; **7**F

14

Boli mnie serce. Ból jest kłujący.
Mam bóle brzucha. Ból jest uciskający.
Boli mnie głowa Ból jest świdrujący.
Boli mnie ząb. Ból promieniujący.
Boli mnie ucho. Ból jest ucha pulsujący.
Boli mnie gardło. Ból jest piekący.
Boli mnie noga. Ból jest rżnący.

15

1A; **2**A; **3**A; **4**A; **5**A; **6**B; **7**A; **8**A

16

1. Co się stało?
2. Boli mnie brzuch. Ból jest kłujący.
3. Boli mnie ząb. Ból jest pulsujący.
4. Szybkiego powrotu do zdrowia!
5. Mam grupę krwi...

LEKTION 7

1

1, **3**, **4**, **6**, **8**

2

1A; **2**B; **3**D; **4**G; **5**H; **6**F; **7**A; **8**E

3

1B; **2**A; **3**B; **4**B

4

1 A, C, E, G, I, J
2 B, C, D, G, H, I

5

1D; **2**E; **3**B; **4**A; **5**F; **6**C

6

C

7

1. W Chińczyka mogą grać dwie, trzy lub cztery osoby.
2. Do gry potrzebna jest plansza, 16 pionków oraz kostka do gry.
3. Pionki są w kolorze czerwonym, niebieski, zielonym albo żółtym.
4. Z kwadratu może wyjść ten, który wyrzuci szóstkę.
5. Ta gra po niemiecku nazywa się „Mensch ärgere dich nicht".

8

nieprawda: **1**, **2**, **3**, **4**, **5**

9

1E; **2**D; **3**A; **4**H; **5**J; **6**G; **7**C; **8**I; **9**F; **10**B

10

1. cieszyłbyś się, cieszyłabyś się
2. denerwowałbyś (się), denerwowałabyś (się)
3. (na)uczyłbyś się, (na)uczyłabyś się
4. (po)śmiałbyś się, (po)śmiałabyś się
5. przestałbyś, przestałabyś
6. uśmiechnąłbyś się, uśmiechnęłabyś się
7. (za)dzwoniłbyś, (za)dzwoniłabyś

11

2. denerwowałaby się; **3.** Pośmiałby się; **4.** Przestałby;
5. Uśmiechnęłaby się; **6.** Zadzwoniłby
nieuprzejme: **1**, **4**, **6**

12

1. Czy lubisz gry hazardowe?
2. W co umie Pan grać?
3. Czy umiesz grać w szachy?
4. Czym się Pani tak denerwuje?
5. Z czego się tak śmiejesz?

13

Senkrecht: lotek, szachy, poker
Waagerecht: karty, bilard, golf, chińczyk, ruletka

14

Dzieci lubią bawić się... **1.** zabawkami; **2.** lalkami; **3.** klockami
Dzieci uwielbiają... **1.** pluszaki; **2.** puzzle; **3.** kredki

15

1. Daniel chodzi do szkoły. Po szkole musi odrabiać zadania. W wolnym czasie uwielbiać się bawić. Bardzo lubi klocki Lego.
2. Jola pracuje w aptece. Wolny czas spędza z mężem i dziećmi. Często chodzi do aqua parku. Jest optymistka, dlatego zawsze jest w dobrym humorze.
3. Artur już nie pracuje. Jest emerytem i wdowcem. Wolny czas lubi spędzać na rowerze.
   Bardzo lubi żartować, dlatego często ogląda kabaret.
4. Agata i Jacek są studentami. Wolny czas spędzają na imprezach. Zawsze są duszą towarzystwa. Uwielbiają muzykę i taniec i zawsze mają dobry nastrój.

16
1F; **2**E; **3**B; **4**C; **5**D; **6**A
17
Musterlösung
Czasem śmieję się z siebie.
Często śmieję się z kawałów/dowcipów.
Nigdy nie śmieję się ironicznych komentarzy.
Zawsze śmieję się z komedii albo z kabaretu.
W domu śmieję się ze swojego języka.
W pracy śmieję się z absurdalnych sytuacji.
Z dziećmi nie śmieję się z innych ludzi.
18
1A; **2**A; **3**B; **4**B

LEKTION 8
1
1. Wsuń kartę.
2. Wybierz język.
3. Z listy na ekranie wybierz „wypłata gotówki".
4. Wprowadź swój czterocyfrowy kod PIN.
5. Zatwierdź kod PIN klawiszem „akceptuj".
6. Wybierz kwotę wypłaty, np. 300 zł.
7. Zdecyduj, czy chcesz otrzymać potwierdzenie transakcji.
8. Wyjmij kartę w ciągu 30 sekund.

2
1D; **2**H; **3**C; **4**B; **5**F; **6**G; **7**A; **8**E
3
prawda: **1**, **2**, **3**, **4**
nieprawda: **5**
4
1. na; **2.** za; **3.** o; **4.** na; **5.** za; **6.** o; **7.** za; **8.** za; **9.** na; **10.** na
5
1. jedzenie; **2.** żywność; **3.** napoje bezalkoholowe; **4.** opłaty; **5.** mieszkanie; **6.** media; **7.** wodę; **8.** prąd; **9.** gaz; **10.** telefon; **11.** telewizję,; **12.** Internet; **13.** żłobek; **14.** przedszkole; **15.** czesne; **16.** jedzenie; **17.** akademik; **18.** rozrywka
6
1. w języku angielskim; **2.** brand manager; **3.** m.in. w budownictwie, IT i finansach; **4.** kontroler finansowy
7
1B; **2**A; **3**B; **4**B; **5**A; **6**A
8
1C; **2**A; **3**B; **4**D
9
5000 zł → pięć tysięcy złotych
40 000 zł → czterdzieści tysięcy złotych
125 000 zł → sto dwadzieścia pięć tysięcy złotych
250 000 zł → dwieście pięćdziesiąt tysięcy złotych
500 000 zł → pięćset tysięcy złotych (pół miliona złotych)
1 000 000 zł → milion złotych
10
1. Czas to pieniądz.
2. Pieniądze szczęścia nie dają.
3. wyrzucać pieniądze w błoto
4. wyciągać komuś pieniądze z kieszeni

11
Senkrecht: sejf, bank, skarpeta
Waagerecht: kieszeń, portfel, szuflada, skarbonka, torebka
12
1. Kelner dziękuje turystom za napiwek.
2. Kto płaci za kolację?
3. Na co wydajecie najwięcej pieniędzy?
4. Długo na ciebie czekaliśmy.
5. Za co Pan mnie przeprasza? I Za co mnie Pan przeprasza?
6. Nie jestem za to odpowiedzialny.
7. Nigdy nie byłam w tobie zakochana.
8. Dlaczego jesteście z nas niezadowoleni?
9. Jestem z ciebie bardzo dumny!
10. Nie byłem do tego przygotowany.

13
1C; **2**A; **3**D; **4**F; **5**B; **6**E
14
1, **2**, **3**, **5**, **8**
15
Musterlösung
1. Większość ludzi w Niemczech wydaje pieniądze na żywność i napoje.
2. Dużo ludzi w Niemczech wydaje pieniądze na samochód.
3. Niektórzy ludzie w Niemczech wydają pieniądze na urządzenia elektroniczne.
4. Mało ludzi w Niemczech wydaje pieniądze na opłaty, na przykład na telefon.
5. Najmniej ludzi w Niemczech wydaje pieniądze na rozrywkę.
6. Prawie nikt w Niemczech nie wydaje pieniędzy na urlop i na podróże.
7. Chyba nikt w Niemczech nie wydaje pieniędzy na dom albo na mieszkanie.

16
Musterlösung
1. Przepraszam, czy mogę tu wymienić pieniądze?
2. Przepraszam, gdzie jest bankomat?
3. Ile zarabia w Polsce kontroler finansowy?
4. Zgubiłam/Zgubiłem portfel.
5. Dostanę zniżkę?
6. Na co wydaje pieniądze większość ludzi w Polsce?

LEKTION 9
1
1C; **2**D; **3**B; **4**A
2
1G; **2**E; **3**D; **4**F; **5**C; **6**A; **7**H; **8**B
3
1. 1976; **2.** 1977; **3.** 1992; **4.** 1992
4
3, **1**, **4**, **2**
5
1C; **2**E; **3**D; **4**B; **5**A
6
1B; **2**A; **3**C

7
PPräs.: **1**, **3**, **4**
PPrät.: **2**, **5**

8
1B; **2**B; **3**B; **4**A

9
1. Zgniataj puszki przed wyrzuceniem!
2. Nie świeć światła bez potrzeby!
3. Nie używaj plastikowych siatek!
4. Oddawaj przeterminowane leki do apteki!
5. Kupuj produkty energooszczędne!

10
922 → rok dziewięćset dwudziesty drugi
1025 → rok tysiąc dwudziesty piąty
1310 → rok tysiąc trzysta dziesiąty
1467 → rok tysiąc czterysta sześćdziesiąty siódmy
1629 → rok tysiąc sześćset dwudziesty dziewiąty
1990 → rok tysiąc dziewięćset dziewięćdziesiąty
1997 → rok tysiąc dziewięćset dziewięćdziesiąty siódmy
2000 → rok dwutysięczny
2010 → rok dwa tysiące dziesiąty
2017 → rok dwa tysiące siedemnasty

11
Senkrecht: tektura, papier, stal, opony, odzież
Waagerecht: słoiki, butelki, puszki, plastik, bateria

12
1. Etykiety ekologiczne to symbole, które informują konsumenta, ...
2. Zielona energia to energia, która pochodzi z odnawialnych źródeł.
3. Zielone domy to budynki, które wykorzystują zieloną energię.
4. Dom energooszczędny to dom, który oszczędza energię.
5. Żywność ekologiczna to żywność, która spełnia standardy certyfikatu EKO.
6. Żywność ekologiczna to żywność, która nie zawiera pestycydów.

13
1. aprobata / zgoda
2. sprzeciw / inny pogląd
3. wątpliwość

14
1D; **2**E; **3**G; **4**A; **5**F; **6**B; **7**I; **8**C; **9**H

15
A. Anna **4**, Piotr **7**; B. Pani Ewa Lipińska **3**, Pan Piotr Nowakowski **2**; C. Karl **1**, Agata i Monika **5**; D. Daniel **6**, Helena **8**

16
1. W którym roku Rezerwat Biosfery Białowieża został wpisany na listę UNESCO?
2. Od którego roku Pani/twoja córka studiuje ekologię?
3. Czy żubr jest w Polsce pod ochroną?
4. Czy zgadzasz/zgadza Pani/Pan się z tym?
5. Jaką energię wykorzystują zielone domy?
6. Czy w Polsce trzeba segregować śmieci?
7. Od którego roku Tatrzański Rezerwat Przyrody figuruje na liście UNESCO?

LEKTION 10

1
prawda: **2**, **4**, **6**
nieprawda: **1**, **3**, **5**

2
1. Jak podaje niemiecki tygodnik „Der Spiegel" coraz więcej Niemców z północno-wschodniego regionu Meklemburgii przyjeżdża pracować do Polski, głównie do Szczecina.
2. Land Meklemburgia to najbiedniejszy region Niemiec, w którym bezrobocie sięga nawet 19 procent. To właśnie mieszkańcy tego regionu często dojeżdżają do pracy w Szczecinie, który nadal rozwija się gospodarczo i jest coraz bardziej atrakcyjny dla Niemców.
3. Według tygodnika „Der Spiegel" w Szczecinie i regionie Pomorza pracuje około 2500 Niemców głównie w branży budowlanej, porcie szczecińskim oraz w centralach telefonicznych.

3
1E; **2**C; **3**B; **4**E; **5**D

4
1. dzięki mojemu szefowi; **2.** przeciw grypie; **3.** wbrew rodzinie; **4.** dzięki twojej znajomej; **5.** przeciwko przepisom; **6.** wbrew pozorom

5
1C; **2**A; **3**B

6
prawda: **2**, **4**, **6**
nieprawda: **1**, **3**, **5**

7
1. ratownikowi; **2.** Polskiemu pacjentowi; **3.** polskim dzieciom; **4.** dzieciom; **5.** moim znajomym

8
1. Uczeń podziękował nauczycielowi na pomoc.
2. Komu daliście mój numer telefonu?
3. Proszę, nie mów szefowej o tych problemach.
4. Jak się Panu podoba nowe logo naszej firmy?
5. Za co mnie Pan przeprasza?
6. Dlaczego nie ufasz twojemu przyjacielowi?
7. Życzę Państwu udanej kooperacji z niemieckimi partnerami!
8. Dlaczego jesteście przeciwko kooperacji z regionalnymi firmami?
9. Wbrew opinii doradcy podpisaliśmy umowę.
10. Dzięki Pana zaangażowaniu udało mi się otrzymać stypendium.

9
1. Życzę; **2.** dać; **3.** podoba; **4.** pomaga; **5.** Dziękuję; **6.** ufam; **7.** mówisz; **8.** Opowiadam

10
1. pracowanie; **2.** myślenie; **3.** mycie; **4.** studiowanie; **5.** malowanie; **6.** pływanie; **7.** liczenie; **8.** szycie

11
1G; **2**A; **3**E; **4**D; **5**H; **6**B; **7**C; **8**F

12
1. argumentowanie przy wybraniu zdjęcia; **2.** opisywanie zdjęcie; **3.** argumentowanie przy odrzuceniu zdjęcia

13
Fotografia numer **1.**
Musterlösung:
Ta fotografia pasuje moim zdaniem najlepiej, bo świetnie pasuje do tekstu „Studiować w Polsce". Na zdjęciu widać studentów, którzy coś czytają i o czymś rozmawiają. Scenka na tym zdjęciu rozgrywa się prawdopodobnie przed albo za uniwersytetem.

14
1D; **2**B; **3**F; **4**H; **5**A; **6**E; **7**G; **8**C

15
A. Anna **7**, Piotr **1**; B. Pani Ewa Lipińska **5**, Pan Piotr Nowak **4**; C. Karl **2**, Günter **6**; D. Daniel **3**

RÜCKBLICK 2

1
1. pierwsza pomoc
   alergia, grupa krwi, karetka pogotowia, karta ubezpieczeniowa, lekarka, numer alarmowy, pielęgniarka, sanitariusz, serce, szok - szpital
2. pobyt w hotelu
   basen, kort tenisowy, pokój hotelowy, recepcja, sauna, siłownia
3. bank
   bankomat, gotówka, karta płatnicza, kantor, kod PIN, numer identyfikacji podatkowej NIP, pieniądze, portfel, wypłata
4. przyroda
   góry, jezioro, krajobraz, las, łąka, park narodowy, ptak, zwierzę, rezerwat
5. emigracja
   cudzoziemcy, emigranci, numer ewidencyjny PESEL, uchodźcy, znajomość języków obcych, zagraniczny

2
1B; **2**B; **3**B; **4**B; **5**C; **6**B; **7**B; **8**B
Satz Nr. **2**

3
1D, **2**J, **3**A, **4**I, **5**B, **6**E, **7**H, **8**G, **9**F, **10**C
Satz Nr. **5**

4
1B; **2**A; **3**C; **4**A; **5**C
Satz Nr. **2**

5
1. Gdybym umiał mówić po niemiecku, szukałbym pracy w Niemczech.
2. Gdyby ta praca była lepiej płatna, ubiegałabym się o nią.
3. Gdybyśmy mieli dłuższy urlop, pojechalibyśmy też do rezerwatu przyrody.
4. Gdybym nie musiała, nie segregowałabym śmieci
5. Gdyby nie bolała mnie głowa, poszedłbym na koncert
6. Gdybyśmy mieli więcej pieniędzy, kupilibyśmy nowy samochód.

Satz Nr. **6**

6
opisywanie zdjęcia: **2**, **10**, **11**
popieranie lub odrzucanie argumentów innych osób: **1**, **6**, **9**
wyrażanie własnego zdania: **3**, **4**, **7**
wyrażanie przypuszczenia: **5**, **8**, **11**

7
1B; **2**E; **3**H; **4**C; **5**F; **6**A; **7**D; **8**G

8
1C; **2**A; **3**B; **4**C; **5**B; **6**C
Satz Nr. **5**

LEKTION 1

Übung 1 - Track 1

Immobilienmakler: Proszę, niech Pan wejdzie. Mieszkanie jest po generalnym remoncie.
Andreas: Ładnie tu....
Immobilienmakler: Po prawej stronie jest salon z aneksem kuchennym...
Andreas: Co to znaczy aneks kuchenny?
Immobilienmakler: Aneks kuchenny to część kuchenna połączona z salonem.
Andreas: Aha.
Immobilienmakler: To jeszcze raz... Po prawej stronie jest salon z aneksem kuchennym, po lewej stronie łazienka i sypialnia z balkonem.
Andreas: Mogę zobaczyć balkon?
Immobilienmakler: Jak najbardziej, proszę.
Andreas: O, balkon jest bardzo mały...
Immobilienmakler: Tak, balkon jest mały, to fakt... Ale za to salon jest bardzo duży, a w łazience jest i wanna, i prysznic.
Andreas: O, to świetnie...

Immobilienmakler: *Bitte, kommen Sie doch herein. Die Wohnung wurde gerade vollständig renoviert.*
Andreas: *Schön ist es hier ...*
Immobilienmakler: *Rechts befindet sich ein Wohnzimmer mit einer Kochnische ...*
Andreas: *Was heißt „Kochnische"?*
Immobilienmakler: *Eine Kochnische geht nahtlos in den Wohnbereich über.*
Andreas: *Ach so.*
Immobilienmakler: *Dann noch einmal von vorne ... Rechts ist das Wohnzimmer mit einer Kochnische, links das Badezimmer und das Schlafzimmer mit einem Balkon.*
Andreas: *Darf ich mir den Balkon noch einmal ansehen?*
Immobilienmakler: *Selbstverständlich, bitte sehr.*
Andreas: *Oh, der Balkon ist aber sehr klein ...*
Immobilienmakler: *Ja, der Balkon ist klein, das stimmt schon ... Dafür ist das Wohnzimmer sehr groß und im Bad haben Sie sowohl eine Badewanne als auch eine Dusche.*
Andreas: *Ah ja, toll ...*

Übung 2 - Track 2

1. Łóżko 140 na 200 z materacem kosztuje 732 złote.
2. Szafa trzydrzwiowa z lustrem kosztuje 619 złotych.
3. Zestaw stół i cztery krzesła kosztuje 888 złotych.
4. Komplet sofa i dwa fotele kosztuje 6500 złotych.
5. Biurko z szufladą kosztuje 346 złotych.
6. Szafka RTV kosztuje 337 złotych.
7. Dywan orientalny 103x150 kosztuje 1249 złotych.

1. *Das Bett 140 x 200 inklusive Matratze kostet 732 Zloty.*
2. *Der dreitürige Schrank mit Spiegel kostet 619 Zloty.*
3. *Das Set - ein Tisch und vier Stühle - kostet 888 Zloty.*
4. *Das Set - ein Sofa und zwei Sessel - kostet 6500 Zloty.*
5. *Der Schreibtisch mit Schublade kostet 346 Zloty.*
6. *Der TV-Schrank kostet 337 Zloty.*
7. *Der Orientteppich 130 x 150 kostet 1249 Zloty.*

Übung 3 - Track 3

1. Stół stoi naprzeciw szafki RTV.
2. Krzesła stoją przy stole.
3. Dywan leży pod stołem.
4. Poduszki leżą na sofie.
5. Lampa wisi nad sofą.
6. Obrazy wiszą obok szafy.

1. *Der Tisch steht gegenüber dem TV-Schrank.*
2. *Die Stühle stehen am Tisch.*
3. *Der Teppich liegt unter dem Tisch.*
4. *Die Kissen liegen auf dem Sofa.*
5. *Die Lampe hängt über dem Sofa.*
6. *Die Bilder hängen neben dem Schrank.*

Übung 4 - Track 4

Urszula:
Chciałabym mieszkać na wsi w małym drewnianym domku. Dom może być stary, ale powinien mieć na parterze łazienkę z prysznicem i dużą wanną, salon z kominkiem i dużą kuchnię. Na piętrze powinny być sypialnia i pokój gościnny. Bardzo chciałabym mieć duży ogród...
Zenon:
Mieszkam z żoną i dwójką dzieci w dwupokojowym mieszkaniu w bloku w centrum Warszawy. Chciałbym mieszkać w domu jednorodzinnym niedaleko centrum miasta. Dom powinien mieć dwie łazienki, dwa pokoje dziecięce i duży garaż na dwa samochody. Kuchnia nie musi być duża, ale powinna być funkcjonalna, za to salon powinien być jasny i duży.

Urszula:
Ich würde gern in einem kleinen Holzhaus auf dem Land wohnen. Das Haus kann alt sein, im Erdgeschoss sollten aber ein Bad mit Dusche und einer großen Badewanne, ein Wohnzimmer mit Kaminofen und eine große Küche vorhanden sein. Im Obergeschoss sollten sich ein Schlafzimmer sowie ein Gästezimmer befinden. Ich hätte sehr gerne einen großen Garten ...
Zenon:
Ich wohne mit meiner Frau und zwei Kindern in einer Zweizimmerwohnung in einem Wohnblock im Zentrum von Warschau. Ich würde gern zentrumsnah in einem Einfamilienhaus wohnen. Das Haus sollte über zwei Bäder, zwei Kinderzimmer und eine große Garage für zwei Pkw verfügen. Die Küche muss nicht groß sein, sie sollte jedoch funktional sein.

LEKTION 2

Übung 1 - Track 5

odkurzać - prać - prasować - myć okna - czyścić łazienkę - robić zakupy - gotować - sprzątać mieszkanie

staubsaugen - Wäsche waschen - bügeln - Fenster putzen - Bad putzen - einkaufen - kochen - Wohnung aufräumen

Übung 2 - Track 6

W poniedziałek prała i prasowała.
We wtorek sprzątała i odkurzała mieszkanie.
W środę czyściła łazienkę.
W czwartek myła okna.

3 AUDIOTEXTE

W piątek robiła zakupy.
W sobotę gotowała.
W niedzielę odpoczywała.

Am Montag hat sie die Wäsche gewaschen und gebügelt.
Am Dienstag hat sie die Wohnung aufgeräumt und gestaubsaugt.
Am Mittwoch hat sie das Bad geputzt.
Am Donnerstag hat sie die Fenster geputzt.
Am Freitag hat sie eingekauft.
Am Samstag hat sie gekocht.
Am Sonntag hat sie sich ausgeruht.

Übung 3 - Track 7

Aneta: Hej, jak minął twój weekend?
Waldek: Moja żona była w pracy, a ja zajmowałem się dziećmi i domem.
Aneta: Aha...
Waldek: W sobotę zrobiłem zakupy i odkurzyłem cały dom.
Aneta: A ugotowałeś coś dla dzieci?
Waldek: Nie, byliśmy w McDonaldzie...
Aneta: Szkoda, że się nie spotkaliśmy. Ja też tam byłam z dziećmi.
Waldek: O, to znaczy, że też nie gotowałaś w domu?
Aneta: Dokładnie ☺

Aneta: *Hallo, wie war dein Wochenende?*
Waldek: *Meine Frau war arbeiten und ich habe mich um die Kinder und den Haushalt gekümmert.*
Aneta: *Aha ...*
Waldek: *Am Samstag habe ich eingekauft und das ganze Haus gestaubsaugt.*
Aneta: *Und hast du etwas für die Kinder gekocht?*
Waldek: *Nein, wir waren bei McDonalds ...*
Aneta: *Schade, dass wir uns dort nicht getroffen haben. Ich war mit meinen Kindern auch dort.*
Waldek: *Oh, heißt das, du hast auch nicht zu Hause gekocht?*
Aneta: *Genau ☺*

Übung 8 - Track 8

Sto lat, sto lat,
Niech żyje, żyje nam!
Sto lat, sto lat,
Niech żyje, żyje nam!
Jeszcze raz, jeszcze raz,
Niech żyje, żyje nam!
Niech żyje nam!

Hundert Jahre, hundert Jahre
möge er / sie leben, leben mit uns.
Hundert Jahre, hundert Jahre
möge er /sie leben, leben mit uns.
Noch einmal, noch einmal, er / sie möge leben, möge leben, möge leben mit uns.

LEKTION 3

Übung 1 - Track 9

Numer jeden to stare miasto.
Numer dwa to rynek.
Numer trzy to kościół.
Numer cztery to pałac.
Numer pięć to zamek.
Numer sześć to jezioro.
Numer siedem to góry.
Numer osiem to park narodowy.

Die Nummer eins ist eine Altstadt.
Die Nummer zwei ist ein Marktplatz.
Die Nummer drei ist eine Kirche.
Die Nummer vier ist ein Palast.
Die Nummer fünf ist ein Schloss.
Die Nummer sechs ist ein See.
Die Nummer sieben sind Berge.
Die Nummer acht ist ein Nationalpark.

Übung 2 - Track 10

Kraków to jedno z najpiękniejszych i najchętniej odwiedzanych miast w Polsce. Co można zwiedzić w Krakowie w weekend?

W pierwszy dzień można zwiedzić klasyczne atrakcje Krakowa.
Trasa Królewska rozpoczyna się pod kościołem św. Floriana przy placu Matejki i wiedzie obok Barbakanu przez Bramę Floriańską do Starego Miasta. Na ulicy Floriańskiej, która prowadzi na Rynek Główny, znajduje się parę obiektów o ciekawej historii, na przykład dom polskiego malarza Jana Matejki. Na Rynku Glównym trzeba koniecznie zobaczyć Sukiennice i Kościół Mariacki. Spacer po Krakowie warto kontynuować ulicą Grodzką - to jedna z najstarszych ulic miasta, która prowadzi prosto na Wzgórze Wawelskie z Zamkiem Królewskim.

Drugi dzień warto poświęcić na zwiedzanie dzielnicy Kazimierz, która kiedyś była centrum kultury chrześcijańskiej i żydowskiej. Niezwykłą atmosferę Kazimierza tworzą odrestaurowane kamienice, ekskluzywne hotele i restauracje serwujące dania kuchni żydowskiej.

W trzeci dzień można pojechać 30 km na północ od Krakowa, gdzie znajduje się Ojcowski Park Narodowy z piękną przyrodą, dwoma zamkami, młynami i innymi atrakcjami.

Krakau gehört zu den schönsten und am meisten besuchten Städten Polens. Was kann man in Krakau am Wochenende besichtigen?

Am ersten Tag kann man die klassischen Attraktionen Krakaus besichtigen. Der Königsweg beginnt an der Florianskirche am Matejko-Platz und führt an der Barbakane entlang durch das Florianstor in die Altstadt. In der Floriańska Straße, die zum Marktplatz führt, befinden sich einige Objekte mit einer interessanten Geschichte, z.B. das Haus des polnischen Malers Jan Matejko. Auf dem Marktplatz sollte man unbedingt die Tuchhallen und die Marienkirche besichtigen. Den Spaziergang durch Krakau sollte man auf der Grodzka-Straße - einer der ältesten Straßen der Stadt - fortsetzen. Sie führt direkt zum Wawelhügel, auf dem sich das Königsschloss befindet.

Am zweiten Tag lohnt es sich, Krakaus jüdisches Viertel zu besichtigen, das einst ein Zentrum der christlichen und jüdischen Kultur war. Restaurierte Altbauhäuser, exklusive Ho-

3 AUDIOTEXTE

tels und Restaurants mit Gerichten aus der jüdischen Küche verleihen dem Viertel eine einmalige Atmosphäre.

Am dritten Tag kann man von Krakau 30 km in den Norden fahren, wo sich mitten in der wunderschönen Natur der Nationalpark Ojców, zwei Schlösser, Mühlen und viele weitere Attraktionen befinden.

Übung 3 – Track 11

Wczoraj byliśmy w Zamku Królewskim na Wawelu. Zarezerwowaliśmy bilety, dlatego nie staliśmy w kolejce do kasy. Zwiedziliśmy katedrę oraz komnaty królewskie. Przewodnik pokazał nam, gdzie wisi słynny dzwon „Zygmunt". Najbardziej podobała nam się katedra. Warto zwiedzić, gorąco polecamy!
Wieczorem poszliśmy do restauracji na Kazimierzu i rozmawialiśmy z innymi gośćmi o Polsce, Polakach i języku polskim. Super miejsce, niesamowity klimat!

Gestern waren wir im Königsschloss auf dem Wawelhügel. Wir haben Tickets reserviert, deswegen mussten wir nicht an der Kasse Schlange stehen. Wir haben die Wawelkathedrale und die königlichen Gemächer besichtigt. Der Stadtführer hat uns gezeigt, wo die bekannte Sigismund-Glocke hängt. Am meisten hat uns die Kathedrale gefallen. Es lohnt sich, sie zu besichtigen, das können wir wärmstens empfehlen! Am Abend sind wir in ein Restaurant im jüdischen Viertel Kazimierz essen gegangen. Dort haben wir uns mit anderen Gästen über Polen, die Polen und die polnische Sprache unterhalten. Ein super Ort, ein einmaliges Klima!

Übung 4 – Track 12

1. Adam Mickiewicz – wybitny polski poeta, żył (tak jak Goethe) w okresie romantyzmu.
2. Fryderyk Chopin był polskim kompozytorem i pianistą. Urodził się w 1810 roku niedaleko Warszawy.
3. Maria Skłodowska-Curie – polska fizyczka i chemiczka. Dwukrotna laureatka Nagrody Nobla.
4. Tadeusz Kościuszko był polskim i amerykańskim generałem, jest patronem wielu polskich szkół. Zmarł w 1817 roku w Szwajcarii.
5. Lech Wałęsa był pierwszym prezydentem demokratycznej Polski.
6. Mikołaj Kopernik – astronom, ekonomista, lekarz i prawnik. Urodził się w 1473 roku w Toruniu.

1. *Adam Mickiewicz – ein hervorragender polnischer Dichter, lebte (so wie Goethe) in der Zeit der Romantik.*
2. *Frederic Chopin war ein polnischer Komponist und Pianist. Er wurde 1810 in der Nähe von Warschau geboren.*
3. *Marie Skłodowska-Curie, eine polnische Physikerin und Chemikerin, war zweifache Nobelpreisträgerin.*
4. *Tadeusz Kościuszko war ein polnischer und amerikanischer General. Viele polnische Schulen tragen seinen Namen. Er starb 1817 in der Schweiz.*
5. *Lech Wałęsa war der erste Präsident des demokratischen Polens.*
6. *Mikołaj Kopernik – ein Astronom, Ökonom, Arzt und Jurist wurde 1473 in Thorn geboren.*

Übung 8 – Track 13

Polska leży w Europie Środkowej. Na północy Polska graniczy z Rosją i Litwą, na wschodzie z Białorusią i Ukrainą, na południu ze Słowacją i Czechami, a na zachodzie z Niemcami. W maju 2004 roku Polska weszła do Unii Europejskiej.
Polska podzielona jest na 16 województw, które mają swoje stolice: dolnośląskie (Wrocław), kujawsko-pomorskie (Bydgoszcz), lubelskie (Lublin), lubuskie (Gorzów Wielkopolski), łódzkie (Łódź), małopolskie (Kraków), mazowieckie (Warszawa), opolskie (Opole), podkarpackie (Rzeszów), podlaskie (Białystok), pomorskie (Gdańsk), śląskie (Katowice), świętokrzyskie (Kielce), warmińsko-mazurskie (Olsztyn), wielkopolskie (Poznań) i zachodniopomorskie (Szczecin).
Walutą Polski jest złoty, a językiem urzędowym jest język polski.

Polen liegt in Mitteleuropa. Im Norden grenzt es an Russland und Litauen, im Osten an Weißrussland und die Ukraine, im Süden an die Slowakei und Tschechien und im Westen an Deutschland. Im Mai 2004 ist Polen der Europäischen Union beigetreten.
Polen ist in 16 Woiwodschaften aufgeteilt, die ihre Hauptstädte haben: Woiwodschaft Niederschlesien (Breslau), Kujawien-Pommern (Bromberg), Lublin (Lublin), Lebus (Landsberg a.d. Warthe), Lodsch (Łódź), Kleinpolen (Krakau), Masowien (Warschau), Oppeln (Oppeln), Karpatenvorland (Rzeszów), Podlachien (Białystok), Pommern (Danzig), Schlesien (Kattowitz), Heiligkreuz (Kielce), Ermland-Masuren (Allenstein), Großpolen (Posen) i Westpommern (Stettin).
Die polnische Währung heißt Zloty und die Amtssprache ist Polnisch.

LEKTION 4

Übung 1 – Track 14

1. „Metro" to polski musical z muzyką Janusza Stokłosy, wyreżyserowany przez Janusza Józefowicza.
2. Musical opowiada o grupie młodych artystów, którzy marzą o miłości i karierze.
3. Ci młodzi ludzie przyjeżdżają na casting do teatru, ale nie dostają żadnej roli.
4. Organizują wobec tego własny musical na stacji metra.
5. Ich podziemny musical odnosi sukces i dostają propozycję angażu do teatru.
6. Teraz młodzi artyści mają dylemat: Co jest ważniejsze? Pieniądze czy marzenia?

1. *„Metro" ist ein polnisches Musical mit Musik von Janusz Stokłosa unter der Regie von Janusz Józefowicz.*
2. *Das Musical erzählt von einer Gruppe junger Künstler, die von Liebe und Karriere träumen.*
3. *Diese jungen Menschen kommen wegen einem Casting im Theater zusammen, doch keiner von ihnen bekommt eine Rolle.*
4. *Infolgedessen organisieren sie ein eigenes Musical in einer U-Bahn-Station.*
5. *Ihr Untergrund-Musical wird zum Erfolg und sie bekommen das Angebot eines Engagements am Theater.*
6. *Die jungen Künstler stehen nun vor einem Dilemma: Was ist wichtiger? Geld oder Träume?*

Übung 2 - Track 15

Nie macie pomysłu na weekend? Zapraszamy na liczne koncerty, wystawy, warsztaty, spektakle oraz imprezy. Oto najciekawsze z nich.
Propozycja numer 1:
W piątek o godzinie 20 zapraszamy na wyjątkowy wieczór „Bach na jazzowo" w Klubie Harenda przy Krakowskim Przedmieściu 4/6 w Warszawie.
Propozycja numer 2:
W sobotę od godz. 12 zapraszamy na warsztaty plastyczne dla dzieci do Centrum Kreatywności „Bolek i Lolek". Wstęp wolny.
Propozycja numer 3:
Spektakl „Skłodowska. Radium woman" używa figury Marii Skłodowskiej-Curie, by poruszyć kwestie feminizmu, wolności, emigracji oraz ambicji. Spektakl będzie można obejrzeć w niedzielę o godzinie 11.00 i 19.00 w Teatrze WARSawy.
Propozycja numer 4:
W sobotę i niedzielę w godzinach 11.00-19.00 zapraszamy na Jarmark Kazimierski na Bielanach. Na kiermaszu zapowiadającym Święta Wielkanocne można obejrzeć nie tylko tradycyjne pisanki, palmy i ozdoby świąteczne, ale też zakupić regionalne przysmaki, miody i ciasta.
Propozycja numer 5:
Chcesz nauczyć się szyć? Zapraszamy na nasze warsztaty! Od 10.00 do 13.00 szyjemy damskie tuniki. Od 13.30 do 16.30 szyjemy spodenki dla dzieci. Warsztaty odbędą się w niedzielę w klubie „Nitka" na Placu Krakowskim.

Habt ihr keine Idee fürs Wochenende? Wir laden euch zu zahlreichen Konzerten, Workshops, Aufführungen und Veranstaltungen ein. Hier die interessantesten Events:
Vorschlag Nr. 1:
Am Freitag um 20 Uhr laden wir zu einem besonderen Abend „Bach und Jazz" im Club Harenda in Krakowskie Przedmieście 4/6 in Warschau ein.
Vorschlag Nr. 2:
Am Samstag ab 12 Uhr laden wir Kinder zu einer Bastelstunde in das Kreativzentrum „Bolek und Lolek" ein. Eintritt frei.
Vorschlag Nr. 3:
Die Aufführung „Skłodowska. Radium woman" verwendet die Gestalt Skłodowska-Curies, um auf die Fragen des Feminismus, der Freiheit, der Auswanderung und des Ehrgeizes einzugehen. Die Aufführung ist am Sonntag um 11 und 19 Uhr im Theater WARSawa zu sehen.
Vorschlag Nr. 4:
Am Samstag und am Sonntag in der Zeit von 11 bis 19 Uhr laden wir zum Jahrmarkt Kazimierski auf Bielany ein. Auf dem Osterjahrmarkt kann man nicht nur traditionell verzierte Ostereier, Palmen und Osterschmuck bewundern, sondern auch Leckereien, Honig und Kuchen aus der Region kaufen.
Vorschlag Nr. 5:
Möchtest du nähen lernen? Dann laden wir dich zu unserer Nähwerkstatt ein! Von 10 bis 13 Uhr nähen wir Damentunikas. Von 13:30 bis 16:30 Uhr sind Kinderhosen dran. Die Nähwerkstatt findet am Sonntag im Club „Der Faden" auf dem Krakauer Platz statt.

Übung 3 - Track 16

W piątek o godzinie 20 zapraszamy na wyjątkowy wieczór jazzowy w Klubie Harenda. W sobotę od godz. 12 zapraszamy na warsztaty plastyczne dla dzieci do Centrum Kreatywności „Bolek i Lolek". W niedzielę o godzinie 11.00 lub 19.00 można pójść na spektakl „Skłodowska. Radium woman" do Teatru WARSawy. W sobotę i niedzielę w godzinach 11.00-17.00 zapraszamy na Jarmark Kazimierski. Na kiermaszu można obejrzeć nie tylko tradycyjne pisanki, palmy i ozdoby świąteczne, ale też zakupić regionalne przysmaki, miody i ciasta. Warsztaty szycia odbędą się w niedzielę w klubie „Nitka" na Placu Krakowskim.

Am Freitag um 20 Uhr laden wir zu einem einmaligen Jazzabend im Club Harenda ein. Am Samstag ab 12 Uhr laden wir zu einer Bastelstunde für Kinder in das Kreativzentrum „Bolek und Lolek" ein. Am Sonntag um 11 oder um 19 Uhr kann man die Aufführung „Skłodowska. Radium woman" im Theater WARSawa besuchen. Am Samstag und am Sonntag in der Zeit von 11 bis 17 Uhr laden wir zum Jahrmarkt Kazimierski ein. Auf dem Osterjahrmarkt kann man nicht nur traditionell verzierte Ostereier, Palmen und Osterschmuck bewundern, sondern auch Leckereien, Honig und Kuchen aus der Region kaufen. Die Nähwerkstatt findet am Sonntag im Club „Der Faden" auf dem Krakauer Platz statt.

Übung 4 - Track 17

Piotr: Masz ochotę pójść ze mną jutro na wystawę?
Małgorzata: Na jaką wystawę?
Piotr: „Kolaże Wisławy Szymborskiej" w Muzeum Literatury.
Małgorzata: Nie lubię ani muzeów ani literatury.
Piotr: No to może pójdziemy do kina? Dziś wieczorem grają komedię „Wszystko albo nic", a jutro thriller „Pokłosie".
Małgorzata: No nie wiem... Nie lubię ani komedii, ani thrillerów. Co powiesz na na kiermasz wielkanocny na Jarmarku Kazimierskim?
Piotr: Nie lubię ani kiermaszy, ani folkloru...

Piotr: *Hättest du Lust, mit mir morgen zu einer Ausstellung zu gehen?*
Małgorzata: *Um was für eine Ausstellung geht es?*
Piotr: *„Collagen von Wisława Szymborska" im Literaturmuseum.*
Małgorzata: *Ich mag weder Museen noch Literatur.*
Piotr: *Dann lass uns vielleicht ins Kino gehen? Heute Abend wird die Komödie „Alles oder gar nichts" gespielt, morgen der Thriller „Die Nachlese".*
Małgorzata: *Ach, ich weiß nicht ... Ich mag weder Komödien noch Thriller. Was sagst du zum Osterjahrmarkt auf dem Jahrmarkt Kazimierski?*
Piotr: *Ich mag weder Jahrmärkte noch Folklore ...*

LEKTION 5

Übung 2 - Track 18

Dziennikarz: Hej Jacek. Jesteś studentem ekonomii na Uniwersytecie Wrocławskim. Z jakich mediów korzystasz najczęściej?

Student: Najczęściej korzystam z Internetu. Dla mnie to nie tylko najlepsze źródło wiedzy, ale i rozrywki.

Dziennikarz: Dzień dobry Pani Heleno. Pani syn najczęściej korzysta z Internetu... A jak to jest u Pani? Z jakich mediów Pani najczęściej korzysta i dlaczego?

Matka studenta: Hm... Różnie to bywa. Radio i telewizję wykorzystuję, aby słuchać muzyki, oglądać filmy i zdobywać informacje o aktualnych wydarzeniach w kraju i na świecie. Uwielbiam książki – to dla mnie najlepszy sposób na relaks. Internet to dla mnie głównie social media, czyli media społecznościowe. Mam konto na Facebooku i Instagramie.

Journalist: *Hallo Jacek. Du studierst Wirtschaftslehre an der Universität Breslau. Welche Medien nutzt du am häufigsten?*

Student: *Am häufigsten nutze ich das Internet. Es ist für mich nicht nur die beste Wissensquelle, sondern auch Unterhaltungsquelle.*

Journalist: *Guten Tag, Helena. Ihr Sohn nutzt am häufigsten das Internet ... Wie ist das bei Ihnen? Welche Medien nutzen Sie am häufigsten und warum?*

Mutter des Studenten: *Ähm ... Das ist unterschiedlich. Radio und Fernsehen nutze ich, um Musik zu hören, Filme zu schauen und mich über aktuelle Ereignisse im Land und in der Welt zu informieren. Ich liebe Bücher – beim Lesen kann ich mich am besten entspannen. Das Internet nutze ich hauptsächlich wegen Social Media, also wegen sozialer Netzwerke. Ich habe einen Facebook- und einen Instagram-Account.*

Übung 3 – Track 19

1. Do najchętniej oglądanych programów telewizyjnych ostatnich sześciu lat należą transmisje sportowe: piłka nożna, skoki narciarskie i siatkówka mężczyzn.
2. Mecz piłki nożnej Polski z Portugalią oglądało łącznie 15 milionów telewidzów, a mecz z Niemcami ponad 14 mln.
3. Najpopularniejszym niesportowym programem telewizyjnym był serial „M jak miłość", który w styczniu 2012 roku miał prawie 8 milionów widzów.
4. Na trzecim miejscu uplasowały się programy rozrywkowe, wśród których coraz popularniejsze stają się tak zwane reality show.
5. Liderem wśród obecnie emitowanych reality show jest program TVP1 „Rolnik szuka żony".

1. *Zu den beliebten Fernsehprogrammen der letzten sechs Jahre gehören Sportübertragungen: Fußball, Skispringen und Volleyball der Herren.*
2. *Das Länderspiel Polen – Portugal haben insgesamt 15 Mio. Zuschauer gesehen. Das Länderspiel Polen – Deutschland haben sich über 14 Millionen Zuschauer angeschaut.*
3. *Als beliebtestes Fernsehprogramm neben Sportsendungen gilt die Serie „L wie Liebe", die im Januar 2012 von fast 8 Millionen Zuschauern gesehen wurde.*
4. *Den dritten Platz belegen Unterhaltungssendungen: Unter ihnen werden sogenannte Reality Shows immer populärer.*
5. *Der Spitzenreiter unter den aktuell ausgestrahlten Reality Shows heißt „Bauer sucht Frau" – eine Sendung von TVP1.*

Übung 15 – Track 20

Sekretarka: Firma „GraKom", Anita Nowak, w czym mogę pomóc?

Jens: Jens Schmitt z tej strony. Czy mogę rozmawiać z panem dyrektorem?

Sekretarka: Pan dyrektor jest na zebraniu zarządu. Czy mam coś przekazać?

Jens: Tak, proszę mu przekazać, żeby do mnie oddzwonił w sprawie kooperacji z naszą firmą. To pilne!

Sekretarka: Rozumiem. Poproszę pana nazwisko i numer telefonu, pod którym jest pan osiągalny.

Jens: Jens Schmitt, 0049 150 123456

Sekretarka: Może Pan przeliterować swoje nazwisko?

Sekretärin: *Firma „GraKom", Anita Nowak, wie kann ich Ihnen helfen?*

Jens: *Jens Schmitt am Apparat. Kann ich bitte mit dem Herrn Direktor sprechen?*

Sekretärin: *Der Herr Direktor ist gerade in der Vorstandssitzung. Soll ich ihm etwas ausrichten?*

Jens: *Ja, richten Sie ihm bitte aus, dass er mich zurückrufen möge. Es geht um die Zusammenarbeit mit unserer Firma, es ist dringend!*

Sekretärin: *Ich verstehe. Ihren Namen bitte und die Telefonnummer, unter der Sie erreichbar sind?*

Jens: *Jens Schmitt, 0049 150 123456*

Sekretärin: *Können Sie bitte Ihren Nachnamen buchstabieren?*

RÜCKBLICK 1

Übung 2 – Track 21

„Wilki" to polski zespół pop-rockowy. Założony został w 1991 roku przez Roberta Gawlińskiego, który jest kompozytorem piosenek i autorem tekstów. Bardzo popularnym przebojem „Wilków" stała się „Baśka". Piosenka ta zdobyła główną nagrodę na festiwalu w Opolu i stała się przebojem lata. W 2014 roku do grupy dołączył syn Roberta Gawlińskiego – Beniamin. Żona Roberta, Monika, jest menedżerką zespołu.

„Die Wölfe" ist eine polnische Pop- und Rockband. Sie wurde 1991 von Robert Gawliński gegründet, der zugleich Texte und Musik zu den Songs der Band schreibt. Zum sehr bekannten Hit wurde „Baśka". Dieser Song erhielt den Hauptpreis auf dem Festival von Oppeln und wurde zum Sommerhit.

2014 schloss sich der Band Robert Gawlińskis Sohn – Beniamin – an. Roberts Ehefrau, Monika, ist die Managerin der Band.

LEKTION 6

Übung 1 – Track 22

Frau: Jak się Pan odżywia?
Mann: Myślę, że niezbyt zdrowo.
Frau: Ile posiłków spożywa Pan w ciągu dnia?
Mann: Trzy, albo cztery razy na dzień.
Frau: Co Pan je w przerwach?
Mann: Słone przekąski, np. czipsy.
Frau: Gdzie Pan jada obiady?
Mann: W punktach typu fast food.
Frau: Jak często do swoich posiłków dodaje Pan warzywa?
Mann: W ogóle nie jem jarzyn.
Frau: Jak często pije Pan soki owocowe?
Mann: Piję tylko wodę mineralną.

Frau: *Wie ernähren Sie sich?*
Mann: *Ich denke, nicht so ganz gesund.*
Frau: *Wie viele Mahlzeiten am Tag nehmen Sie zu sich?*
Mann: *Drei oder vier am Tag.*
Frau: *Was essen Sie zwischendurch?*
Mann: *Salzige Snacks, z.B. Chips.*
Frau: *Wo essen Sie zu Mittag?*
Mann: *In Schnellrestaurants.*
Frau: *Wie oft fügen Sie Ihren Speisen Gemüse hinzu?*
Mann: *Ich esse überhaupt kein Gemüse.*
Frau: *Wie oft trinken Sie Fruchtsäfte?*
Mann: *Ich trinke ausschließlich Mineralwasser.*

Übung 2 – Track 23

Myślę, że odżywiam się dość zdrowo. Moje menu opiera się głównie na nabiale, warzywach, mięsie drobiowym i ciemnym pieczywie. Między posiłkami często sięgam po jogurty, ale nieraz trudno mi się oprzeć słodyczom, na przykład batonikom i drożdżówkom.

Niestety nie odżywiam się aż tak zdrowo. Nigdy nie mam czasu na śniadania, a obiady przeważnie jadam albo w biurze, albo w restauracji. Ostatnio trochę przytyłem, dlatego staram się pić więcej wody mineralnej i w przerwach jeść owoce.

Odżywiam się zdrowo i jem regularnie – minimum trzy posiłki dziennie. Bardzo lubię gotować, dlatego najczęściej jadam w domu.

Ich denke, dass ich mich ziemlich gesund ernähre. Mein Speiseplan basiert hauptsächlich auf Milchprodukten, Gemüse, Geflügel und dunklen Backwaren. Zwischen den Mahlzeiten greife ich oft nach Joghurt, manchmal kann ich Süßigkeiten – zum Beispiel Riegeln oder Hefegebäck – nicht widerstehen.

Leider ernähre ich mich nicht so gesund. Ich habe nie Zeit, um zu frühstücken, und mittags esse ich entweder im Büro oder im Restaurant. In letzter Zeit habe ich ein wenig zugenommen, deswegen versuche ich jetzt mehr Mineralwasser zu trinken und zwischendurch Obst zu essen.

Ich ernähre mich gesund und esse regelmäßig – mindestens drei Mahlzeiten täglich. Ich koche sehr gerne, deswegen esse ich am häufigsten zu Hause.

Übung 3 – Track 24

Sprecher 1: Jak się odżywiasz?
Sprecher 2: Odżywiam się bardzo zdrowo.
Sprecher 1: Kiedy pijasz kawę?
Sprecher 2: Kawę pijam tylko rano.
Sprecher 1: Jak często gotujesz?
Sprecher 2: Gotuję codziennie, bo bardzo lubię gotować.
Sprecher 1: Jak często jadasz słodycze?
Sprecher 2: Słodycze jadam codziennie. Nie mogę im się oprzeć.
Sprecher 1: Ile jadasz owoców?
Sprecher 2: Jadam mało owoców, bo niespecjalnie je lubię.

Sprecher 1: *Wie ernährst du dich?*
Sprecher 2: *Ich ernähre mich sehr gesund.*
Sprecher 1: *Wann trinkst du Kaffee?*
Sprecher 2: *Kaffee trinke ich nur morgens.*
Sprecher 1: *Wie oft kochst du?*
Sprecher 2: *Ich koche jeden Tag, weil ich Kochen sehr gerne mag.*
Sprecher 1: *Wie oft isst du Süßigkeiten?*
Sprecher 2: *Ich esse Süßigkeiten jeden Tag. Ich kann der Naschlust nicht widerstehen.*
Sprecher 1: *Wie viel Obst isst du?*
Sprecher 2: *Ich esse wenig Obst, weil ich es nicht besonders mag.*

Übung 4 – Track 25

Czy witaminy i minerały naprawdę działają?
Najnowsze badania kanadyjskich naukowców z Uniwersytetu w Toronto wskazują, że witaminy i minerały wcale nie poprawiają zdrowia. To niedobra wiadomość dla miliona osób, które codziennie łykają różne witaminy i minerały. Mało tego – naukowcy są zdania, że niekiedy preparaty witaminowe mogą nam nawet zaszkodzić! Ciekawostką jest fakt, że łykanie suplementów nie prowadzi do lepszego wyniku niż zdrowa porcja warzyw, owoców i orzechów.

Halten Vitamin- und Mineralpräparate wirklich, was sie versprechen?
Die neuesten Untersuchungsergebnisse kanadischer Wissenschaftler von der Universität Toronto weisen darauf hin, dass Vitamin- und Mineralpräparate die Gesundheit gar nicht verbessern. Das ist eine schlechte Nachricht für eine Million Menschen, die täglich diverse Vitamin- und Mineralpräparate zu sich nehmen. Als wäre das nicht genug – die Wissenschaftler sind der Meinung, dass Vitaminpräparate uns manchmal sogar schaden können! Interessant ist die Tatsache, dass durch die Einnahme von Supplements nicht unbedingt bessere Ergebnisse erzielt werden – die gesunde Mischung von Gemüse, Obst und Nüssen macht's auch.

LEKTION 7

Übung 1 – Track 26

Zapraszamy do naszego Klubu Sportowego ENERGIA.
W naszym obiekcie znajdują się
- dwa korty tenisowe kryte,

- cztery korty zewnętrzne,
- basen kryty o temperaturze wody 38 stopni C
- siłownia
- sauna oraz
- nowoczesne sale do zajęć fitnes

Wir laden euch ein in unseren Sportclub ENERGIA. In unserer Sportanlage befinden sich
- zwei Indoor-Tennisplätze,
- vier Outdoor-Tennisplätze,
- ein Hallenbad mit einer Wassertemperatur von 38 Grad Celsius,
- ein Fitnessstudio,
- eine Sauna und
- ein moderner Fitnessraum.

Übung 3 - Track 27

Hej, mam na imię Patryk. Po raz pierwszy spędziłem z moją rodziną urlop w hotelu sportowym. Bardzo chciałem, aby moja żona i moje dzieci nauczyły się grać w tenisa. W domu nigdy nie ma na to czasu. Poza tym trudno nam skoordynować terminy. W hotelu mieliśmy codziennie lekcje z super trenerami i nie musieliśmy przejmować się pogodą, bo hotel dysponuje zarówno kortami otwartymi, jak i krytymi. Po intensywnym treningu mogliśmy odpoczywać w saunie albo na basenie. Świetnym zakończeniem urlopu był wspólny mecz, który pokazał nam, jak dużo nauczyliśmy się w tydzień.

Hallo, ich bin Patryk. Zum ersten Mal habe ich mit meiner Familie meinen Urlaub in einem Sporthotel verbracht. Mein großer Wunsch war es, dass meine Frau und meine Kinder Tennis spielen lernen. Zu Hause haben wir nie Zeit dafür. Außerdem fällt es uns schwer, alle Termine zu koordinieren. Im Hotel hatten wir jeden Tag Tennisstunden mit super Trainern und das Wetter hat uns gar nicht kümmern müssen, weil die Anlage sowohl über Outdoor- als auch Indoor-Tennisplätze verfügt. Nach einem intensiven Training konnten wir uns in der Sauna oder im Hallenbad ausruhen. Ein klasse Abschluss in Form eines gemeinsamen Tennisspiels rundete die Woche ab: Es zeigte uns, wie viel wir innerhalb einer Woche gelernt haben.

Übung 4 - Track 28

W czasie wolnym po prostu się wysypiam. Gdybym był 10 lat młodszy i miał więcej siły, chętnie uprawiałbym jakiś sport.

W wolnym czasie pracuję na działce. Miesiąc temu kupiliśmy z żoną mieszkanie, dlatego w wolnym czasie je remontuję. Gdybyśmy nie mieli ani działki, ani mieszkania, z pewnością jeździlibyśmy na wycieczki.

Co robię w wolnym czasie? Yyyhhhmmmm... Surfuję w Internecie, korzystam z serwisów społecznościowych takich jak Facebook lub Instagram. Szczerze mówiąc wolałabym chodzić do kina albo na kurs tańca, ale nie mam na to czasu.

Wolny czas? Nie mam takiego. Nie no, żartuję... Chodzę do pubu i czytam książki - uwielbiam science fiction. Nie powiem, czasem wolałbym chodzić na jakiś sensowny kurs i nauczyć się jakiegoś trudnego języka, na przykład chińskiego, ale muszę się dużo uczyć na studiach i nie chce mi się już uczyć w wolnym czasie.

W weekendy odwiedzam albo moją córkę albo mojego syna. Obydwoje mają dzieci, a ja uwielbiam moje wnuki. Czasem wolałabym spotkać się z przyjaciółmi, ale oni też odwiedzają swoje wnuki.

In der Freizeit schlafe ich einfach aus. Wenn ich zehn Jahre jünger wäre und mehr Kraft hätte, würde ich gerne Sport treiben.

In der Freizeit arbeite ich im Schrebergarten. Vor einem Monat habe ich mit meiner Frau eine Wohnung gekauft, die ich jetzt in der Freizeit renoviere. Hätten wir weder einen Schrebergarten noch eine Wohnung, würden wir mit Sicherheit öfter mal verreisen.

Was ich in der Freizeit mache? Ähm ... Ich surfe im Internet, nutze soziale Netzwerke wie Facebook oder Instagram. Ehrlich gesagt würde ich lieber ins Kino gehen oder einen Tanzkurs besuchen, aber ich habe dafür keine Zeit.

Freizeit? Ich habe keine. Nein, das war ein Scherz. Ich gehe in einen Pub und lese Bücher - ich liebe Science Fiction. Keine Frage, manchmal würde ich lieber einen sinnvollen Kurs besuchen und irgendeine schwere Sprache lernen, zum Beispiel Chinesisch. Da ich allerdings bereits viel für mein Studium lernen muss, will ich nicht unbedingt auch noch in meiner Freizeit pauken.

An Wochenenden besuche ich meine Tochter oder meinen Sohn. Beide haben bereits Kinder und ich liebe meine Enkel. Manchmal würde ich lieber meine Freunde treffen, aber sie besuchen ebenfalls ihre Enkelkinder.

Übung 5 - Track 29

1. Gdybym wygrał w lotka, kupiłbym sobie jacht.
2. Gdybym miał więcej czasu, pracowałbym w ogrodzie.
3. Gdybym była młodsza, nauczyłabym się jeździć konno.
4. Gdybym więcej zarabiał, jeździłbym regularnie na wycieczki.
5. Gdybym od jutra miała urlop, poleciałabym do Grecji.
6. Gdybym nie musiała iść do pracy, zostałabym w domu.

1. *Wenn ich im Lotto gewinnen würde, würde ich mir eine Yacht kaufen.*
2. *Wenn ich mehr Zeit hätte, würde ich mehr im Garten arbeiten.*
3. *Wenn ich jünger wäre, würde ich reiten lernen.*
4. *Wenn ich mehr verdienen würde, würde ich regelmäßig verreisen.*
5. *Wenn ich ab morgen Urlaub hätte, würde ich nach Griechenland fliegen.*
6. *Wenn ich nicht arbeiten müsste, würde ich zu Hause bleiben.*

LEKTION 8

Übung 1 - Track 30

1. Wsuń kartę.
2. Wybierz język.
3. Z listy na ekranie wybierz „wypłata gotówki".
4. Wprowadź swój 4-cyfrowy kod PIN.

5. Zatwierdź kod PIN klawiszem „akceptuj".
6. Wybierz kwotę wypłaty, np. 300 zł.
7. Zdecyduj, czy chcesz otrzymać potwierdzenie transakcji.
8. Wyjmij kartę w ciągu 30 sekund.

1. *Schieben Sie Ihre Karte hinein.*
2. *Wählen Sie die Sprache aus.*
3. *Wählen Sie aus der Liste auf dem Bildschirm „Geld abheben" aus.*
4. *Tippen Sie Ihre vierstellige PIN ein.*
5. *Bestätigen Sie die PIN mit der Taste „Eingabe".*
6. *Wählen Sie den Bargeldbetrag aus, z.B. 300 Zloty.*
7. *Entscheiden Sie, ob Sie eine Transaktionsbestätigung wollen.*
8. *Entnehmen Sie Ihre Karte innerhalb von 30 Sekunden.*

Übung 3 - Track 31

Gość hotelowy: Przepraszam, czy mogę tu w hotelu wymienić euro na złotówki?
Recepjonistka: Oj, niestety nie. Nie prowadzimy kantoru, ale zaraz obok hotelu, w galerii Nowa, są dwa kantory. Trzeci jest w Banku Polskim PKO jakieś 100 metrów od hotelu.
Gość hotelowy: Co jest bliżej? Galeria czy bank?
Recepjonistka: Galeria.
Gość hotelowy: A wie Pani może w jakich godzinach otwarty jest bank?
Recepjonistka: Już patrzę, momencik. Od 8 do 17:30.
Gość hotelowy: Dziękuję za informację!
Recepjonistka: Proszę bardzo i miłego dnia!

Hotelgast: *Entschuldigung, kann ich hier im Hotel Euro in Zloty wechseln? Empfangsdame: Oh, leider nein. Wir haben hier keine Wechselstube, aber gleich neben dem Hotel in der Einkaufsgalerie „Nowa" finden Sie zwei Wechselstuben. Die dritte befindet sich in der Bank Polski PKO, circa 100 Meter vom Hotel entfernt.*
Hotelgast: *Was ist näher dran? Die Galerie oder die Bank?*
Empfangsdame: *Die Galerie.*
Hotelgast: *Und kennen Sie vielleicht die Öffnungszeiten der Bank?*
Empfangsdame: *Moment, ich schaue. Von 8 bis 17:30 Uhr.*
Hotelgast: *Danke für die Information!*
Empfangsdame: *Bitte schön und einen schönen Tag!*

Übung 4 - Track 32

1. Czekać na wypłatę.
2. Dziękować za napiwek.
3. Myśleć o kredycie.
4. Oszczędzać na samochód.
5. Płacić za telefon.
6. Prosić o kredyt.
7. Przepraszać za pomyłkę.
8. Tęsknić za starą pracą.
9. Uważać na portfel.
10. Wydawać na urlop.

1. *Aufs Gehalt warten.*
2. *Sich fürs Trinkgeld bedanken.*
3. *An einen Kredit denken.*
4. *Für einen Pkw sparen.*
5. *Fürs Telefon zahlen.*
6. *Um einen Kredit bitten.*
7. *Sich für den Irrtum entschuldigen.*
8. *Den alten Job vermissen.*
9. *Auf die Geldbörse achten.*
10. *Geld für Urlaub ausgeben.*

Übung 5 - Track 33

Najwięcej pieniędzy wydaję na jedzenie. Prawie 25 procent moich dochodów przeznaczam na żywność i napoje bezalkoholowe.

Najwięcej wydajemy na opłaty. Co miesiąc musimy płacić za mieszkanie i media, czyli wodę, prąd i gaz. Do tego dochodzi jeszcze abonament za telefon, telewizję i internet oraz miesięczne opłaty za żłobek i przedszkole.

Na co najwięcej wydaję? Na czesne - około 400 zł miesięcznie. Na drugim miejscu jest jedzenie. A na trzecim akademik i rozrywka.

Das meiste Geld gebe ich fürs Essen aus. Fast 25 Prozent meiner Einkünfte gebe ich für Lebensmittel und alkoholfreie Getränke aus.

Das meiste Geld geben wir für Gebühren aus. Jeden Monat müssen wir die Miete und die Nebenkosten bezahlen, also Wasser, Strom und Gas. Hinzu kommen noch monatliche Telefon-, Fernseh- und Internetgrundgebühren sowie die Krippen- und Kindergarten-Gebühren.

Wofür ich das meiste Geld ausgebe? Für Studiengebühren - ca. 400 Zloty monatlich. Auf Platz zwei steht bei mir Essen und auf Platz drei Studentenwohnheim und Freizeit.

LEKTION 9

Übung 1 - Track 34

1. Rezerwat Biosfery Białowieża to ostatni pierwotny las Europy.
2. W Rezerwacie Biosfery Karpaty Wschodnie występują przepiękne łąki górskie (połoniny) oraz największy wąż europejski - wąż Eskulapa.
3. Tatrzański Rezerwat Biosfery to najwyższe polskie góry z krajobrazem alpejskim.
4. Rezerwat Biosfery Jezioro Łukajno znajduje się na terenie Mazur - Krainy Tysiąca Jezior.

1. *Das Naturschutzgebiet Białowieża ist der letzte Urwald Europas.*
2. *Im Naturschutzgebiet Ostkarpaten gibt es wunderschöne Bergweiden und die größte europäische Schlange - die Äskulapnatter.*
3. *Im Naturschutzgebiet Hohe Tatra befinden sich die höchsten Berge Polens mit Alpincharakter.*
4. *Das Naturschutzgebiet Łukajno-See befindet sich in den Masuren - dem Land der tausend Seen.*

Übung 2 - Track 35

1. tysiąc siedemset osiemdziesiąty dziewiąty
2. tysiąc osiemset dwunasty
3. tysiąc dziewięćset pięćdziesiąty pierwszy

4. tysiąc dziewięćset siedemdziesiąty siódmy
5. tysiąc dziewięćset osiemdziesiąty piąty
6. tysiąc dziewięćset dziewięćdziesiąty czwarty
7. dwa tysiące drugi
8. dwa tysiące osiemnasty

1. *siebzehnhundertneunundachtzig (1789)*
2. *achtzehnhundertzwölf (1812)*
3. *neunzehnhunderteinundfünfzig (1951)*
4. *neunzehnhundertsiebenundsiebzig (1977)*
5. *neunzehnhundertfünfundachtzig (1985)*
6. *neuzehnhundertvierundneunzig (1994)*
7. *zweitausendzwei (2002)*
8. *zweitausendachtzehn (2018)*

Übung 3 – Track 36

1. Rezerwat Biosfery Białowieża wpisany został na listę UNESCO w 1976 roku.
2. Rezerwat Biosfery Jezioro Łukajno wpisano na listę UNESCO w 1977 roku.
3. Rezerwat Biosfery Karpaty Wschodnie znajduje się na liście UNESCO od 1992 roku.
4. Tatrzański Rezerwat Biosfery figuruje na liście UNESCO od 1992 roku.

1. *Das Naturschutzgebiet Białowieża wurde 1976 in die Liste des UNESCO-Weltnaturerbes aufgenommen.*
2. *Das Naturschutzgebiet Łukajno-See wurde 1977 in die Liste des UNESCO-Weltnaturerbes aufgenommen.*
3. *Das Naturschutzgebiet Ostkarpaten befindet sich seit 1992 auf der Liste des UNESCO-Weltnaturerbes.*
4. *Das Naturschutzgebiet Hohe Tatra befindet sich seit 1992 auf der Liste des UNESCO-Weltnaturerbes.*

Übung 4 – Track 37

1. W Polsce istnieje wiele form ochrony przyrody. Oto trzy przykłady: parki narodowe, rezerwaty przyrody oraz ochrona gatunkowa roślin, zwierząt i grzybów.
2. Aktualnie w Polsce istnieją 23 parki narodowe. Najmniejszy jest Ojcowski Park Narodowy – 2146 ha, zaś największy Biebrzański Park Narodowy – 59 223 ha.
3. Do zwierząt chronionych w Polsce zaliczane są m.in. liczne gatunki ssaków (np. niedźwiedź brunatny, wilk i żubr), ptaków (np. bocian biały), gadów (np. wąż Eskulapa) i owadów (np. modliszka zwyczajna).
4. Żubr – krewniak bizona – jest symbolem Białowieskiego Parku Narodowego. Samiec ma do 2 m wysokości i waży do 1000 kg.

1. *In Polen existieren viele Formen des Naturschutzes. Hier drei Beispiele: Nationalparks, Naturschutzgebiete und Artenschutz von Pflanzen, Tieren und Pilzen.*
2. *Aktuell gibt es in Polen 23 Nationalparks. Der kleinste von ihnen ist der Ojcowski Nationalpark (2146 ha), der größte ist der Biebrzański Nationalpark (59 223 ha).*
3. *Als Tiere unter Naturschutz gelten in Polen u.a. zahlreiche Säugetier- (z.B. Braunbär, Wolf und Wisent), Vogel- (z.B. Weißstorch), Reptilien- (z.B. Äskulapnatter) und Insektenarten (z.B. Europäische Gottesanbeterin).*
4. *Der Wisent – eng verwandt mit dem Bison – ist das Symbol des Nationalparks Białowieża. Die Männchen erreichen eine Höhe von bis zu 2 Metern und ein Gewicht von bis zu 1000 Kilogramm.*

LEKTION 10

Übung 1 – Track 38

Małgorzata: Od ilu lat mieszkasz i pracujesz w Polsce?
Ute: Moment, muszę się chwilę zastanowić... No, już od dwudziestu lat chyba. Tak, dokładnie. Od 1998 roku.
Małgorzata: Dlaczego postanowiłaś opuścić Niemcy i wyemigrować akurat do Polski?
Ute: Studiowałam slawistykę i interesowałam się ekonomią, ale po prostu nie miałam ochoty pracować w Niemczech i uznałam, że w Polsce będę miała lepsze możliwości zawodowe.
Małgorzata: Czy po dwudziestu latach w Polsce nadal tak twierdzisz?
Ute: Zdecydowanie tak i nawet nie myślę o tym, żeby wracać do Niemiec! Ta kombinacja – slawistyka i ekonomia – to był strzał w dziesiątkę. Poza tym fakt, że niemiecki jest moim językiem ojczystym, okazał się być bardzo przydatny. Dzięki niemu od razu dostałam pracę w dużej niemieckiej firmie w Warszawie.

Małgorzata: *Seit wie vielen Jahren lebst und arbeitest du in Polen?*
Ute: *Moment, da muss ich mal kurz nachdenken ... Ich glaube, seit 20 Jahren schon. Ja genau, seit 1998.*
Małgorzata: *Warum hast du die Entscheidung getroffen, Deutschland zu verlassen und ausgerechnet nach Polen auszuwandern?*
Ute: *Ich habe Slawistik studiert und mich für Wirtschaft interessiert und ich hatte einfach keine Lust, nach dem Studium in Deutschland zu arbeiten. Ich habe dann für mich beschlossen, dass ich in Polen bessere Berufschancen haben werde.*
Małgorzata: *Kannst du das nach 20 Jahren in Polen bestätigen?*
Ute: *Absolut. Ich denke keinen Moment darüber nach, nach Deutschland zurückzukehren! Diese Kombination – Slawistik und Wirtschaft – das war der Volltreffer. Die Tatsache, dass Deutsch meine Muttersprache ist, erwies sich außerdem als sehr nützlich. Dadurch habe ich sofort einen Job in einer deutschen Firma in Warschau bekommen.*

Übung 2 – Track 39

1. Jak podaje niemiecki tygodnik „Der Spiegel" coraz więcej Niemców z północno-wschodniego regionu Meklemburgii przyjeżdża pracować do Polski, głównie do Szczecina.
2. Land Meklemburgia to najbiedniejszy region Niemiec, w którym bezrobocie sięga nawet 19 procent. To właśnie mieszkańcy tego regionu często dojeżdżają do pracy w Szczecinie, który nadal rozwija się gospodarczo i jest coraz bardziej atrakcyjny dla Niemców.
3. Według tygodnika „Der Spiegel" w Szczecinie i regionie Pomorza pracuje około 2500 Niemców głównie

3

AUDIOTEXTE

w branży budowlanej, porcie szczecińskim oraz w centralach telefonicznych.

1. *Laut dem deutschen Wochenmagazin „Der Spiegel" kommen immer mehr Deutsche aus dem nordöstlichen Gebiet Mecklenburgs nach Polen zum Arbeiten, hauptsächlich nach Stettin.*
2. *Das Land Mecklenburg ist die ärmste Region Deutschlands, in der die Arbeitslosenquote 19 Prozent beträgt. Die Einwohner aus eben dieser Region pendeln jeden Tag nach Stettin, das sich wirtschaftlich immer weiter entwickelt und immer attraktiver für Deutsche wird.*
3. *Laut dem deutschen Wochenmagazin „Der Spiegel" arbeiten ca. 2500 Deutsche in Stettin und in der Region Pommern - hauptsächlich in der Baubranche, im Stettiner Hafen und in Call-Centern.*

Übung 3 - Track 40

1. Ute od razu dostała pracę w dużej niemieckiej firmie dzięki znajomości języka niemieckiego.
2. Ralf-Dieter dostał ofertę pracy jako doradca techniczno-handlowy w porcie szczecińskim dzięki wieloletniemu doświadczeniu w branży morskiej.
3. Anke szybko znalazła zatrudnienie jako konsultantka ds. obsługi kontrahentów zagranicznych dzięki doświadczeniu w obsłudze klienta oraz znajomości języków obcych.
4. Olaf dostał bardzo dobrze płatną pracę w branży budowlanej dzięki znajomości technologii energooszczędnych.
5. Anna-Lena dobrze mówi po polsku dzięki semestrowi zagranicznemu w Polsce.

1. *Dank ihrer Deutschkenntnisse hat Ute sofort einen Job in einer großen deutschen Firma gefunden.*
2. *Dank seiner langjährigen Erfahrung in der Schifffahrtsindustrie hat Ralf-Dieter ein Stellenangebot als technischer Handelsberater im Stettiner Hafen bekommen.*
3. *Dank ihrer Erfahrung im Kundenservice und ihrer Fremdsprachenkenntnisse hat Anke schnell eine Beschäftigung als Beraterin ausländischer Vertragspartner gefunden.*
4. *Dank seiner Kenntnis von Energiespartechnologien hat Olaf einen sehr gut bezahlten Job in der Baubranche bekommen.*
5. *Dank einem Auslandssemester in Polen spricht Anna-Lena gut Polnisch.*

Übung 4 - Track 41

1. Dzięki mojemu szefowi wyjechałam do Niemiec.
2. Czy ma Pani jakieś lekarstwo przeciw grypie?
3. Wbrew mojej rodzinie wyemigrowałam do Stanów.
4. Dzięki twojej znajomej znalazłam pracę w Gdańsku.
5. Oni protestują przeciwko przepisom podatkowym.
6. Wbrew pozorom nie jestem zawodowcem.

1. *Dank meinem Chef bin ich nach Deutschland ausgewandert.*
2. *Haben Sie ein Medikament gegen Grippe?*
3. *Entgegen meiner Familie bin ich in die USA ausgewandert.*
4. *Dank deiner Bekannten habe ich einen Job in Danzig gefunden.*
5. *Sie protestieren gegen Steuervorschriften.*
6. *Entgegen allem Anschein bin ich kein Profi.*

Polnische Aufgabenstellungen und ihre deutschen Entsprechungen

Co znajduje się w klubie sportowym?	*Was befindet sich im Sportklub?*
Co może być poddane recyclingowi?	*Was kann recycled werden?*
Co mówi gość hotelowy: a czy b?	*Was sagt der Hotelgast: a oder b?*
Czego dowiaduje się Pan(i) o tych osobach?	*Was erfahren Sie über die Personen?*
Czy podkreślone słowo to imiesłów przymiotnikowy czynny czy bierny?	*Ist das unterstrichene Adjektiv Partizip Präsens oder Präteritum?*
Dzięki czemu?	*Dank was?*
Gdzie można przechowywać pieniądzie? Zdjęcia pomogą Pani/Panu odgadnąć, o jakie osiem słów tu chodzi.	*Wo kann man Geld aufbewahren? Die Bilder helfen Ihnen zu erraten, um welche neun Wörter es hier geht.*
Gdzie można to powiedzieć?	*Wo kann man das sagen?*
Jak to powiedzieć po polsku, gdy... ?	*Was sagen Sie auf Polnisch, wenn ...?*
Jaki lekarz specjalista jest tu potrzebny?	*Welcher Facharzt wird hier gebraucht?*
Jakie nagrody pieniężne można wygrać w Milionerach?	*Welche Geldpreise kann man beim Spiel Milionerzy gewinnen?*
Która forma imiesłowu jest poprawna?	*Welche Partizipform ist die richtige?*
Która odpowiedź pasuje do którego pytania?	*Welche Antwort passt zu welcher Frage?*
Która z fotografii na tej stronie pasuje Pani/Pana zdaniem najlepiej do tekstu Studiować w Polsce?	*Welches der auf dieser Seite präsentierten Bilder passt Ihrer Meinung nach am besten zu dem Infokästchen Studiować w Polsce?*
Która z podanych reakcji pasuje do danej sytuacji?	*Welche Reaktionen passen zu der Situation?*
Które tłumaczenie jest poprawne?	*Welche Übersetzung ist richtig?*
Które zdania pasują do tekstu?	*Welche Aussagen passen zum Text?*
Które zwroty pasują do której sytuacji?	*Welcher Satz passt zu welcher Situation?*
Na co najwięcej/najmniej... ludzi w Pani/Pana kraju wydaje pieniądze?	*Wofür geben die meisten/wenigsten ... Menschen in Ihrem Land Geld aus?*
Na co te osoby wydają pieniądze?	*Wofür geben die Menschen ihr Geld aus?*
Następnie proszę wysłuchać nagrania i porównać.	*Hören und vergleichen Sie anschließend.*
Podane w nawiasie imiona pomogą Państwu przy wyborze odpowiedniej formy osobowej.	*Die in Klammern angegebenen Namen helfen Ihnen bei der Wahl der korrekten Personalform.*
Poznali już Państwo ...	*Sie haben schon ...*
... sporo słówek.	*... eine Menge Vokabeln kennen gelernt.*
... sporo zwrotów, których można użyć w różnych sytuacjach.	*... viele Ausdrücke kennen gelernt, die in unterschiedlichen Situationen angewendet werden können.*
Proszę dopasować ...	*Ordnen Sie ...*
... komunikaty do pasujących fotografii wpisując odpowiedni numer.	*... die Zeitungsmeldungen den Bildern zu, indem Sie die passenden Nummern eintragen.*
... wyrazy (z ćwiczenia nr. 1) do poniższych fotografii.	*... die Wörter (aus der Übung Nr. 1) den folgenden Bildern zu.*
... zdania do poniższych fotografii.	*... die Sätze den folgenden Bildern zu.*
... poniższe zwroty do podanych trzech kategorii.	*... die folgenden Redemittel den passenden drei Kategorien zu.*

Proszę napisać ...	*Schreiben Sie ...*
... pytania do podkreślonych części zdania.	*... Fragen zu den unterstrichenen Satzteilen.*
... pytania o uzupełnienie w drugiej osobie liczby pojedynczej.	*... Ergänzungsfragen in der Du-Form.*
... zdania w trybie przypuszczającym.	*... irreale Konditionalsätze.*
... zdania z czasownikami oraz przyimkami z celownikiem.	*... Sätze mit Verben und Präpositionen mit Dativ.*
... zdania z czasownikami/przymiotnikami z przyimkami.	*... Sätze mit Verben/Adjektiven mit Präpositionen.*
Proszę odnaleźć nazwy ośmiu gier ukrytych poniżej.	*Finden Sie die versteckten Namen von acht Spielen.*
Proszę opowiedzieć o poniższych osobach i ich sposobie spędzania czasu wolnego tworząc zdania z podanych elementów.	*Sprechen Sie über die Personen und ihre Freizeit, indem Sie Sätze aus den aufgeführten Elementen bilden.*
Proszę połączyć ...	*Verbinden Sie ...*
... pary polsko-niemieckie.	*... die polnisch-deutschen Paare.*
... pytania z pasującymi odpowiedziami.	*... die Fragen mit den passenden Antworten.*
... reakcje z niemieckimi odpowiednikami.	*... die Reaktionen mit ihren deutschen Entsprechungen.*
Proszę ponumerować ...	*Nummerieren Sie ...*
... fragmenty w odpowiedniej kolejności.	*... die Fragmente in der richtigen Reihenfolge.*
... zdania w odpowiedniej kolejności.	*... die Sätze in der richtigen Reihenfolge.*
Proszę (ponownie) przeczytać ...	*Lesen Sie (noch einmal)...*
... fragmenty tekstu i dopasować odpowiednie nagłówki.	*... die Textabschnitte und ordnen Sie die Überschriften zu.*
... polecenia i połączyć je z niemieckimi odpowiednikami.	*... die Anweisungen und verbinden Sie sie mit ihren deutschen Entsprechungen.*
... tekst i odpowiedzieć na poniższe pytania.	*... den Text und beantworten Sie anschließend die Fragen.*
... tekst i zaznaczyć poprawne odpowiedzi.	*... den Text und kreuzen Sie die korrekten Aussagen an.*
Proszę przekształcić imiesłowy na zdania względne.	*Wandeln Sie die adjektivischen Partizipien in Relativsätze um.*
Proszę przyporządkować ...	*Ordnen Sie ...*
... 41 słówek z lekcji 6-10 do pasujących kategorii.... śmieci do pasujących kategorii.	*... 41 Wörter aus den Lektionen 6-10 den passenden Wortfeldern zu.* *... die Abfälle den passenden Oberbegriffen zu.*
... zdania z dialogów do sytuacji wpisując pasujące cyfry.	*... die Dialogteile den Situationen zu, indem Sie die passenden Ziffern eintragen.*
Proszę rozdzielić i zapisać odpowiednio słowa, tak aby powstały	*Finden Sie Wortgrenzen und schreiben Sie ...*
... przysłowia.	*... Redewendungen.*
... zdania/zdania pytające (na temat zdrowia).	*... Sätze/Fragesätze (zum Thema Gesundheit).*
... zdania rozkazujące.	*... Aufforderungssätze.*
Proszę tak przestawić litery, aby powstały rzeczowniki odczasownikowe.	*Stellen Sie die Buchstaben in den Wörtern so um, dass von Verben abgeleitete Substantive entstehen.*

Proszę ułożyć zdania z podanych elementów według podanego wzoru.	*Bilden Sie Sätze aus den Redemitteln nach dem vorgegebenen Muster.*
Proszę utworzyć ...	*Bilden Sie ...*
... formy grzecznościowe z cząstką -by w liczbie pojedynczej. Które zdania są dosyć nieuprzejme?	*... die by-Konstruktionen in der 2. Person (Höflichkeitsform). Welche Aufforderungen sind ziemlich unhöflich?*
... formy podanych w nawiasie rzeczowników w liczbie mnogiej.	*... Pluralformen von den in Klammern angegebenen Substantiven.*
... od podanych form podstawowych czasowników formy z cząstką -by w drugiej osobie (rodzaj męski oraz żeński) liczby pojedynczej.	*... aus den angegebenen Infinitivformen by-Konstruktionen in der zweiten Person Singular, maskulin und feminin.*
Proszę uzasadnić swój wybór i opisać fotografię za pomocą zwrotów z ćwiczenia nr. 12.	*Begründen Sie Ihre Wahl und beschreiben Sie das Foto mit Hilfe der Redemittel aus der Übung 12.*
Proszę uzupełnić ...	*Ergänzen Sie ...*
... brakujące samogłoski A, E i O.	*... die fehlenden Vokale A, E und O.*
... czasowniki w czasie teraźniejszym.	*... die Verben im Präsens.*
Proszę (ponownie) wysłuchać nagrania...	*Hören Sie (noch einmal) zu und ...*
... i połączyć pasujące części zdań.	*... verbinden Sie die passenden Satzteile.*
... i uzupełnić.	*... ergänzen Sie.*
... i zaznaczyć pasujące do nagrania zdania.	*... kreuzen Sie zum Hörtext passende Aussagen an.*
... i zaznaczyć pasujące formy celownika.	*... kreuzen Sie die korrekten Dativformen an.*
... z ćwiczenia numer 1 i wpisać numery zdań do pasujących odpowiedników w języku niemieckim.	*... die Aufforderungen aus der Übung 1. Ordnen Sie sie den deutschen Entsprechungen zu.*
Proszę wysłuchać wypowiedzi osób widocznych na zdjęciach. Co one robią w czasie wolnym? Co chciałyby robić?	*Hören Sie, was die Menschen in ihrer Freizeit machen. Was würden sie lieber tun?*
Proszę zapisać ...	*Schreiben Sie ...*
... daty słowami.	*... die Jahresangaben in Worten.*
... liczby słowami.	*... die Beträge in Worten.*
Proszę zaznaczyć ...	*Kreuzen Sie ... an.*
... formy w celowniku.	*... Dativformen...*
... pasujące odpowiedzi.	*... die passenden Antworten...*
... pasujące pytania.	*... die passenden Fragen...*
... pasujące wyrazy.	*... passende Wörter...*
... pasujące zdania.	*... passende Sätze...*
... poprawną formę czasownika.	*... die richtige Verbform...*
... poprawne przyimki.	*... passende Präpositionen...*
Quiz wiedzy o Polsce.	*Polen Quiz.*
Silke pyta w biurze rzeczy znalezionych na warszawskim lotnisku o swój portfel.	*Silke fragt in einem Fundbüro am Warschauer Flughafen nach ihrem Portemonnaie.*
W których pytaniach negocjowana jest cena?	*In welchen Fragen wird der Preis verhandelt?*
W tych zdaniach są błędy. Proszę je poprawić.	*Hier hat sich der Fehlerteufel eingeschlichen. Korrigieren Sie die Sätze.*

1 DAS SUBSTANTIV

1.1 Finite Verbformen

Die finiten Verbformen sind nach Person, Numerus (Zahl), Genus (Geschlecht), Aspekt (Handlungsart), Modus (Aussageweise) und verbalem Genus (Handlungsform) bestimmt.

a) Person, Numerus, Tempus, Modus und Genus:

Das Präsens, das vollendete Futur und das unvollendete Futur (nur die Variante **być** + Infinitiv) haben zwei Numeri (Singular und Plural) und jeweils drei Personen (erste, zweite und dritte Person). Das Präteritum, der Konjunktiv und das unvollendete Futur (nur die Variante **być** +3. Pers. Prät.) haben drei Personen, zwei Numeri (Singular und Plural) und jeweils zwei Formen des grammatischen Geschlechts: maskulin und feminin im Singular sowie maskulin-personal (mpG) + gemischt-geschlechtlich (ggG) und feminin im Plural. In der nachstehenden Tabelle werden alle diese Formen am Beispiel des Verbs **pisać*** *(schreiben)* dargestellt:

Num.	Person	Präsens	Präteritum		Konjunktiv	
Sg.			maskulin	feminin	maskulin	feminin
	(ja)** *ich*	piszę	pisałem	pisałam	pisałbym	pisałabym
	(ty) *du*	piszesz	pisałeś	pisałaś	pisałbyś	pisałabyś
	on *er*	pisze	pisał		pisałby	
	ona *sie*	pisze		pisała		pisałaby
	ono *es*	pisze	pisało		pisałoby	
Pl.			mpG + ggG	feminin	mpG + ggG	feminin
	(my) *wir*	piszemy	pisaliśmy	pisałyśmy	pisalibyśmy	pisałybyśmy
	(wy) *ihr*	piszecie	pisaliście	pisałyście	pisalibyście	pisałybyście
	oni *sie****	piszą	pisali		pisaliby	
	one *sie*	piszą		pisały		pisałyby

Num.	Pers.	vollendetes Futur	unvollendetes Futur* von być + 3. Pers. Prät.		unv. Futur* v. *być* + Infinitiv
Sg.			maskulin	feminin	
	(ja)**	napiszę*	będę pisał	będę pisała	będę pisać
	(ty)	napiszesz	będziesz pisał	będziesz pisał	będziesz pisać
	on	napisze	będzie pisał		będzie pisać
	ona	napisze		będzie pisała	będzie pisać
	ono	napisze	będzie pisało		będzie pisać
Pl.			Personalform	Sachform	
	(my)	napiszemy	będziemy pisali	będziemy pisały	będziemy pisać
	(wy)	napiszecie	będziecie pisali	będziecie pisały	będziecie pisać
	oni***	napiszą	będą pisali		będą pisać
	one	napiszą		będą pisały	będą pisać

* Das Verb **pisać** *(schreiben)* ist ein imperfektives Verb und kann nur das zusammengesetzte unvollendete Futur bilden. Seine perfektive Entsprechung **napisać** *(schreiben)* bildet dagegen das einfache vollendete Futur. Der vollendete Aspekt des Verbs kommt im Präsens nicht vor.

Die Form des unvollendeten Futurs von **być** + 3. Person Präteritum wird im heutigen Polnisch immer häufiger gebraucht. Der anderen Form des unvollendeten Futurs (**być** + Infinitiv) gegenüber ist sie viel produktiver, weil sie zusätzlich über das grammatische Geschlecht des Handlungsträgers informiert.

** Da die Personalpronomen **ja**, **ty**, **my**, **wy** in einer Aussage ausgelassen werden können, stehen sie im Konjugationsmuster in Klammern.

Jestem Paweł Śniegocki.	*Ich bin Paweł Śniegocki.*
Jesteś punktualny.	*Du bist pünktlich.*

Sie werden nur dann gebraucht, wenn sie besonders betont werden sollen.

*** Im Unterschied zum Deutschen gibt es im Polnischen in der 3. Pers. Pl. zwei Personalpronomen, nämlich:

oni – für maskuline personale Substantive und gemischte Personengruppen,
one – für feminine personale Substantive und alle nichtpersonalen Substantive

b) Aspekt:
Fast von allen Verben lassen sich zwei Aspekte bilden, d.h. der unvollendete (imperfektive) und der vollendete (perfektive) Aspekt, z.B. **pisać – napisać** *(schreiben)*.

c) Modus:
Im Polnischen gibt es drei Modi: Indikativ/Wirklichkeitsform, Konjunktiv/Möglichkeitsform und Imperativ/Befehlsform, z.B. **pisałem** *(ich schrieb/habe geschrieben)* – **pisałbym** *(ich schriebe/hätte geschrieben)* – **pisz!** *(schreib!)*.

d) Verbales Genus:
Die Verbformen treten in drei Genera auf, d.h. im Aktiv, Passiv, und im Reflexiv, z.B. **myję** *(ich wasche)*, **jestem myty** *(ich werde gewaschen)*, **myję się** *(ich wasche mich)*.

1.2 Infinite Verbformen

Zu den infiniten Verbformen zählen:

a) Infinitiv:
Der Infinitiv ist die Grundform des Verbs, die bei den meisten polnischen Verben auf **-ć** endet, z.B.: **pisać** *(schreiben)*, **czytać** *(lesen)*.

b) adjektivische Partizipien:
Sie werden durch Kasus, Numerus und Genus gebeugt, z.B.:
piszący, **-a**, **-e** *(der, die, das schreibende)*, **pisany**, **-a**, **-e** *(der, die, das geschriebene).*

c) adverbiale Partizipien:
Sie sind weder konjugierbar noch deklinierbar, z.B.: **pisząc** *(schreibend)*, **napisawszy** (zu übersetzen mit Hilfe des Temporalsatzes mit der Konjunktion nachdem).

d) unpersönliche Verbformen auf **-no**, **-to**, z.B.: **pisano** *(man schrieb)*, **bito** *(man schlug).*

1.3 Adjektivische Partizipien

Das Polnische kennt zwei adjektivische Partizipien, nämlich das Partizip Präsens (Aktiv) und das Partizip Präteritum (Passiv).

Das Partizip Präsens (Aktiv) wird nur von imperfektiven Verben durch Anhängen von **-cy**, **-ca**, **-ce** (abhängig von Genus und Numerus) an die 3. Pers. Pl. gebildet.

Infinitiv		3. Pers. Pl.	Part. Präs. Akt.
wisieć	*hängen*	wiszą	wiszą**cy**, **-ca**, **-ce**
spać	*schlafen*	śpią	śpią**cy**, **-ca**, **-ce**
męczyć	*anstrengen*	męczą	męczą**cy**, **-ca**, **-ce**
stać	*stehen*	stoją	stoją**cy**, **-ca**, **-ce**

Das Partizip Präsens Aktiv von **być** *(sein)* heißt **będący**, **-ca**, **-ce**.

5

Das Partizip Präteritum (Passiv) wird vom Infinitiv der perfektiven und der imperfektiven Verben (ähnlich wie die so genannten Verbalsubstantive) gebildet, indem man die Infinitivendung durch **-ny**, **-na**, **-ne** bzw. **-ty**, **-ta**, **-te** (abhängig von Genus und Numerus) ersetzt:

-a-ny bei Verben auf **-ać**, **-eć**:
przepisać → przepisany *abgeschrieben*
zapomnieć → zapomniany *vergessen*

-o-ny bei Verben auf **-ść** und **-źć**:
nieść → niesiony *getragen*
wieźć → wieziony *gefahren*

-o-ny bei Verben auf **-ić**, **-yć** und **-c**. Bei der Bildung des Partizips geht man hier von der 1. Pers. Sg. Präsens aus, indem man die Personalendung **-ę** durch die Partizipialendung **-ony** (Plural Personalform **-eni**) ersetzt:
zrobić → zrobię → zrobiony *gemacht*
pożyczyć → pożyczę → pożyczony *geliehen*
strzec → strzegę → strzeżony *bewacht; g* wird zu *ż*
piec → piekę → pieczony *gebacken; k* wird zu *cz*

GRAMMATIK

-ty bei einsilbigen Verben auf **-ić**, **-uć**, **-yć**:

pić	→ pity	*getrunken*
żuć	→ żuty	*gekaut*
zażyć	→ zażyty	*(ein)genommen*

-ęty/-ony bei Verben auf **-nąć**:

ciągnąć	→ ciągnięty/ciągniony	*gezogen*
uniknąć	→ uniknięty/unikniony	*vermieden*

Beide Formen sind gleichwertig.

Das Partizip Präteritum (Passiv) kann nur von transitiven Verben gebildet werden.

In ihrer attributiven Funktion werden die Partizipien wie Adjektive dekliniert:

	Nominativ Singular			**Nominativ Plural**	
	maskulin	**feminin**	**neutral**	**mpG + ggG**	**feminin**
kupować ipf. *kaufen*	kupujący kupowany	kupująca kupowana	kupujące kupowane	kupujący kupowane	kupujące kupowane
kupić pf. *kaufen**	kupiony	kupiona	kupione	kupieni	kupione
bić *schlagen*	bity	bita	bite	bici	bite

*Von imperfektiven Verben, z.B. **kupować**, können sowohl das Partizip Präsens als auch das Partizip Präteritum gebildet werden. Von perfektiven Verben, z. B. **kupić**, kann dagegen nur das Partizip Präteritum gebildet werden.

Die Personalform des Plurals hat bei den Verben auf **-ić**, **-yć** die Endung **-eni** und bei einsilbigen Verben auf **-ić**, **-uć**, **-yć** die Endung **-ci**.

Beide Partizipien dienen zur Verkürzung von Relativsätzen. Sie stimmen in Genus, Numerus und Kasus mit dem Bezugswort überein.

Partizip Präsens (Aktiv)

Komisarz odczytał godzinę na zegarze wiszącym na ścianie.	*Der Kommissar hat die Uhrzeit von der Uhr abgelesen, die an der Wand hing.*
Komisarz odczytał godzinę na wiszącym na ścianie zegarze. *oder* Komisarz odczytał godzinę na zegarze, który wisiał na ścianie.	*Der Kommissar hat die Uhrzeit von der an der Wand hängenden Uhr abgelesen.*

Partizip Präteritum (Passiv)

Paweł przeczytał kryminał, który pożyczył od Piotra.	*Paul hat den Krimi gelesen, den er von Peter geliehen hat.*
Paweł przeczytał pożyczony od Piotra kryminał. *oder* Paweł przeczytał kryminał pożyczony od Piotra.	*Paul hat den von Peter geliehenen Krimi gelesen.*

1.4 Der Aspekt

Eine wichtige Rolle spielen im Polnischen der vollendete (perfektive) und der unvollendete (imperfektive) Aspekt der Verben.
Durch die Wahl des entsprechenden Aspekts hat der Sprecher die Möglichkeit, seinem Partner zu signalisieren, in welcher Phase sich die bezeichnete Handlung befindet. Verben des vollendeten Aspekts (perfektive Verben) bezeichnen eine Handlung in ihrer Einmaligkeit und/oder in ihrem Ergebnis. Verben des unvollendeten Aspekts (imperfektive Verben) bezeichnen dagegen nur die Handlung in ihrem Verlauf, ihrem Andauern und ihrer Wiederholung - ohne Hervorhebung von Beginn oder Ergebnis. (Weitere Erläuterungen zum Aspekt bei Tempusformen)

On chce napisać list. *Er will den Brief schreiben.*
(Ausdruck der Absicht, den Brief zu beginnen und ihn zu Ende zu schreiben)

On chce pisać list. *Er will den Brief schreiben.*
(Nennen der beabsichtigten Tätigkeit, ohne diese in Bezug auf ihr Ergebnis zu bestimmen.)

Verben des vollendeten und des unvollendeten Aspekts bilden jeweils Verbpaare mit gleicher Grundbedeutung, aber unterschiedlichem Aspekt. Sie können, müssen aber nicht derselben Konjugationsklasse angehören. Die Präsensformen der vollendeten/perfektiven Verben haben die Bedeutung des Futurs. Das Präsens der unvollendeten/imperfektiven Verben gibt den Verlauf einer Handlung in der Gegenwart ohne zeitliche Einschränkung wieder.

imperfektiv (Präsens)		perfektiv (Futur)	
piszę	*ich schreibe*	napiszę	*ich werde geschrieben haben*
jadę	*ich fahre*	pojadę	*ich werde gefahren sein*
zamawiam	*ich bestelle*	zamówię	*ich werde bestellt haben*
kupuję	*ich kaufe*	kupię	*ich werde gekauft haben*

Perfektive Verben können von imperfektiven Verben auf verschiedene Art abgeleitet werden:

Bildungsweise	imperfektiv	perfektiv	
durch ein Präfix:	jechać pisać robić	pojechać napisać zrobić	*fahren* *schreiben* *machen*
durch Veränderung im Wortstamm:	zamawiać wstawać kupować	zamówić wstać kupić	*bestellen* *aufstehen* *kaufen*
durch ein anderes Verb:	brać mówić widzieć	wziąć powiedzieć zobaczyć	*nehmen* *sagen* *sehen*

Einige Verben haben nur die imperfektive Form, z.B.: **być** *(sein)*, **mieć** *(haben)*, **umieć** *(können)*, **móc** *(können)*, **musieć** *(müssen)*.

In der nachstehenden Übersicht werden alle Verbformen am Beispiel der Aspektpaare **pisać** ipf. – **napisać** pf. *(schreiben)* und **brać** ipf. – **wziąć** pf. *(nehmen)* angegeben.

	imperfektiv		perfektiv	
Infinitiv	pisać	brać	napisać	wziąć
Präsens	piszę	biorę	–	–
Präteritum	pisałem	brałem	napisałem	wziąłem
vollendetes Futur	–	–	napiszę	wezmę
unvollendetes Futur	będę pisał będę pisać	będę brał będę brać	–	–
Konjunktiv	pisałbym	brałbym	napisałbym	wziąłbym
Imperativ	pisz!	bierz!	napisz!	weź!

Iterative Verben

Eine besondere Gruppe der imperfektiven Verben bilden die so genannten iterativen/usuellen Verben, die zur Bezeichnung einer wiederholten bzw. einer zur Gewohnheit gewordenen Handlung verwendet werden. Sie werden ins Deutsche mit *pflegen, etwas zu tun* übersetzt, z.B.: **mawiać** *(zu sagen pflegen)*, **sypiać** *(zu schlafen pflegen)*. Iterative Verben haben in ihrem Stamm oft ein **-a-** und ihr Infinitiv endet auf **-ać**. In Sätzen mit iterativen Verben treten oft Zeitadverbien auf, die die Häufigkeit der Handlung zusätzlich hervorheben.

Imperfektive Verben

		iterativ	
spać	*schlafen*	sypiać	Często sypiam po obiedzie.
			Oft pflege ich nach dem Mittagessen zu schlafen.
jeść	*essen*	jadać	Czasami jadam w lokalu.
			Manchmal pflege ich in einem Lokal zu essen.
mówić	*sagen*	mawiać	Niejednokrotnie mawiano ...
			Mehrmals pflegte man zu sagen ...

Zu dieser Gruppe gehören auch die Verben der Fortbewegung mit ihren iterativen Formen, die eine wiederholte Handlung bezeichnen.

	Iterative Handlungsformen	
iść	chodzić	*gehen*
jechać	jeździć	*fahren*
biec	biegać	*laufen*
płynąć	pływać	*schwimmen*
lecieć	latać	*fliegen*
wieźć	wozić	*befördern*
nieść	nosić	*tragen*

1.5 Präsens

Im Präsens wird das Verb nach Person und Numerus konjugiert. Nur unvollendete Verben bilden die Präsensformen.
Mit dem Präsens berichtet der Sprechende über:

- Handlungen, die zum Redezeitpunkt stattfinden:
  Janek gra w piłkę. *Janek spielt Fußball.*
- Handlungen, die wiederholt bzw. gewohnheitsmäßig ablaufen:
  Codziennie kupuję gazetę. *Jeden Tag kaufe ich die Zeitung.*
- Handlungen, die in der Vergangenheit begonnen haben und in der Gegenwart fortgesetzt werden:
  Robert studiuje na uniwersytecie. *Robert studiert an der Universität.*
- Eigenschaften bzw. Fähigkeiten:
  Śnieg jest biały. *Der Schnee ist weiß.*
  Mówię po niemiecku. *Ich spreche Deutsch.*

Im Deutschen bezeichnen die Präsensformen oft zukünftige Handlungen. Sie werden im Polnischen mit Hilfe der perfektiven Verben im Futur ausgedrückt.

Odwiedzę cię jutro. *Ich besuche dich morgen.*

1.6 Präteritum

Das Polnische hat nur eine Vergangenheitsform, das Präteritum. Die Präteritumformen werden vom Infinitivstamm perfektiver und imperfektiver Verben gebildet, an den entsprechende Konjugationsformen und Personalendungen angefügt werden.
Im Präteritum wird das Verb nach Person, Numerus und zusätzlich nach grammatischem Geschlecht konjugiert. Im Präteritum Singular gibt es maskuline, feminine und neutrale Verbformen. Im Präteritum Plural wird dagegen zwischen Personal- und Sachform unterschieden:

	Präteritum von *pracować* *(arbeiten)*		
Sg.	**maskulin**	**feminin**	**neutral**
(ja)	pracowa-ł-e-**m**	pracowa-ł-a-**m**	
(ty)	pracowa-ł-e-**ś**	pracowa-ł-a-**ś**	
(on)	pracowa-ł		
(ona)		pracowa-ł-**a**	
(ono)			pracowa-ł-o
Pl.	**mpG + ggG**	**feminin**	
(my)	pracowa-li-**śmy**	pracowa-ł-y-**śmy**	
(wy)	pracowa-li-**ście**	pracowa-ł-y-**ście**	
(oni)	pracowa-li	pracowa-ł-y	

Die Präteritumform **on pracował** entspricht den deutschen Vergangenheitsformen *er arbeitete, er hat gearbeitet, er hatte gearbeitet*.

Die Personalendungen der 1. und 2. Pers. Sg. und Pl. können im Präteritum auch an Konjunktionen, Fragewörter, Adverbien und Pronomen angehängt werden, die am Anfang eines Haupt- bzw. Nebensatzes stehen. Diese Formen werden vor allem in der Umgangssprache gebraucht, z.B.:

Szkoda, że tego nie widziałeś. – Szkoda, żeś tego nie **widział**.
Schade, dass du es nicht gesehen hast.

Czy ty to zrobiłeś? – Czyś ty to **zrobił**?
Hast du das gemacht?

My tego nie zrobiliśmy. – Myś**my** tego nie **zrobili**.
Wir haben das nicht gemacht.

I tyle go widziałem. – I tyle**m** go **widział**.
Und ich habe ihn nicht mehr gesehen.

Für die Bildung des Präteritums sind vier Gruppen von Verben charakteristisch:

a) Verben mit dem Infinitiv auf **-ać**, **-ić**, **-yć**, **-uć**, die denselben Infinitiv- und Präteritalstamm haben, z.B.: **stać** *(stehen)*, **pić** *(trinken)*, **żyć** *(leben)*, **żuć** *(kauen)*.

b) Bei Verben mit dem Infinitiv auf **-eć**, erfolgt ein Wechsel von **-e** zu **-a** in allen drei Genera, z.B.: **drżeć** *(zittern)*, **mieć** *(haben)*.

c) Verben mit dem Infinitiv auf **-ąć** haben im Präteritum statt **-ą** ein **-ę** (mit Ausnahme von maskulinen Formen). Manche Verben aus dieser Gruppe verlieren zusätzlich **-ną-**, wenn davor noch ein anderer Konsonant steht, z.B.: **pęknąć** *(platzen)*.

d) Verben mit dem Infinitiv auf **-c**, **-ść**, **-źć** bilden im Präteritum Sonderformen, z.B.: **biec** *(laufen)*, **iść** *(gehen)*, **wieźć** *(fahren/transportieren)*.

Infinitiv	Präteritum 3. Pers. Sg.			Präteritum 3. Pers. Pl.	
	mask.	femin.	neutr.	mpG + ggG	feminin
stać	stał	stała	stało	stali	stały
pić	pił	piła	piło	pili	piły
żyć	żył	żyła	żyło	żyli	żyły
żuć	żuł	żuła	żuło	żuli	żuły
drżeć	drżał	drżała	drżało	drżeli	drżały
mieć	miał	miała	miało	mieli	miały
zginąć	zginął	zginęła	zginęło	zginęli	zginęły
pęknąć	pękł	pękła	pękło	pękli	pękły
biec	biegł	biegła	biegło	biegli	biegły
iść	szedł	szła	szło	szli	szły
wieźć	wiózł	wiozła	wiozło	wieźli	wiozły

Das Präteritum der imperfektiven Verben bezeichnet vergangene/sich wiederholende/andauernde Handlungen, deren Ergebnisse in der Regel nicht angegeben werden:

Pan Schmidt często mnie odwiedzał. — *Herr Schmidt besuchte mich oft.*
Jurek długo sprzątał mieszkanie. — *Jurek räumte die Wohnung sehr lange auf.*

Das Präteritum der perfektiven Verben bezeichnet dagegen vergangene/einmalige Handlungen, deren Ergebnisse angegeben werden:

Pan Schmidt odwiedził mnie wczoraj. — *Herr Schmidt besuchte mich gestern.*
Jurek posprzątał mieszkanie na medal. — *Jurek räumte die Wohnung einwandfrei auf.*

1.7 Futur

Abhängig vom Verbalaspekt wird im Polnischen zukünftiges Geschehen durch zwei Futurformen wiedergegeben:

a) einfaches Futur von perfektiven Verben (in der Bedeutung der vollendeten Zukunft):
Jutro napiszę ten list. — *Etwa: Morgen werde ich diesen Brief geschrieben haben.*

Das einfache Futur wird durch Beugung nach der Präsenskonjugation gebildet. Die Verben werden also nach Person und Numerus und nicht nach dem grammatischen Geschlecht konjugiert.

Wie die imperfektiven Verben werden auch die perfektiven Verben nach drei Klassen konjugiert:

	I	II	III
	napisać *schreiben*	**zamówić** *bestellen*	**przeczytać** *lesen*
(ja)	napisz-**ę**	zamówi-**ę**	przeczyta-**m**
(ty)	napisz-**esz**	zamów-**isz**	przeczyta-**sz**
on, ona, ono	napisz-**e**	zamów-**i**	przeczyta
(my)	napisz-**emy**	zamów-**imy**	przeczyta-**my**
(wy)	napisz-**ecie**	zamów-**icie**	przeczyta-**cie**
oni, one	napisz-**ą**	zamówi-**ą**	przeczyta-**j-ą**

b) zusammengesetztes Futur von imperfektiven Verben (in der Bedeutung der unvollendeten Zukunft).

Es besteht aus dem Futur des Verbs **być** *(sein)* und dem Infinitiv bzw. der 3. Person Sg./Pl. Präteritum des imperfektiven Verbs:

Będę pisać ten list.
Będę pisała ten list. } *Ich werde diesen Brief schreiben.*

Die Formen des zusammengesetzten Futurs nach dem Schema Futurformen von **być** + Infinitiv werden nach Person und Numerus unterschieden. Die Formen des zusammengesetzten Futurs nach dem Schema Futurformen von **być** + 3. Pers. Sg./Pl. Prät. werden zusätzlich nach dem grammatischen Geschlecht unterschieden.

Beide Formen des zusammengesetzten Futurs sind gleichwertig und können ohne Bedeutungsunterschied gebraucht werden. Die Modalverben bilden das Futur jedoch ausschließlich mit der Vergangenheitsform, z.B.:

Będę mógł wybrać się w góry. — *Ich werde ins Gebirge fahren können.*
Będę musiała włożyć ciepły sweter. — *Ich werde einen warmen Pullover anziehen müssen.*

Das zusammengesetzte Futur der imperfektiven Verben wird zur Wiedergabe des Verlaufs/der Dauer/der Wiederholbarkeit von Vorgängen oder Handlungen, die in der Zukunft liegen, gebraucht:

Będziemy się kąpać w morzu. — *Wir werden im Meer baden. (Wir werden das wiederholt machen.)*

Das einfache Futur der perfektiven Verben wird zur Wiedergabe der Einmaligkeit/des Ergebnisses von zukünftigen Vorgängen oder Handlungen gebraucht:

Wykąpiemy się w morzu. — *Wir werden im Meer baden (zumindest einmal, wenn wir schon da sind.).*

1.8 Modalverben

Auch Modalverben werden nach entsprechenden Klassen konjugiert. Das Verb **musieć** *(müssen)* gehört z.B. zur II. Konjugationsklasse, das Verb **chcieć** *(wollen)* dagegen zur I. Konjugationsklasse. Ebenfalls zur I. Konjugationsklasse gehört das Modalverb **móc** *(können/dürfen)*:

(ja)	musz-**ę**	chc-**ę**	mog-**ę**
(ty)	mus-**isz**	chc-**esz**	moż-**esz**
on, ona, ono	mus-**i**	chc-**e**	moż-**e**
(my)	mus-**imy**	chc-**emy**	moż-**emy**
(wy)	mus-**icie**	chc-**ecie**	moż-**ecie**
oni, one	musz-**ą**	chc-**ą**	mog-**ą**

Im Unterschied zum Deutschen steht der vom Modalverb verlangte Infinitiv direkt nach der finiten Form und nicht am Satzende.

Dziś wieczorem muszę przeczytać tę książkę. — *Heute Abend muss ich dieses Buch lesen.*

Modalverben können in Verbindung mit dem Infinitiv der perfektiven und imperfektiven Verben gebraucht werden. Bei der verneinten Form der Aussage treten allerdings nur imperfektive Verben auf. In der verneinten Form wird zudem das Akkusativobjekt zum Genitivobjekt, z.B.:

Muszę kupić bilet. — *Ich muss eine/die Fahrkarte kaufen.*
Nie muszę kupować biletu. — *Ich muss die Fahrkarte nicht kaufen.*
On powinien zamówić pokój w hotelu. — *Er soll das Hotelzimmer bestellen.*
On nie powinien zamawiać pokoju w hotelu. — *Er soll das Hotelzimmer nicht bestellen.*

Modalverben bezeichnen die Art und Weise des Ablaufs von Handlungen. Die deutschen Modalverben können nicht immer direkt ins Polnische übersetzt werden:

Infinitiv	Bedeutung	polnische Entsprechung
müssen	- notwendig sein - man muss	musieć należy (się), trzeba
sollen	- moralische Verpflichtung - nach Anordnung/Gesetz	powinienem, mieć mieć, należy
wollen	- wünschen, beabsichtigen	chcieć
können	- Möglichkeit haben - Fähigkeit haben	móc umieć, potrafić
dürfen	- erlaubt sein - es gehört sich nicht	móc, wolno nie należy
mögen	- wollen, Lust haben - gern haben, vorziehen - Wahrscheinlichkeit	chcieć, mieć ochotę, lubić, woleć, móc

Beispiele:

- **müssen:**
  Czy musisz zawsze wszystko wiedzieć? *Musst du immer alles wissen?*

  Należy/trzeba się nad tym jeszcze zastanowić. *Das muss man noch überlegen.*
- **sollen:**
  Czy powinienem/mam ją przeprosić? *Soll ich sie um Verzeihung bitten?*
  Mam go o to zapytać? *Soll ich ihn danach fragen?*
  Nie należy kłamać. *Man soll nicht lügen.*
- **wollen:**
  Nie chcieli nas słuchać. *Sie wollten auf uns nicht hören.*
  Czy chcesz kupić tę książkę? *Willst du dieses Buch kaufen?*
- **können:**
  Mogę dzisiaj dłużej pospać. *Ich kann heute länger schlafen.*
  Umiem grać na fortepianie. *Ich kann Klavier spielen.*
- **dürfen:**
  Czy mogę pani pomóc? *Darf ich Ihnen helfen?*
  Tutaj nie wolno palić. *Hier darf man nicht rauchen.*
  O tym nie należy zapominać. *Das darf man nicht vergessen.*
- **mögen:**
  Chciałbym kupić ten obraz. *Ich möchte dieses Bild kaufen.*
  Nie chcę jej więcej widzieć. *Ich mag sie nicht mehr sehen.*
  Wolę raczej czytać książki. *Ich mag lieber Bücher lesen.*

1.9 Modalwort powinien und Modalprädikativa

Der Form nach ist **powinien** *(sollen)* ein Adjektiv, das zusammen mit dem Infinitiv das Prädikat bilden kann. Es hat Personalendungen – abhängig vom Geschlecht des Subjekts – wie ein Verb.

Singular						
maskulin		**feminin**		**neutral**		
	powinienem		powinnam			*ich soll*
	powinieneś		powinnaś			*du sollst*
(on)	powinien	(ona)	powinna	(ono)	powinno	*er/sie/es soll*

Plural				
mpG + ggG		**feminin**		
	powinniśmy		powinnyśmy	*wir sollen*
	powinniście		powinnyście	*ihr sollt*
(oni)	powinni	(one)	powinny	*sie sollen*

Seine prädikatsbildende Funktion erfüllt powinien immer zusammen mit dem Infinitiv eines Verbs:

Powinienem kupić te książki.	Ich soll diese Bücher kaufen.
Powinna mieć jeszcze trochę pieniędzy.	Sie sollte noch etwas Geld haben.

Im Präteritum steht powinien mit den entsprechenden Vergangenheitsformen von być (sein). Das Hilfswerb wird aber in dieser Verbindung immer nachgestellt:

Powinien był już dawno przyjść.	Er hätte schon längst kommen müssen.
Powinniśmy byli najpierw zapytać.	Wir hätten zuerst fragen müssen.
Powinny były to wcześniej uzgodnić.	Sie hätten das zuerst vereinbaren müssen.

Modalprädikativa
Die Modalprädikativa (bzw. modalen Adverbien) **trzeba** *(man muss/soll)*, **wolno** *(man darf)*, **należy** *(man muss/soll)*, **można** *(man kann)* werden verwendet, wenn man die Handlung unpersönlich ausdrücken will.

Modalprädikativa (bzw. modale Adverbien) können in Verbindung mit dem Infinitiv der vollendeten und unvollendeten Verben gebraucht werden. Bei der verneinten Form der Aussage treten nur unvollendete Verben auf. In der verneinten Form wird das Akkusativobjekt zum Genitivobjekt, z.B.:

Trzeba napisać/pisać list.	*Man muss den Brief schreiben.*
Nie trzeba pisać listu.	*Man muss den Brief nicht schreiben.*
Tutaj wolno każdemu wejść/ wchodzić.	*Hier darf jeder hinein.*
Tutaj nie wolno nikomu wchodzić.	*Hier darf niemand hinein.*

1.10 Verben mit Ergänzungen

Dem Verb können sich Substantive und Pronomen (= Ergänzungen) mit oder ohne Präposition anschließen.

Kasusergänzungen
Die zahlenmäßig stärkste Verbgruppe steht im Polnischen genauso wie im Deutschen mit dem Akkusativ. In den Fällen jedoch, wo es sich z.B. um Verben der Zuwendung handelt, wird im Polnischen häufig der Dativ gebraucht. Die Kasusergänzungen stimmen nicht immer mit dem Deutschen überein:

Polnisch: Dativ | **Deutsch: Dativ oder Akkusativ**

Polnisch: Dativ	Deutsch: Dativ oder Akkusativ
pomagać komuś	*jemandem helfen*
towarzyszyć komuś	*jemanden begleiten*

Verben mit Präpositionen

Die Präpositionen, mit denen einzelne Verben stehen, stimmen nicht immer mit dem Deutschen überein. Zum Beispiel hat die Präposition **do** mehrere deutsche Entsprechungen:

pisać do — *schreiben an*
iść do — *gehen in/zu/nach*

Einige Verben, die im Deutschen eine Präposition verlangen, stehen im Polnischen ohne Präposition (bzw. umgekehrt):

jechać samochodem — *mit dem Auto fahren*
grać w szachy — *Schach spielen*

Bei Fragen nach dem Präpositionalobjekt muss zwischen Personen und Sachen unterschieden werden.

Na kogo czekasz? — *Auf wen wartest du?*
Na co czekasz? — *Worauf wartest du?*

1.11 Reflexive Verben

Reflexive Verben werden im Polnischen mit Hilfe des Reflexivpronomens **się** gebildet, das unverändert bleibt:

(ja)	cieszę się	*ich freue mich*
(ty)	cieszysz się	*du freust dich*
on, ona, ono	cieszy się	*er, sie, es freut sich*
(my)	cieszymy się	*wir freuen uns*
(wy)	cieszycie się	*ihr freut euch*
oni, one	cieszą się	*sie freuen sich*

Das Reflexivpronomen **się** kann im Satz vor oder hinter dem Verb stehen (ohne Einfluss auf die Bedeutung), jedoch niemals am Satzanfang und am Satzende.

Es gibt im Polnischen reflexive Verben, die im Deutschen nicht reflexiv sind, und umgekehrt, z.B.:

Dlaczego się śmiejesz? — *Warum lachst du?*
Uczę się języka polskiego. — *Ich lerne Polnisch.*
Siadam. — *Ich setze mich.*
Ewa tęskni za swoimi przyjaciółmi. — *Eva sehnt sich nach ihren Freunden.*

Kommen mehrere reflexive Verben in einem Satz vor, so wird **się** nur einmal (beim ersten Verb) gesetzt, z.B.:

Paweł się goli, myje i ubiera. *Paweł rasiert sich, wäscht sich und zieht sich an.*

1.12 Der Konjunktiv

Der Konjunktiv dient zum Ausdruck einer bedingten (möglichen, gewünschten bzw. nicht wirklichen) Tätigkeit. Im Gegensatz zum Deutschen verfügt das Polnische nur über eine Konjunktivform. Den deutschen Formen *ich schriebe, ich hätte geschrieben, ich würde schreiben, ich würde geschrieben haben* entspricht nur eine Form im Polnischen: **pisałbym/ pisałabym**. Sie entsteht durch die Einfügung der Partikel **by** zwischen die Endung des Präteritums und die Personalendung.
Der Konjunktiv hat im Polnischen maskuline, feminine und neutrale Formen im Singular und Personal- und Sachform im Plural.

Sg.	**Konjunktiv von *pisać* (schreiben)**		
	maskulin	**feminin**	**neutral**
(ja)	pisał-by-m	pisała-by-m	
(ty)	pisał-by-ś	pisała-by-ś	
(on)	pisał-by		
(ona)		pisała-by	
(ono)			pisało-by
Pl.	**mpG + ggG**	**feminin**	
(my)	pisali-by-śmy	pisały-by-śmy	
(wy)	pisali-by-ście	pisały-by-ście	
(oni)	pisali-by	pisały-by	

Die Partikel **by** zusammen mit der Personalendung kann auch vor das Verb gestellt werden.

Chętnie zjadłabym coś dobrego.
Chętnie bym zjadła coś dobrego. } *Ich würde gern etwas Gutes essen.*

Die Konjunktivformen der Verben **chcieć** *(wollen, mögen)* und **woleć** *(vorziehen)* dienen dem höflicheren Ausdruck des Wollens/Vorschlags und der Bevorzugung.

Chciałabym nadać paczke. *Ich möchte ein Paket aufgeben.*
Chciałbym kupić tę książkę. *Ich möchte dieses Buch kaufen.*
Wolałbym pojechać na Mazury niż nad morze. *Ich würde eher nach Masuren als an die See fahren.*

1.13 Der Konjunktiv: irreale Konditionalsätze

In irrealen Konditionalsätzen werden die Partikel **by** und die Personalendung immer an die Konjunktion angefügt.

Gdy**byśmy** mieli więcej czasu, porozmawialibyśmy jeszcze trochę.	*Wenn wir mehr Zeit gehabt hätten, hätten wir noch ein bisschen miteinander gesprochen.*
Jeśli**bym** cię nie spotkał, to nie zjadłbym tak dobrego obiadu.	*Hätte ich dich nicht getroffen, hätte ich kein so gutes Mittagessen gegessen.*

Steht die Partikel **by** bei unpersönlichen Verbformen oder bei **trzeba** *(man muss)*, **można** *(man kann)*, dann wird getrennt geschrieben.

Jeśliby więcej czytano, to robiono by mniej błędów.	*Wenn man mehr gelesen hätte, hätte man weniger Fehler gemacht.*
Trzeba by coś zrobić.	*Man muss etwas unternehmen.*

Mit unpersönlichen Formen auf **-ło**, z.B. **miało się** *(man hatte)*, **czytało się** *(man las)*, wird die Partikel **by** jedoch zusammengeschrieben.

Jeśliby się więcej czytało, to robiłoby się mniej błędów.	*Wenn man mehr gelesen hätte, hätte man weniger Fehler gemacht.*
Gdyby się szybciej pracowało, to miałoby się więcej czasu.	*Wenn man schneller gearbeitet hätte, hätte man mehr Zeit gehabt.*

1.14 Der Imperativ

Die Formen des Imperativs werden bei Bitten, Aufforderungen, Befehlen oder Verboten (in verneinten Sätzen) gegenüber Personen gebraucht. Für die Bildung der Imperativform für die 2. Pers. Sg. nimmt man die 3. Pers. Pl. und streicht die Personalendung **-ą**.

3. Pers. Pl.	Imperativ 2. Pers. Sg.	
słuchają	słuchaj!	*höre!*
jedzą	jedz!	*iss!*

Wenn der Verbstamm auf eine Konsonantengruppe ausgeht, endet der Imperativ der 2. Pers. Sg. auf **-ij** nach einem weichen Konsonanten bzw. auf **-yj** nach einem verhärteten Konsonanten.

3. Pers. Pl.	Imperativ 2. Pers. Sg.	
śpią	śpij!	*schlafe!*
ciągną	ciągnij!	*ziehe!*
drżą	drżyj!	*zittere!*

5 GRAMMATIK

Wenn der Verbstamm auf einen weichen Konsonanten endet, wird dieser im Imperativ durch einen harten Konsonanten ersetzt. Dieser Konsonantenwechsel ist oft mit einem Vokalwechsel (meistens **o/ó**-Wechsel) verbunden.

3. Pers. Pl.	Imperativ: 2. Pers. Sg.	
robią	rób!	*mache!*
mówią	mów!	*sprich!*
kupią	kup	*kaufe!*

Unregelmäßig bilden den Imperativ u.a. folgende Verben:

3. Pers. Pl.	Imperativ: 2. Pers. Sg.	
są	bądź!	*sei!*
mają	miej!	*hab!*
chodzą	chodź!	*komm!*
chcą	chciej!	*wolle!*

Die Form der 2. Pers. Sg. Präsens gilt als Grundform des Imperativs, von der alle anderen Formen abgeleitet werden. Der Imperativ der 1. Pers. Pl. wird also vom Imperativ der 2. Pers. Sg. durch Anhängen der Endung **-my** gebildet und der Imperativ der 2. Pers. Pl. durch Anhängen der Endung **-cie**.

2.Pers.Sg.	słuchaj!	*hör zu!*	chodź!	*komm!*
1.Pers.Pl.	słuchajmy!	*hören wir zu!*	chod´zmy!	*kommen wir!*
2.Pers.Pl.	słuchajcie!	*hört zu!*	chodźcie!	*kommt!*

5

Der Imperativ der 3. Pers. Sg. und Pl. wird gebildet, indem diesen Formen **niech** vorangestellt wird. Auch bei der Höflichkeitsform **pan/pani/państwo** *(Sie)* kann niech gebraucht werden oder der Ausdruck „**proszę** + Infinitiv".

proszę + Infinitiv	Proszę czekać!	*Bitte warten (Sie)!*
3. Pers. Sg.	Niech pan/i czeka!	*Bitte warten Sie!*
3. Pers. Pl.	Niech państwo czekają!	*Bitte warten Sie!*

GRAMMATIK

Der Imperativ kann sowohl von imperfektiven als auch von perfektiven Verben gebildet werden. Beim gebietenden Imperativ werden perfektive Verben und beim verbietenden Imperativ imperfektive Verben gebraucht:.

a) gebietende Imperativformen (perfektive Verben):

Niech pani to powie! — *Sagen Sie das!*
Niech państwo zaczekają! — *Warten Sie!*
Przynieś mi książkę! — *Bringe mir das Buch!*
Napisz ten list! — *Schreibe diesen Brief!*

b) verbietende Imperativformen (imperfektive Verben):

Niech pani tego nie mówi!	*Sagen Sie das nicht!*
Niech państwo nie czekają!	*Warten Sie nicht!*
Nie przynoś mi książki!	*Bringe mir das Buch nicht!*
Nie pisz tego listu!	*Schreibe diesen Brief nicht!*

1.15 Ausrufungssätze mit einer by-Konstruktion

Das Element -by stammt vom Verb być (sein) und kann
a) selbstständig oder
b) als Bestandteil anderer Wortformen (z.B. Verben) auftreten.

	selbstständiges by-Element		by-Element als Bestandteil eines Verbs				
	Sg.	**Pl.**	**Sg.**			**Pl.**	
			m	**f**	**n**	**mpGg + ggG**	**feminin**
1. Pers.	bym	byśmy	czytałbym	czytałabym		czytalibyśmy	czytałybyśmy
2. Pers.	byś	byście	czytałbyś	czytałabyś		czytalibyście	czytałybyście
3. Pers.	by	by	czytałby	czytałaby	czytałoby	czytaliby	czytałyby

Das by-Element kann unterschiedliche Modalitäten zum Ausdruck bringen, z.B. Aufforderungen, Bedingungen, Bitten, Vorschläge, Vorwürfe und Zweifel. In folgenden Ausrufungssätzen drücken die by-Konstruktionen Aufforderungen aus und stellen eine konkurrierende Form zum Imperativ dar:

(1) Cieszyłbyś się tym, co masz! *Du solltest dich daran erfreuen, was du hast!*
(statt Imperativ: Ciesz się tym, co masz! *Erfreu dich daran, was du hast!*)

(2) Nie denerwowałbyś się tak! *Du solltest dich nicht so aufregen!*
(statt Imperativ: Nie denerwuj się tak! *Reg dich nicht so auf!*)

Die Aufforderungen können mit zusätzlichen Wortmitteln wie Partikeln verstärkt werden, z.B. Cieszyłbyś się w końcu/wreszcie tym, co masz! *Du solltest dich endlich daran erfreuen, was du hast!*

1.16 Das Passiv

Das Passiv wird mit Hilfe der Verbformen von **być** ipf. *(sein)* bzw. **zostać** pf. *(werden)* und dem Partizip Präteritum Passiv der perfektiven bzw. imperfektiven Verben.

Samochód jest naprawiany (ipf.).	*Das Auto wird repariert.*
Samochód jest naprawiony (pf.).	*Das Auto ist repariert.*
Samochód zostanie naprawiony (pf.)	*Das Auto wird repariert werden.*

Nur die transitiven Verben, d.h. Verben, die ein direktes Objekt bei sich haben können, werden im Passiv verwendet. Ein Aktivsatz wird wie folgt zu einem Passivsatz:

Aktiv:	Urząd odrzucił podanie.	*Die Behörde lehnte den Antrag ab.*
Passiv:	Podanie zostało odrzucone przez urząd.	*Der Antrag wurde von der Behörde abgelehnt.*

Im Passivsatz werden das Subjekt des Aktivsatzes zum Urheber und das direkte Objekt zum Subjekt. Die deutschen Präpositionen *von* bzw. *durch* werden mit der Präposition **przez** wiedergegeben.

Folgende Formen des Passivs sind möglich:

a) Passiv, vollendeter Aspekt:

Das Hilfsverb **zostać** wird nur mit perfektiven Partizipien im Futur und im Präteritum gebraucht:

Präteritum:	List został napisany.	*Der Brief ist geschrieben worden.*
Futur:	List zostanie napisany.	*Der Brief wird geschrieben werden.*

b) Passiv, unvollendeter Aspekt:

Das Hilfsverb **być** wird in allen drei Zeitformen sowohl bei imperfektiven als auch bei perfektiven Partizipien benutzt:

Präsens:	List jest pisany.	*Der Brief wird geschrieben.*
Präteritum:	List był pisany.	*Der Brief wurde geschrieben.*
Futur:	List będzie pisany.	*Der Brief wird geschrieben werden.*

c) Zustandspassiv:

Das Hilfsverb **być** mit dem Partizip Präteritum Passiv der perfektiven Verben entspricht dem deutschen Zustandspassiv (Sonderbedeutung des Passivs, das nicht die eigentliche Handlung bezeichnet, sondern den Zustand, der sich aus ihr ergeben hat.).

Präsens:	List jest napisany.	*Der Brief ist geschrieben.*
Präteritum:	List był napisany.	*Der Brief war geschrieben.*
Futur:	List będzie napisany.	*Der Brief wird geschrieben sein.*

Die Formen von **być** in Passivkonstruktionen in Verbindung mit dem imperfektiven Partizip Passiv gebraucht man also in der Bedeutung von *werden*:

	List jest pisany.	*Der Brief* ***wird*** *geschrieben.*
Aber:	List jest napisany.	*Der Brief* ***ist*** *geschrieben.*

Am Beispiel der Verben **badać** ipf. und **zbadać** pf. *(untersuchen)* werden alle möglichen Formen (im Maskulinum) des Passivs zusammengestellt:

	Vorgangspassiv		Zustandspassiv
	unvollendet	vollendet	
Präsens	jestem badany	–	jestem zbadany
Futur	będę badany	zostanę zbadany	będę zbadany
Präteritum	byłem badany	zostałem zbadany	byłem zbadany
Konjunktiv	byłbym badany	zostałbym zbadany	byłbym zbadany

Im Polnischen wird das Passiv viel seltener gebraucht als im Deutschen. Es wird mit reflexiven Formen (**się** + Verb in der 3.Pers.Sg.), z.B. **kupuje się** *(man kauft)*, **kupowało się** *(man kaufte)* oder unpersönlichen Verbformen auf **-no**, **-to** im Präteritum umschrieben.

Passiv: Dawniej były naprawiane wszystkie samochody.

Unpersönliche Formen: Dawniej naprawiało się wszystkie samochody.
Dawniej naprawiano wszystkie samochody.
Früher wurden alle Autos repariert.

1.17 Indirekte Rede

Die indirekte Rede wird benutzt, um die wörtliche Rede einer anderen Person wiederzugeben:

Wörtliche (= direkte) Rede	Indirekte Rede (Aussagesatz)
Jürgen powiedział: „Uczę się języka polskiego od roku".	Jürgen powiedział, że uczy się języka polskiego od roku.
Jürgen sagte: „Ich lerne seit einem Jahr Polnisch."	*Jürgen sagte, dass er seit einem Jahr Polnisch lernt.*

- Die indirekte Rede setzt sich aus einem Einleitungssatz (Jürgen powiedział...) und einem Nebensatz mit der Konjuktion **że** (..., że uczy się języka polskiego od roku.) zusammen. Die Konjunktion **że** kann nicht weggelassen werden.
- Das Verb im Nebensatz steht im Indikativ.
- Anders als bei Aussagesätzen gibt es bei Fragesätzen keine Konjunktion, die nach dem Einleitungssatz eingefügt wird. Im Falle von Ergänzungsfragen werden die Fragewörter in der indirekten Rede eins zu eins übernommen. Entscheidungsfragen werden in der indirekten Rede durch **czy** eingeleitet:

5 GRAMMATIK

Wörtliche (= direkte) Rede	Indirekte Rede (Aussagesatz)
Spytałam Jürgena: „Dlaczego uczysz się języka polskiego?”. „Naprawdę uczysz się języka polskiego dopiero od roku?”	Spytałam Jürgena, dlaczego uczy się języka polskiego. Spytałam Jürgena, czy naprawdę uczy się języka polskiego dopiero od roku.
Ich fragte Jürgen: *„Warum lernst du Polnisch?“* *„Lernst du wirklich Polnisch erst seit einem Jahr?“*	*Ich fragte Jürgen, warum er Polnisch lernt.* *Ich fragte Jürgen, ob er wirklich Polnisch erst seit einem Jahr lernt."*

2 DAS SUBSTANTIV

2.1 Arten der Substantive

Nach ihrer Bedeutung unterscheidet man im Polnischen folgende Arten von Substantiven:

a) abstrakte und konkrete Substantive

Mit abstrakten Substantiven werden Begriffe, z.B. Vorgänge, Zustände, Vorstellungen, Eigenschaften, Sachverhalte usw., bezeichnet:

odwaga	*Mut*	przyjaźń	*Freundschaft*
rozbrojenie	*Abrüstung*	sukces	*Erfolg*

Konkrete Substantive bezeichnen wahrnehmbare Gegenstände und Lebewesen:

łopata	*Spaten*	jabłko	*Apfel*
kot	*Katze*	ogrodnik	*Gärtner*

b) Eigennamen und Gattungsnamen

Eigennamen bezeichnen bestimmte einzelne Personen, Länder, Flüsse, Orte, Straßen, Gebäude usw. Eigennamen werden im Polnischen großgeschrieben:

Grzegorz	*Gregor*	Polska	*Polen*
Odra	*Oder*	Kraków	*Krakau*

Mit Gattungsnamen werden Gegenstände oder Lebewesen bezeichnet:

człowiek	*Mensch*	chłopiec	*Junge*
kot	*Katze*	dom	*Haus*

Eine besondere Art von Gattungsnamen sind Stoffnamen (Substantive, die Stoffe/Materialien/Substanzen benennen):

złoto	*Gold*	mleko	*Milch*
drewno	*Holz*	woda	*Wasser*

Die Unterscheidung von Eigennamen, Gattungsnamen und Stoffnamen ist nicht nur inhaltlich begründet. Die Substantive dieser Gruppen haben auch teilweise unterschiedliche Deklinationsformen.

c) belebte und unbelebte Substantive

Die Gruppe der belebten Substantive bilden Personen- und Tierbezeichnungen:

chłopiec	*Junge*	poeta	*Dichter*
kot	*Katze*	ryba	*Fisch*

Alle anderen Substantive (auch Pflanzenbezeichnungen) gelten im grammatischen Sinne als unbelebt.

Die Unterscheidung zwischen belebt und unbelebt ist für die Bildung maskuliner Akkusativformen wichtig.

d) personale und nichtpersonale Substantive

Personale, d.h. Personen bezeichnende Substantive sind eine Gruppe der belebten Substantive. Zu den Personenbezeichnungen gehören auch Familiennamen, Bezeichnungen für Verwandtschaftsgrade, Titel, Berufe und Nationalitäten, z.B.:

ojciec	*Vater*	nauczyciel	*Lehrer*
profesor	*Professor*	Polak	*Pole*

Alle anderen Substantive, die Lebewesen, Gegenstände und Erscheinungen bezeichnen, zählen zu den nichtpersonalen Substantiven.

Diese Einteilung ist grammatisch für maskuline Substantive wichtig, denn maskuline personale und nichtpersonale Substantive haben unterschiedliche Deklinationsendungen im Akkusativ Plural.

e) Sammelnamen

Sammelnamen bezeichnen Gruppen von gleichartigen Gegenständen oder Personen:

ludnosc	*Bevölkerung*	dziczyzna	*Wild*
szlachta	*Adel*	młodziez	*Jugend*

Maskuline Sammelnamen wie **lud** *(Volk)*, **naród** *(Nation)* sind grammatisch unbelebt, obwohl sie Gruppen von Personen bezeichnen, und werden wie unbelebte maskuline Substantive dekliniert.

Die Bedeutung der Substantive kann sich überschneiden, das heißt, ein Wort kann mehreren verschiedenen Bedeutungsgruppen zugeordnet werden. So gehört das Wort **kot** *(Katze)* sowohl zu den Gattungsnamen als auch zu den belebten, nichtpersonalen und konkreten Substantiven.

2.2 Die Deklination der Maskulina im Singular

Abhängig von ihrer Bedeutung werden maskuline Substantive in
a) belebte Substantive (Bezeichnungen und Namen von Menschen und Tieren) und
b) unbelebte Substantive (Gegenstände, Städte- und Monatsnamen sowie Abstrakta wie z.B. pokój – *Frieden*) eingeteilt.
Eine besondere Gruppe innerhalb der maskulinen Substantive bilden die Substantive auf -a. Sie werden wie Feminina dekliniert.

Kasus	Herr	Marek	Gast	Pferd	Schlange	Tisch	Laptop	Athlet
	belebt					**unbelebt**		**Mask. auf -a**
Nom.	pan	Marek	gość	koń	wąż	stół	laptop	atlet-a
Gen.	pan-a	Mark-a	gości-a	koni-a	węż-a	stoł-u	...-a	atlet-y
Dat.	pan-u	Mark-owi	gości-owi	koni-owi	węż-owi	stoł-owi	...-owi	atleci-e
Akk.	pan-a	Mark-a	gości-a	koni-a	węż-a	stół	laptop	atlet-ę
Instr.	pan-em	Marki-em	gości-em	koni-em	węż-em	stoł-em	...-em	atlet-ą
Lok.	pan-u	Mark-u	gości-u	koni-u	węż-u	stol-e	...i-e	atleci-e
Vok.	pani-e	Mark-u	gości-u	koni-u	węż-u	stol-e	laptop	atlet-o

a) Konkurrierende Endungen

- **Genitiv -a/-u:** Welche Substantive auf -u und welche auf -a enden, entscheidet in vielen Fällen die Sprachgewohnheit. Auf -a enden gewöhnlich Bezeichnungen für:
  1. Werkzeug: młotek *(Hammer)* – młotk-a
  2. Geschirr: talerz *(Teller)* – talerz-a
  3. Kleidungsstücke: płaszcz *(Mantel)* – płaszcz-a
  4. Körperteile: brzuch *(Bauch)* – brzuch-a
  5. Blumen und Südfrüchte: tulipan *(Tulpe)* – tulipan-a, ananas *(Ananas)* – ananas-a
  6. Monatsnamen: maj *(Mai)* – maja
  7. Maße: metr *(Meter)* – metr-a
  8. Geldeinheiten: dolar *(Dollar)* – dolar-a
  9. Markennamen: volkswagen *(Volkswagen)* – volkswagen-a
  10. Tänze und Spiele: walc *(Walzer)* – walc-a, tenis *(Tennis)* – tenis-a
  11. Elektronische Geräte: laptop *(Laptop)* – laptop-a

- **Dativ -owi/-u:**
  1. Die Mehrheit der Substantive endet auf **-owi**.
  2. Manche – vor allem einsilbige – Substantive erhalten die Endung **-u**, z.B. pan – panu.

- **Lokativ -e/-u:**
  1. Hartstämmige Substantive (mit Ausnahme von Substantiven mit -k, -g, -ch im Stammauslaut und der Substantive pan (Herr) und syn (Sohn), die auf -u enden), haben die Endung **-e**. Die meisten harten Konsonanten werden gleichzeitig palatalisiert (erweicht), z.B. **laptop** *(Laptop)* – **laptopi-e**.

2. Alle anderen Substantive haben die Endung **-u**.

- **Vokativ -e/-u:** Hier gilt dasselbe wie im Lokativ.

b) Vokalwechsel

- Bei einigen Substantiven tritt ab dem Genitiv ein ó/o-Wechsel oder ein ą/ę-Wechsel ein, z.B. stół - stołu, wąż - węża.
- Bei einigen Substantven fällt ab dem Genitiv der Vokal -(i)e im Stammauslaut aus, z.B. Marek - Marka.

c) Konsonantenwechsel

- Die harten Konsonanten **-t** und **-d** im Stammauslaut werden im Lokativ und Vokativ entsprechend in **-ci** und **-dzi** verwandelt, z.B. atleta - atlecie.
- Der verhärtete Konsonant **-c** wird im Vokativ Sg. in **-cz** verwandelt, z.B. ojciec - ojcze.
- Harte Konsonanten werden vor der Endung **-e** im Lokativ und Vokativ in weiche oder verhärtete Konsonanten verwandelt, z.B. las - lesie, stół - stole.

2.3 Die Deklination der Neutra im Singular

Kasus	*Nest*	*Stadt*	*Feld*	*Vorname*	*Kalb*	*Museum*
			Singular			
Nom.	gniazd-o	miast-o	pol-e	imi-ę	ciel-ę	muze-um
Gen.	gniazd-a	miast-a	pol-a	imieni-a	cielęci-a	muze-um
Dat.	gniazd-u	miast-u	pol-u	imieni-u	cielęci-u	muze-um
Akk.	gniazd-o	miast-o	pol-e	imi-ę	ciel-ę	muze-um
Instr.	gniazd-	miast-em	pol-em	imieni-	cielęci-	muze-um
Lok.	em	mie´sci-e	pol-u	em	em	muze-um
Vok.	gnieździ-e	miast-o	pol-e	imieni-u	cielęci-u	muze-um
	gniazd-o			imi-ę	ciel-ę	

a) Konkurrierende Endungen:

- **Nominativ/Genitiv/Vokativ Sg. -o/-e/-ę:**
  Die Endung **-o** haben Substantive mit harten Konsonanten im Stammauslaut: **miasto** *(Stadt)*, **koło** *(Rad)*, **mleko** *(Milch)*. (Ausnahmen: **jajo** *(Ei)*, **lico** *(Wange)*, **płuco** *(Lunge)*. Die Endung **-e** haben Substantive mit weichen und verhärteten Konsonanten und mit **-l** im Stammauslaut: **zdrowie** *(Gesundheit)*, **zdjęcie** *(Bild)*, **serce** *(Herz)*, **pole** *(Feld)*. Die Endung **-ę** haben die Substantive **cielę** *(Kalb)* und **imię** *(Vorname)*. Wie **cielę** werden noch **prosię** *(Ferkel)* und **jagnię** *(Lamm)*, wie **imię** auch **ramię** *(Arm)* und **znamię** *(Muttermal)* dekliniert.

- **Lokativ Sg. -e/-u:**
  1. Die Endung **-e** haben hartstämmige Substantive (mit Ausnahme von Substantiven mit **-k**, **-l**, **-ch** im Stammauslaut, die auf **-u** enden). Die meisten harten Konsonanten werden gleichzeitig palatalisiert.

5 GRAMMATIK

2. Alle anderen Substantive haben die Endung **-u**:

Nom. Sg.:	1. miast-o	wiadr-o	2. ok-o	serc-e
Lok. Sg.:	mieści-e	wiadrz-e	ok-u	serc-u

b) Vokalwechsel:

- Bei hartstämmigen Substantiven tritt im Lokativ Sg. ein **a/e-**Wechsel ein:

Nom. Sg.:	miast-o	gniazd-o
Lok. Sg.:	mieści-e	gnieździ-e

c) Konsonantenwechsel:

- Harte Konsonanten werden vor Endung **-e** im Lokativ Sg. in weiche oder verhärtete Konsonanten verwandelt:

Nom. Sg.:	okn-o	sit-o	wiadr-o
Dat./Lok. Sg.:	okni-e	sici-e	wiadrz-e

2.4 Die Deklination der Feminina im Singular

Abhängig von ihrer Form im Nominativ Sg. werden feminine Substantive in
a) vokalische Substantive mit Endungen **-a** und **-i** und
b) konsonantische Substantive mit einem Konsonanten im Stammauslaut eingeteilt:

Kasus	vokalisch				konsonantisch	
	Weib	*Bein*	*Frau*	*Hand*	*Braue*	*Maus*
Singular						
Nom.	kobiet-a	nog-a	pan-i	dłoń	brew	mysz
Gen.	kobiet-y	nog-i	pan-i	dłon-i	brw-i	mysz-y
Dat.	kobieci-e	nodz-e	pan-i	dłon-i	brw-i	mysz-y
Akk.	kobiet-ę	nog-ę	pani-ą	dłoń	brew	mysz
Instr.	kobiet-ą	nog-ą	pani-ą	dłoni-ą	brwi-ą	mysz-ą
Lok.	kobieci-e	nodz-e	pan-i	dłon-i	brw-i	mysz-y
Vok.	kobiet-o	nog-o	pan-i	dłon-i	brw-i	mysz-y

a) Konkurrierende Endungen:

- **Genitiv Sg. -y/-i:**
  1. Die Endung **-y** haben die Substantive, deren Stamm auf einen harten (außer **-g** und **-k**) bzw. einen verhärteten Konsonanten auslautet.
  2. Auf **-i** enden die Substantive, deren Stamm auf **-g**, **-k** oder einen weichen Konsonanten auslautet, z. B.:

Nom. Sg.:	1. kobiet-a	noc	2. desk-a	dłoń
Gen. Sg.:	kobiet-y	noc-y	desk-i	dłon-i

- **Dativ Sg. -e/-y/-i:**
  1. Die Endung **-e** haben die Substantive mit hartem Konsonanten im Stammauslaut.
  2. Die Endung **-y** haben Substantive mit verhärtetem Konsonanten im Stammauslaut.
  3. Auf **-i** enden alle Substantive, deren Stamm auf einen weichen Konsonanten auslautet:

Nom. Sg.:	1. kobiet-a	deska	2. noc	3. dłoń
Dat. Sg.:	kobieci-e	desc-e	noc-y	dłon-i

- **Akkusativ Sg. -ø/-ę/-ą:**
  1. Konsonantische Subst. haben keine Endung.
  2. Vokalische Substantive haben die Endung **-ę**.
  3. Auf **-ą** endet nur **pani** *(Frau)*:

Nom. Sg.:	1. noc	2. kobiet-a	3. pan-i
Akk. Sg.:	noc	kobiet-ę	pani-ą

- **Lokativ Sg. -e/-y/-i:** Wie im Dativ Sg.

- **Vokativ Sg. -o/-y/-i/-u:**
  1. Die Endung **-o** hat die Mehrzahl der Substantive; vor allem die Substantive auf **-a** (außer Diminutiva auf **-a** wie **cioci-a** *(Tante)*, **Zosi-a** *(ein Mädchenname)* usw. Sie enden im Vokativ Sg. auf **-u**).
  2. Die Endung **-i** haben Substantive auf **-i** und solche, die auf einen weichen Konsonanten auslauten.
  3. Auf **-y** enden einige wenige Substantive wie **noc** *(Nacht)*, **mysz** *(Maus)*:

Nom. Sg.:	1. kobiet-a	cioci-a	2. pan-i	3. noc
Vok. Sg.:	kobiet-o	cioci-u	pan-i	noc-y

b) Vokalwechsel:

- Bei einigen Substantiven mit Stammvokal **-a-** tritt im Dativ und Lokativ Sg. ein **a/e-**Wechsel ein, z.B.:

Nom. Sg.:	mól	wąż
Gen. Sg.:	mol-a	węż-a

- Bei Substantiven mit Stammvokal **-ó-** tritt in allen Kasus (außer Nominativ und Akkusativ Sg.) ein **ó/o-**Wechsel ein, z.B.:

Nom. Sg.:	sól	łódź
Gen. Sg.:	sol-i	łodz-i

- Bei Substantiven mit Stammvokal **-e-** fällt in allen Kasus (außer Nominativ und Akkusativ Sg.) dieses **-e-** aus:

Nom. Sg.:	brew	wieś	płeć
Gen. Sg.:	brw-i	ws-i	płc-i

c) Konsonantenwechsel:

- Harte Konsonanten werden vor der Endung **-e** im Dativ und Lokativ Sg. in weiche oder verhärtete Konsonanten verwandelt:

Nom. Sg.:	kobiet-a	miar-a
Dat./Lok. Sg.:	kobieci-e	mierz-e

2.5 Die Deklination der Substantive im Plural

Im Plural lassen sich Substantive zwei Deklinationstypen zuordnen: dem maskulin-personalen und dem gemischt-geschlechtlichen Deklinationstyp. Nach dem maskulin-personalen Deklinationstyp werden nur Bezeichnungen von männlichen Personen dekliniert. Nach dem gemischt-geschlechtlichen Deklinationstyp werden alle Maskulina mit Ausnahmen von männlichen Personen, alle Feminina sowie alle Neutra dekliniert.

Kasus	**Deklinationstyp**				
	maskulin-personal	**gemischt-geschlechtlich**			
		maskulin belebt	**maskulin unbelebt**	**feminin**	**neutral**
Nominativ	-owie/-y/-i/-e	-y/-i/-e			-a
Genitiv	-ów/-y/-i			-ϕ/-y/-i	-ϕ/-y/-i/-ów
Dativ	-om				
Akkusativ	= Genitiv	= Nominativ			
Instrumental	-ami/-mi				
Lokativ	-ach				
Vokativ	= Nominativ				

2.6 Singularia- und Pluraliatantum

Die meisten Substantive besitzen Singular- und Pluralformen. Einige Substantive kommen entweder nur in der Singularform (Singulariatantum) oder nur in der Pluralform (Pluraliatantum) vor.

Zu den **Singulariatantum** gehören:

- Abstrakta: **zdrowie** *(Gesundheit)*, **pokój** *(Frieden)*.
- Sammelbegriffe: **obuwie** *(Schuhe)*, **państwo Kowalscy** *(Frau und Herr Kowalski)*.
- Eigennamen: **Warszawa** *(Warschau)*, **Polska** *(Polen)*.

Zu den **Pluraliatantum** gehören:

- Als Paar betrachtete Dinge: **okulary** *(Brille)*, **nożyczki** *(Schere)*, **spodnie** *(Hose)*, **usta** *(Lippen)*, **plecy** *(Rücken)*.

- Eigennamen: **Alpy** *(die Alpen)*, **Ateny** *(Athen)*, **Niemcy** *(Deutschland)*.
- Andere Substantive: **imieniny** *(Namenstag)*, **zapusty** *(Fastnacht)*, **rodzice** *(Eltern)*.

Einige Substantive bilden einen unregelmäßigen Plural.

człowiek	*Mensch*	ludzie	*Menschen*
rok	*Jahr*	lata	*Jahre*

Der Plural von **oko** *(Auge)* und **ucho** *(Ohr)* in der Bedeutung der Sinnesorgane ist unregelmäßig. In übertragener Bedeutung werden **oko** *(Fettauge; Masche)* und **ucho** *(Henkel)* im Plural regelmäßig dekliniert:

	Augen	*Ohren*	*Maschen*	*Henkel*
Nom. Pl.:	oczy	uszy	oka	ucha
Gen. Pl.:	oczu/oczów	uszu/uszów	ok	uch

2.7 Die Verbalsubstantive

Die substantivierten Infinitive (sog. Verbalsubstantive) **kupowanie** *(das Kaufen)*, **szycie** *(das Nähen)* usw. werden im Polnischen sehr oft gebraucht. Sie werden vom Infinitiv auf folgende Weise gebildet:

a) Infinitive auf **-ać** haben die Endung **-anie**:

czytać	czytanie	*das Lesen*
słuchać	słuchanie	*das Hören*
zamawiać	zamawianie	*das Bestellen*

b) Infinitive auf **-ić**, **-yć** und **-eć** haben die Endung **-enie**, wobei sich hier die Konsonanten verändern (wie 1. Pers.Sg. Präs.):

prosić	proszenie	*das Bitten*
wietrzyć	wietrzenie	*das Lüften*
myśleć	myślenie	*das Denken*

c) Einsilbige Infinitive auf -uć, -yć, -ić haben die Endungen -ucie, -ycie, -icie:

żuć	żucie	*das Kauen*
szyć	szycie	*das Nähen*
żyć	życie	*das Leben*
pić	picie	*das Trinken*

Verbalsubstantive können sowohl von imperfektiven als auch von perfektiven Verben gebildet werden. Perfektive Verbalsubstantive bedeuten eine konkrete Angelegenheit, z.B.: **zamówienie** *(Bestellung)*, imperfektive Verbalsubstantive bedeuten einen Vorgang, z.B.: **zamawianie** *(Bestellen)*.

zamówić	*pf.*	zamówienie	*pf.*	*die Bestellung*
zamawiać	*ipf.*	zamawianie	*ipf.*	*das Bestellen*

spóźnić się	*pf.*	spóźnienie	*pf.*	*die Verspätung*
spóźniać się	*ipf.*	spóźnianie	*ipf.*	*das Sich-Verspäten*

Die Verbalsubstantive werden wie neutrale Substantive dekliniert.

3 DAS PRONOMEN

3.1 Die Personalpronomen

Kasus	***ich***	***du***	***er***	***es***	***sie***
			Singular		
Nom.	ja	ty	on	ono	ona
Gen.	mnie	ciebie/cię	jego, niego/go		jej/niej
Dat.	mnie/mi	tobie/ci	jemu, niemu/mu		jej/niej
Akk.	mnie	ciebie/cię	jego, niego/go	je/nie	ją/nią
Instr.	mną	tobą	nim		nią
Lok.	mnie	tobie	nim		niej
Vok.	ja	ty	–		–
			Plural		
	wir	***ihr***	***sie***	***sie***	
Nom.	my	wy	oni*	one**	
Gen.	nas	was	ich/nich		
Dat.	nam	wam	im/nim		
Akk.	nas	was	ich/nich	je/nie	
Instr.	nami	wami	nimi		
Lok.	nas	was	nich		
Vok.	my	wy	–		

***oni** – für maskulin-personale Substantive und gemischte Personengruppen
****one** – für feminine personale Substantive und alle nichtpersonalen Substantive

3.2 Das Demonstrativpronomen

Das Demonstrativpronomen richtet sich in Genus und Kasus nach dem Substantiv, bei dem bzw. für das es steht:

	Singular			Plural	
	maskulin belebt/unbelebt	**neutral**	**feminin**	**mpG**	**ggG**
Kasus	*dieser*	*dieses*	*diese*	*diese*	*diese*
Nom.	ten	to	ta	ci	te
Gen.	tego		tej	tych	
Dat.	temu		tej	tym	
Akk.	tego/ten	to	tę	tych	te
Instr.	tym		tą	tymi	
Lok.	tym		tej	tych	

3.3 Die Possessivpronomen

	Singular			Plural	
	maskulin belebt/unbelebt	**feminin**	**neutral**	**mpG + ggG**	
Kasus	*mein*	*meine*	*mein*	*meine*	*unsere*
Nom.	mój	moja	moje	moi/moje	nasi/nasze
Gen.	mojego/mego	mojej	mojego/mego	moich	naszych
Dat.	mojemu	mojej	mojemu	moim	naszym
Akk.	mojego/mój	moją	moje	moich/moje	naszych/nasze
Instr.	moim/mym	moją	moim/mym	moimi	naszymi
Lok.	moim/mym	mojej	moim/mym	moich	naszych
Vok.	mój	moja	moje	moi/moje	nasi/nasze

5

GRAMMATIK

Das reflexive Possessivpronomen swój

Das reflexive Possessivpronomen der 3. Pers. **swój** (*mein, dein, sein* usw. *eigen*) kann die Possessivpronomen der 1. und 2. Pers. Sg. und Pl. ersetzen, wenn sich das Possessivpronomen auf das Subjekt desselben Satzes zurückbezieht, d.h. wenn man *mein, unser* durch *eigen*(e/s) ergänzen kann. Für die 3. Pers. muss dagegen in dieser Bedeutung nur **swój** verwendet werden, z.B..

Czytam moją książkę. *Ich lese mein Buch.*
Czytam swoją książkę. *Ich lese mein eigenes Buch.*
On czyta swoją książkę. *Er liest sein eigenes Buch.*

Das Pronomen **swój** wird wie das Possessivpronomen **mój** *(mein)* dekliniert, kann aber niemals im Nominativ, d.h. bei einem Subjekt auftreten.

3.4 Das Interrogativpronomen

	Singular			Plural
	maskulin belebt/unbelebt	**feminin**	**neutral**	**mpG/ggG**
Kasus	*was für ein*	*was für eine*	*was für ein*	*was für*
Nom.	jaki	jaka	jakie	jacy/jakie
Gen.	jakiego	jakiej	jakiego	jakich
Dat.	jakiemu	jakiej	jakiemu	jakim
Akk.	jakiego/jaki	jaką	jakie	jakich/jakie
Instr.	jakim	jaką	jakim	jakimi
Lok.	jakim	jakiej	jakim	jakich

3.5 Das Relativpronomen

Dieselben Wörter, die als Interrogativpronomen verwendet werden, können auch als Relativpronomen auftreten. Sie leiten die Relativsätze ein.

	Singular			Plural
	maskulin belebt/unbelebt	**feminin**	**neutral**	**mpG/ggG**
Kasus	*welcher*	*welche*	*welches*	*welche*
Nom.	który	która	które	którzy/które
Gen.	którego	której	którego	których
Dat.	któremu	której	któremu	którym
Akk.	którego/który	którą	które	których/które
Instr.	którym	którą	którym	którymi
Lok.	którym	której	którym	których

3.6 Das Reflexivpronomen *się*

Das Reflexivpronomen **się** wird gebraucht, wenn sich die auszudrückende Tätigkeit auf das Subjekt zurückbezieht. Es steht gewöhnlich vor dem Verb, z.B.:

Robert się cieszy. — *Robert freut sich.*
Bardzo się cieszę. — *Ich freue mich sehr.*
(Am Anfang des Satzes steht es nie.)

Das Reflexivpronomen **się** dient darüber hinaus zur Bildung der reflexiven Verben **cieszyć się** *(sich freuen)*, **myć się** *(sich waschen)* und der unpersönlichen subjektlosen Ausdrucksformen **mówi się** *(man spricht)*, **pracuje się** *(man arbeitet)*.

3.7 Das Reflexivpronomen siebie

Einen Nominativ und Vokativ gibt es von diesem Pronomen nicht, denn diese beiden Kasus erfüllen keine reflexiven Funktionen.

Gen.	siebie
Dat.	sobie
Akk.	siebie/się (Kurzform)
Instr.	sobą
Lok.	o sobie

Das Pronomen **siebie** kann (abhängig von seiner Funktion im Satz) verschiedene Bedeutungen haben:

a) als freies Reflexivpronomen:

Czy widzisz siebie/się w tej roli?	*Siehst du dich in dieser Rolle?*
Kupuję sobie coś do jedzenia.	*Ich kaufe mir etwas zum Essen.*

In Sätzen, in denen sich Subjekt und Objekt auf dieselbe Person beziehen, wird das Objekt im Polnischen nicht durch die entsprechende Form des in Frage kommenden Personalpronomens, sondern durch den entsprechenden Kasus des Reflexivpronomens **siebie** wiedergegeben, z.B.:

Kupujesz sobie coś do jedzenia.	*Du kaufst dir etwas zum Essen.*
Kupuje sobie coś do jedzenia.	*Er kauft sich etwas zum Essen.*

b) als reziprokes Pronomen:

Podajemy sobie ręce (Pl.).	*Wir geben einander die Hand (Sg.).*

c) als expressives Wort, welches der Aussage einen vertraulichen/umgangssprachlichen Charakter verleiht:

Paweł może sobie dłużej pospać we wtorek.	*Paul kann am Dienstag länger schlafen.*

4 DAS ADJEKTIV

4.1 Die Deklination der Adjektive

Das Adjektiv dient zur Bezeichnung von Eigenschaften oder Merkmalen des Substantivs und stimmt mit ihm in Genus, Kasus und Numerus überein.
Bei der Deklination werden Adjektive mit hartem und Adjektive mit weichem Stammauslaut unterschieden.

Adjektive mit hartem Stammauslaut

Beispiel: das Adjektiv **mądry** *(klug)*

Singular				Plural	
Kasus	**maskulin**	**neutral**	**feminin**	**mpG**	**ggG**
Nom.	mądr-y	mądr-e	mądr-a	mądrz-y	mądr-e
Gen.	mądr-ego		mądr-ej	mądr-ych	
Dat.	mądr-emu		mądr-ej	mądr-ym	
Akk.	= G/N*	mądr-e	mądr-ą	mądr-ych	mądr-e
Instr.	mądr-ym		mądr-ą	mądr-ymi	
Lok.	mądr-ym		mądr-ej	mądr-ych	
Vok.	mądr-y	mądr-e	mądr-a	mądrz-y	mądr-e

Adjektive mit weichem Stammauslaut
Beispiel: das Adjektiv **głupi** *(dumm)*

Singular				Plural	
Kasus	**maskulin**	**neutral**	**feminin**	**mpG**	**ggG**
Nom.	głup-i	głupi-e	głupi-a	głup-i	głupi-e
Gen.	głupi-ego		głupi-ej	głup-ich	
Dat.	głupi-emu		głupi-ej	głup-im	
Akk.	= G/N*	głupi-e	głupi-ą	głup-ich	głupi-e
Instr.	głup-im		głupi-ą	głup-imi	
Lok.	głup-im		głupi-ej	głup-ich	
Vok.	głup-i	głupi-e	głupi-a	głup-i	głupi-e

* Bezieht sich das Adjektiv auf ein belebtes maskulines Substantiv, so ist der Akkusativ Sg. dem Genitiv gleich. Bezieht sich das Adjektiv auf ein unbelebtes maskulines Substantiv, so ist der Akkusativ Sg. dem Nominativ gleich, z.B.:

Akk. Sg. Mask. belebt: Wczoraj spotkałam **nowego sąsiada**.
Gestern traf ich den neuen Nachbarn.

Akk. Sg. Mask. unbelebt: Wczoraj kupiłam **nowy telefon**.
Gestern kaufte ich ein neues Telefon.

Im Vokativ Sg. haben die Adjektive dieselben Endungen wie im Nominativ Sg.:

	netter Gast	liebe Oma	gutes Kind
Nom.Sg.:	miły gość	droga babcia	dobre dziecko
Vok. Sg.:	miły gościu	droga babciu	dobre dziecko

Steht im Deutschen vor dem Adjektiv ein Artikel oder ein entsprechendes Pronomen, so verändert sich die Endung des Adjektivs. Im Polnischen wird das Adjektiv dadurch nicht beeinflusst, z.B.:

piękny dzień	*ein schöner Tag*
ten piękny dzień	*dieser schöne Tag*

Im **Plural** unterscheidet man bei den Adjektiven zwischen der maskulin-personalen (mpG) und gemischt-geschlechlichen (ggG) Form. Die **maskuline-personale Form** wird bei Adjektiven verwendet, die sich auf männliche Personen beziehen. Die **gemischt-geschlechtliche Form** wird bei Adjektiven gebraucht, die sich auf unbelebte Maskulina und Tiernamen, auf alle Feminina und alle Neutra beziehen.

In der gemischt-geschlechtlichen Form haben die Adjektive im Nominativ die Endung **-e**. In der **maskulin-personalen Form** enden die Adjektive im Nominativ auf **-i** bzw. auf **-y**. Dabei kommt es zu folgendem Lautwechsel im Auslaut:

		ggG				mpG
Nom. Sg. Mask.		**Endung -e**	**Lautwechsel**			**Endung *-i/-y***
słaby	*schwach*	słabe	-by	→	-bi	słabi
głuchy	*taub*	głuche	-chy	→	-si	głusi
chudy	*mager*	chude	-dy	→	-dzi	chudzi
ubogi	*arm*	ubogie	-gi	→	-dzy	ubodzy
wielki	*groß*	wielkie	-ki	→	-cy	wielcy
zwykły	*einfach*	zwykłe	-ły	→	-li	zwykli
znajomy	*bekannt*	znajome	-my	→	-mi	znajomi
wybitny	*berühmt*	wybitne	-ny	→	-ni	wybitni
skąpy	*geizig*	skąpe	-py	→	-pi	skąpi
chory	*krank*	chore	-ry	→	-rzy	chorzy
prosty	*einfach*	proste	-sty	→	-ści	prości
młodszy	*jünger*	młodsze	-szy	→	-si	młodsi
żywy	*lebendig*	żywe	-wy	→	-wi	żywi
duży	*groß*	duże	-ży	→	-zi	duzi

Wie Adjektive werden die Ordnungszahlen, Partizipien und die adjektivischen Familiennamen auf **-ski** und **-cki** dekliniert.

4.2 Steigerung der Adjektive

Wie im Deutschen werden im Polnischen drei Steigerungsstufen unterschieden:

Positiv		Komparativ	Superlativ
ładny	*schön*	ładniejszy	najładniejszy
interesujący	*interessant*	bardziej interesujący	najbardziej interesujący

Wichtig für die Steigerung im Polnischen ist die Kenntnis über die Bildung des Komparativs vom Positiv.

Der Komparativ der Adjektive

Der Komparativ wird durch Anfügen der Suffixe **-szy** und **-ejszy** an den Positiv gebildet. Einige Adjektive bilden einen unregelmäßigen Komparativ.

a) Das Suffix -szy wird an den Stamm solcher Adjektive angefügt, die auf einen Konsonanten oder eine Konsonantengruppe -st bzw. -rd auslauten:

słaby	słabszy	*schwach*
gęsty	gęstszy	*dick/dicht*
młody	młodszy	*jung*
twardy	twardszy	*hart*

Das Anfügen des Suffixes **-szy** verursacht den Konsonantenwechsel im Stamm:
ł → l, **g → ż**, **n → ń**, **r → rz**, **sn → śni**:

miły	milszy	*nett*
drogi	droższy	*teuer/lieb*
tani	tańszy	*billig*
ostry	ostrzejszy	*scharf*
wczesny	wcześniejszy	*früh*

Manche Adjektive erfahren im Komparativ außerdem einen Stammvokalwechsel:
ą → ę, **o → e**, **a → e**

gorący	gorętszy	*heiß*
zielony	zieleńszy	*grün*
biały	bielszy	*weiß*

Adjektive, deren Stamm auf **-k**, **-ok**, **-ek** auslautet, verlieren im Komparativ diese Endungen, wobei ein vor diesen Endungen stehendes **s** zu **ż** wird:

szybki	szybszy	*schnell*
głęboki	głębszy	*tief*
daleki	dalszy	*weit/fern*
wysoki	wyższy	*hoch*

b) Das Suffix **-ejszy** wird dagegen an einen Stamm mit mehr als einem Konsonanten (ausgenommen die Konsonantengruppe **-rd**, **-st**) angehängt. Dabei wird der vorangehende Konsonant erweicht:

zimny	zimniejszy	*kalt*
ciepły	cieplejszy	*warm*
jasny	jaśniejszy	*hell*
ciemny	ciemniejszy	*dunkel*

c) Folgende Adjektive bilden einen unregelmäßigen Komparativ:

duży/wielki	większy	*groß*
mały	mniejszy	*klein*
dobry	lepszy	*gut*
zły	gorszy	*schlecht*
lekki	lżejszy	*leicht*

Der Superlativ der Adjektive

Der Superlativ des Adjektivs wird vom Komparativ durch Voranstellung des Präfixes **naj-** gebildet.

Positiv		Komparativ	Superlativ
chłodny	*kühl*	chłodniejszy	**naj**chłodniejszy
ciepły	*warm*	cieplejszy	**naj**cieplejszy
wysoki	*hoch/groß*	wyższy	**naj**wyższy
dobry	*gut*	lepszy	**naj**lepszy

Die Adjektive im Komparativ und im Superlativ werden wie die Adjektive im Positiv dekliniert und gebraucht, z.B.:

Nadchodzą **lepsze** czasy.	*Es nahen bessere Tage/Zeiten.*
Nie jestem dzisiaj w **najlepszym** nastroju.	*Ich bin heute nicht in bester Stimmung.*

Die maskulin-personale Form der Komparative und Superlative auf **-szy** lautet **-si**, z.B.:

Sprytniejsi mają lżej w życiu.	*Die Schlaueren haben es leichter im Leben.*

Umschreibende Steigerung

Einige Adjektive (vor allem mehrsilbige Adjektive und solche Adjektive, die von Partizipien gebildet wurden) können nur umschreibend mit **bardziej** *(mehr)* und **najbardziej** *(am meisten)* bzw. **mniej** *(weniger)* und **najmniej** *(am wenigsten)* gesteigert werden.

Positiv		Komparativ	Superlativ
interesujący	*interessant*	bardziej interesujący	najbardziej interesujący
znaczący	*bedeutend*	mniej znaczący	najmniej znaczący
znany	*bekannt*	bardziej znany	najbardziej znany
wytarty	*schäbig*	mniej wytarty	najmniej wytarty

5 GRAMMATIK

4.3 Adjektive mit Ergänzungen

Dem Adjektiv können sich Substantive und Pronomen (= Ergänzungen) mit oder ohne Präposition anschließen.

Kasusergänzungen

Die Kasusergänzungen können im Genitiv, Dativ oder Instrumental stehen.

Adjektive mit Kasusergänzungen im Genitiv

ciekaw	*auf etw. neugierig sein*	Czego jesteś ciekaw?	*Worauf bist du neugierig?*
godzien	*etw. würdig sein*	Nie jesteś godzien zaufania.	*Du bist nicht vertrauenswürdig.*
pełen	*voll etw. sein*	Basen jest pełen ludzi.	*Das Schwimmbad ist voller Menschen.*
pewien	*sich etw. sicher sein*	Jesteś tego pewien?	*Bist du dir dessen sicher?*
świadom	*sich etw. bewusst sein*	Jest Pan świadom ryzyka?	*Sind Sie sich des Risikos bewusst?*
wart	*etw. wert sein*	Ten artykuł jest wart uwagi.	*Dieser Artikel ist beachtenswert.*

Adjektive mit Kasusergänzungen im Dativ

obcy	*jmd. fremd sein*	To nie jest mi obce.	*Das ist mir nicht fremd.*
obojętny	*jmd. gleichgültig sein*	To mi jest obojętne.	*Das ist mir gleichgültig.*
równy	*jmd. gleich sein*	On powinien pracować jak równy tobie.	*Er sollte dir gleich (= wie du) arbeiten.*
znany	*jmd. bekannt sein*	Czy ten przepis jest znany tylko tobie?	*Ist dieses Rezept nur dir bekannt?*

Adjektive mit Kasusergänzungen im Instrumental

zainteresowany	*an etwas interessiert sein*	Czym jesteś zainteresowany?	*Woran bist du interessiert?*
znudzony	*von etw. gelangweilt sein*	Jestem znudzony projektem.	*Ich bin von dem Projekt gelangweilt.*
znużony	*e-r Sache/Person überdrüssig sein*	Jestem tobą znużony.	*Ich bin deiner überdrüssig.*

Adjektive mit Präpositionen

Adjektive können mit einer Präpositionalergänzung stehen. Bei Fragen nach dem Präpositionalobjekt muss zwischen Personen und Sachen unterschieden werden.

Za kogo jesteś odpowiedzialny? — *Für wen bist du verantwortlich?*
Za co jesteś odpowiedzialna? — *Wofür bist du zuständig?*

dumny z + Gen.	*stolz auf*	Jestem z ciebie dumny.	*Ich bin stolz auf dich.*
odpowiedzialny za + Akk.	*verantwortlich für*	Za co jest Pan odpowiedzialny?	*Wofür sind Sie verantwortlich?*
podobny do + Gen.	*jmd. ähnlich*	On jest podobny do mnie.	*Er ist mir ähnlich.*
przygotowany do + Gen.	*vorbereitet auf*	Jesteś przygotowany do egzaminu?	*Bist du auf die Prüfung vorbereitet?*
(nie)zadowolony z + Gen.	*unzufrieden mit*	Jestem niezadowolony z pracy.	*Ich bin mit der Arbeit unzufrieden.*
zakochany w + Dat.	*verliebt in*	On jest w niej zakochany.	*Er ist in sie verliebt.*
(nie)zgodny z + Instr.	*übereinstimmend mit*	To zgodne z prawdą.	*Das entspricht der Wahrheit.*

§ 5 DIE ZAHLWÖRTER

5.1 Grundzahlwörter

Überblick

Die Grundzahlen antworten auf die Frage **ile?** – gemischt-geschlechtliche Form bzw. **ilu?** – maskulin-personale Form *(wie viel?/wie viele?)*. Jede Zahl (außer: **zero**, **jeden**, **tysiąc**, **milion**, **miliard**) hat im Polnischen eine gemischt-geschlechtliche und eine maskulin-personale Form (bei männlichen Personen, die gezählt werden):

Grundzahl	ggG ile?			mpG ilu?
	maskulin	**feminin**	**neutral**	
0			zero	
1	jeden	jedna	jedno	
2	dwa	dwie	dwa	dwaj + Nom./dwóch + Gen.
3	trzy			trzej + Nom./trzech + Gen.
4	cztery	(2 – 4. + Nom.)		czterej + Nom./czterech + Gen.
5	pięć	(ab 5: + Gen.)		pięciu (ab 5: + Gen.)
6	sześć			sześciu
7	siedem			siedmiu
8	osiem			ośmiu
9	dziewięć			dziewięciu
10	dziesięć			dziesięciu
11	jedenaście			jedenastu
12	dwanaście			dwunastu
13	trzynaście			trzynastu
14	czternaście			czternastu
15	piętnaście			piętnastu
16	szesnaście			szesnastu
17	siedemnaście			siedemnastu

18	osiemnaście	osiemnastu
19	dziewiętnaście	dziewiętnastu
20	dwadzieścia	dwudziestu
21	dwadzieścia jeden	dwudziestu jeden
22	dwadzieścia dwa/dwie (+ Nom.)	dwudziestu dwóch
33	trzydzieści trzy (+ Nom.)	trzydziestu trzech
44	czterdzieści cztery (+ Nom.)	czterdziestu czterech
55	pięćdziesiąt pięć	pięćdziesięciu pięciu
66	sześćdziesiąt sześć	sześćdziesięciu sześciu
77	siedemdziesiąt siedem	siedemdziesięciu siedmiu
88	osiemdziesiąt osiem	osiemdziesięciu ośmiu
99	dziewięćdziesiąt dziewięć	dziewięćdziesięciu dziewięciu
100	sto	stu
101	sto jeden	stu jeden
102	sto dwa/dwie (+Nom.)	stu dwóch
103	sto trzy (+Nom.)	stu trzech
113	sto trzynaście	stu trzynastu
124	sto dwadzieścia cztery	stu dwudziestu czterech
200	dwieście	dwustu
300	trzysta	trzystu
400	czterysta	czterystu
500	pięćset	pięciuset
600	sześćset	sześciuset
700	siedemset	siedmiuset
800	osiemset	ośmiuset
900	dziewięćset	dziewięciuset
1000	tysiąc	
1001	tysiąc jeden	tysiąc jeden + Gen. usw.
1002	tysiąc dwa/dwie (+Nom.)	tysiąc dwóch
1015	tysiąc piętnaście	tysiąc piętnastu
1123	tysiąc sto dwadzieścia trzy	tysiąc stu dwudziestu trzech
2000	dwa tysiące	
3000	trzy tysiące	
4000	cztery tysiące	
5000	pięć tysięcy	
6000	sześć tysięcy	

Analog zu **tysiąc**: milion, dwa miliony, pięć milionów
miliard, dwa miliardy, pięć miliardów

5.2 Grundzahlen 0, 1.000, 1.000.000, 1.000.000.000

	0	1.000	1.000.000	1.000.000.000
Nom.	zero	tysiąc	milion	miliard
Gen.	zera	tysiąca	miliona	miliarda
Dat.	zeru	tysiącowi	milionowi	miliardowi
Akk.	zero	tysiąc	milion	miliard
Instr.	zerem	tysiącem	milionem	miliardem
Lok.	zerze	tysiącu	milionie	miliardzie

5.3 Substantivierte Zahlwörter

Für Verkehrsmittel, Hotelzimmer und andere Objekte, die mit einer Zahl bezeichnet werden, gebraucht man für die Nummern von 1 bis 20 und für Zehner und Hunderter Substantive, die von Zahlwörtern gebildet werden.

1	jedynka *die Eins*	**11**	jedenastka	**10**	dziesiątka	**100**	setka
2	dwójka *die Zwei*	**12**	dwunastka	**20**	dwudziestka	**200**	dwusetka
3	trójka *usw.*	**13**	trzynastka	**30**	trzydziestka	**300**	trzysetka
9	dziewiątka	**19**	dziewiętnastka	**90**	dziewięćdziesiątka		*usw.*

Die substantivierten Zahlwörter werden wie feminine Substantive dekliniert:

Mieszkam w jedynce (Lok.). — *Ich wohne in einem Einzelzimmer.*
Mieszkam pod jedynką (Instr.) — *Ich wohne im Zimmer Nummer 1.*
Czekam na czwórkę (Akk.) — *Ich warte auf die (Straßenbahn Nr.) 4.*

Das substantivierte Zahlwort kann auch das Alter oder den Wert von Münzen und Geldscheinen bezeichnen:

Skończył już pięćdziesiątkę. — *Er hat die Fünfzig schon erreicht.*
Czy może pan rozmienić setkę? — *Können Sie einen Hunderter wechseln?*

Die mehrgliedrigen Zahlwörter werden nicht substantiviert, z.B.:

Do hotelu można dojechać także autobusem sto dwadzieścia osiem. — *Zum Hotel kann man auch mit dem Bus 128 fahren.*
Mieszkam w pokoju sto czterdzieści sześć. — *Ich wohne im Zimmer 146.*

5.4 Alters- und Mengenangaben

Die Altersangabe wird im Polnischen mit dem Hilfsverb **mieć** *(haben)* und den Pluralformen **lata/lat** von **rok** *(Jahr)* gebildet. Nach den Zahlen 2 bis 4 (auch bei mehrgliedrigen Grundzahlen 22, 23, 24) steht die Form **lata** (Nominativ Pl.), nach allen anderen Grundzahlen die Form **lat** (Genitiv Pl.).

Mam 2- 4	22-24	32-34...	lata.	*Ich bin ... Jahre alt.*
Mam 5-21	25-31	35-41...	lat.	*Ich bin ... Jahre alt.*

Weitere Beispiele:

Ile masz lat?	*Wie alt bist du?*
Ile pan/i ma lat?	*Wie alt sind Sie?*
Ile oni mają lat?	*Wie alt sind sie?*
Piotruś ma 6 miesięcy.	*Piotruś ist 6 Monate alt.*
Grześ ma jeden rok.	*Grześ ist ein Jahr alt.*
Zosia ma dziewięć i pół roku.	*Zosia ist 9 1/2 Jahre alt.*

Bei Mengenangaben steht das zu bestimmende Substantiv im Genitiv:

Dzisiaj muszę kupić:	*Heute muss ich kaufen:*
5 kilo(gramów) jabłek (Gen.Pl.)	*5 kg Äpfel*
2 kilo(gramy) ziemniaków (Gen.Pl.)	*2 kg Kartoffeln*
1 kilo(gram) chleba	*1 kg Brot*

5.5 Unbestimmte Grundzahlwörter

Die unbestimmten Grundzahlwörter bezeichnen eine unbestimmte Menge/Anzahl und antworten auf die Frage **ile?** (ggG) bzw. **ilu?** (mpG) (*wie viel?/wie viele?*):

gemischt-geschlechtlich	maskulin-personal	Bedeutung
kilka	kilku	*einige, etliche, wenige*
parę	paru	*ein paar, einige*
wiele	wielu	*mehrere*
tyle	tylu	*so viele*
ile	ilu	*wie viele?*
kilkanaście	kilkunastu	*etwa zwölf (bis neunzehn)*
kilkadziesiąt	kilkudziesięciu	*zig, einige zehn*
parędziesiąt	parędziesięciu	*zig, einige zehn*
wieleset	wieluset	*einige hundert*
kilkaset	kilkuset	*einige hundert*

Für die Deklination und den Gebrauch aller unbestimmten Zahlwörter gelten dieselben Regeln wie für **pięć**.

Ile dziewcząt i ilu chłopców jest w klasie?	*Wie viele Mädchen und Jungen gibt es in der Klasse?*
W klasie jest kilka/pięć dziewcząt i kilku/pięciu chłopców.	*In der Klasse gibt es einige/fünf Mädchen und einige/fünf Jungen.*
On mówi wieloma/pięcioma językami.	*Er spricht mehrere/fünf Sprachen.*
Do plaży jest kilkaset/ pięćset metrów.	*Zum Strand sind es einige hundert/ fünfhundert Meter.*

5.6 Ordnungszahlwörter

1. pierwszy	**11.** jedenasty	**10.** dziesiąty	**100.** setny
2. drugi	**12.** dwunasty	**20.** dwudziesty	**200.** dwusetny
3. trzeci	**13.** trzynasty	**30.** trzydziesty	**300.** trzechsetny
4. czwarty	**14.** czternasty	**40.** czterdziesty	**400.** czterechsetny
5. piąty	**15.** piętnasty	**50.** pięćdziesiąty	**500.** pięćsetny
6. szósty	**16.** szesnasty	**60.** sześćdziesiąty	**600.** sześćsetny
7. siódmy	**17.** siedemnasty	**70.** siedemdziesiąty	**1.000.** tysięczny
8. ósmy	**18.** osiemnasty	**80.** osiemdziesiąty	**100.000.** stutysięczny
9. dziewiąty	**19.** dziewiętnasty	**90.** dziewięćdziesiąty	**1.000.000.** milionowy

Ordnungszahlen werden wie Adjektive dekliniert. Bei zweigliedrigen Zahlwörtern nehmen beide Bestandteile und bei mehrgliedrigen Zahlwörtern nur die letzten beiden Bestandteile die Form der Ordinalzahl an:

W dwudziestym drugim wieku będziemy latać na Marsa.	*Im 22. Jahrhundert werden wir zum Mars fliegen.*
Poznaliśmy się trzydziestego pierwszego stycznia tego roku.	*Wir haben uns am 31. Januar dieses Jahres kennen gelernt.*
Znalazłem cytat na stronie dwieście trzydziestej piątej.	*Ich habe das Zitat auf Seite 235 gelesen.*

5.7 Zeitangaben

Ordnungszahlwörter werden im Polnischen auch bei der Angabe der Uhrzeit, des Datums und der Jahreszahl benutzt.

Nach der Uhrzeit fragt man:

Która (jest) godzina?	*Wie viel Uhr ist es?*
(Jest) (godzina) dwunasta.	*Es ist zwölf Uhr.*
O której godzinie? (Lok.)	*Um wie viel Uhr?*
O (godzinie) dwunastej.	*Um zwölf Uhr.*
O dwunastej (godzinie).	

Die vollen Stunden werden im Polnischen durch Ordnungszahlen wiedergegeben, z.B.:

Jest druga/piąta/ósma (godzina).	*Es ist zwei/fünf/acht Uhr.*

In der Umgangssprache können **jest** und **godzina/godzinie** weggelassen werden.

Godzina bedeutet sowohl Stunde als auch Uhr.

Która godzina?	*Wie viel Uhr ist es?*
Za godzinę.	*In einer Stunde.*

Zum Ausdruck der Zeitangaben in Minuten werden im gesprochenen Polnisch die Präpositionen **za** *(vor)* und **po** *(nach)* gebraucht. Die Stunden werden dabei mit der Ordnungszahl und die Minuten mit der Grundzahl angegeben.

Jest piętnaście (minut) po trzeciej.	*3.15 Uhr und 15.15 Uhr*
Jest za piętnaście (minut) trzecia.	*2.45 Uhr und 14.45 Uhr*
Jest wpół do trzeciej.	*2.30 Uhr und 14.30 Uhr*

In der amtlichen Sprache zählt man die Stunden von 0 bis 24 und die Uhrzeit wird wie folgt angegeben:

Jest godzina trzecia piętnaście.	*3.15 Uhr*
Jest godzina piętnasta piętnaście.	*15.15 Uhr*
Jest godzina druga trzydzieści.	*2.30 Uhr*
Jest godzina czternasta trzydzieści.	*14.30 Uhr*

Zur ungefähren Zeitangabe (ohne Minutenangabe) dienen die Ausdrücke:

Przyjdę (zaraz) po ósmej.	*Ich komme (kurz) nach acht.*
Wrócę (tuż) przed ósmą.	*Ich komme (kurz) vor acht zurück.*

5.8 Datums- und Jahresangaben

Das Datum wird mit der Ordnungszahl wie folgt angegeben:

Który jest dzisiaj?	*Der Wievielte ist heute?*
Dzisiaj jest osiemnasty (Nom.) czerwca (Gen.).	*Heute ist der 18. Juni.*
Którego dzisiaj mamy?	*Den Wievielten haben wir heute?*
Dzisiaj mamy osiemnasty (Nom.) czerwca. (Gen.)	*Heute haben wir den 18. Juni.*

Aber:

To było osiemnastego (Gen.) czerwca (Gen.).	*Das war am 18. Juni.*

Jahreszahl

Das Jahr wird ebenso mit der Ordnungszahl angegeben:

Który to był rok? To był tysiąc dziewięćset osiemdziesiąty czwarty rok.	*Welches Jahr war das? Das war 1984.*
To niemożliwe. W tysiąc dziewięćset osiemdziesiątym czwartym roku jeszcze się nie znaliśmy.	*Das ist nicht möglich. 1984 haben wir uns noch nicht gekannt.*

Aber:

w setnym/sto czwartym/tysięcznym/ tysiąc sto trzecim/dwutysięcznym/ dwa tysiące pierwszym roku	*im Jahr 100/104/1103/ 2000/2001*

Zur Bezeichnung eines bestimmten Datums wird der ganze Ausdruck in den Genitiv gesetzt:

Kiedy się urodziłeś?	*Wann bist du geboren?*
Urodziłem się dwudziestego ósmego września tysiąc dziewięćset siedemdziesiątego piątego roku.	*Ich bin am 28. September 1975 geboren.*

6 DAS ADVERB

6.1 Einteilung der Adverbien nach ihrer Bedeutung

Nach der Bedeutung können folgende Arten von Adverbien unterschieden werden:

Adverbien der Art und Weise

Diese Adverbien geben Auskunft über die Art und Weise, wie etwas geschieht. Sie antworten auf die Fragen **jak?** *(wie?)* und **w jaki sposób?** *(auf welche Weise?)*

Zu den Adverbien der Art und Weise gehören die meisten von Adjektiven abgeleiteten Adverbien, z.B.:

dobrze	*gut*	bokiem	*seitwärts*	po omacku	*blindlings*
głęboko	*tief*	cichcem	*heimlich*	na oślep	*blindlings*
ciepło	*warm*	jakoś	*irgendwie*	na pamięć	*auswendig*
szybko	*schnell*	po polsku	*auf Polnisch*	na piechotę	*zu Fuß*
ładnie	*schön*	po męsku	*wie ein Mann*	od nowa	*von neuem*

Adverbien des Ortes

Adverbien des Ortes geben Umstände des Raumes **gdzie?** *(wo?)* und der Richtung **dokąd?** *(wohin?)*, **skąd?** *(woher?)*, **którędy?** *(wo entlang?)* an.

dotąd	*bis hierher*	stamtąd	*von dort*	tędy	*hier durch*
na lewo	*(nach) links*	blisko	*nahe*	daleko	*weit*
stąd	*von hier*	tu/tutaj	*hier*	tam	*dort*

Adverbien der Zeit

Adverbien der Zeit geben den Zeitpunkt oder die Dauer eines Geschehens an. Sie antworten auf die Fragen **kiedy?** *(wann?)*, **jak często?** *(wie oft?)* und **jak długo?** *(wie lange?)*.

potem	*dann*	teraz	*jetzt*	rano	*frühmorgens*
zaraz	*gleich*	dopiero co	*(so)eben*	wczoraj	*gestern*
dziś	*heute*	długo	*lange*	codziennie	*täglich*
		latem	*im Sommer*		

Adverbien des Grades

Adverbien des Grades verstärken eine Aussage oder schwächen sie ab. Sie antworten auf die Fragen **ile?** *(wie viel?)* und **do jakiego stopnia?** *(bis zu welchem Grad?)*.

bardzo	*sehr*	zbyt dużo	*(all)zu viel*	prawie	*fast*
mało	*wenig*	nadzwyczaj	*äußerst*	dostatecznie	*genügend*

Manche Adverbien haben ihre homonymen unflektierbaren Entsprechungen, die aber zu anderen Wortklassen gehören, z.B.:

Ona **dużo** je.	*Sie isst viel.* (Adverb)
Ona je **dużo** owoców. (unbestimmtes Zahlwort)	*Sie isst viel Obst.*

6.2 Steigerung der Adverbien

Adverbien werden ähnlich wie Adjektive gesteigert.

Regelmäßige Steigerung

Der Komparativ wird durch Anfügen des Suffixes **-ej** an den Positiv gebildet. Das Anfügen dieses Suffixes verursacht meistens den Konsonantenwechsel, z.B. **g → ż**, **t → c**, **s → ż**. Weitere Veränderungen werden bei der Steigerung der Adjektive behandelt. Adverbien auf **-ko**, **-eko**, **-oko** verlieren diese Endungen.

5 GRAMMATIK

Der Superlativ wird vom Komparativ durch Voranstellung des Präfixes **naj-** gebildet.

Positiv		Komparativ	Superlativ
ciekawie	*interessant*	ciekawiej	najciekawiej
bardzo	*sehr*	bardziej	najbardziej
długo	*lange*	dłużej	najdłużej
krótko	*kurz*	krócej	najkrócej
nisko	*niedrig, tief*	niżej	najniżej
brzydko	*hässlich*	brzydziej	najbrzydziej
daleko	*weit*	dalej	najdalej

Unregelmäßige Steigerung

Nur fünf Adverbien werden unregelmäßig gesteigert:

Positiv		Komparativ	Superlativ
dobrze	*gut*	lepiej	najlepiej
źle	*schlecht*	gorzej	najgorzej
dużo/wiele	*viel*	więcej	najwięcej
mało	*wenig*	mniej	najmniej
lekko	*leicht*	lżej	najlżej

Umschreibende Steigerung

Fast alle Adverbien können mit **bardziej** bzw. **najbardziej** gesteigert werden.

Positiv		Komparativ	Superlativ
niebiesko	*blau*	bardziej niebiesko	najbardziej niebiesko

Die Anwendung aller drei Steigerungsstufen der Adverbien im Satz erfolgt ähnlich wie beim Adjektiv

7 DIE PARTIKEL

7.1 Partikeln

Partikeln sind unveränderliche Hilfswörter, die die Bedeutung einzelner Wörter oder ganzer Sätze näher bestimmen. Nach ihrer modifizierenden Bedeutung unterscheidet man folgende Arten von Partikeln:

a) **einschätzend: tak** *(ja)*, **nie** *(nein)*, **istotnie** *(tatsächlich)*, **owszem** *(doch/ja/ natürlich)*, **naprawdę** *(wahrhaftig)*, **może/chyba** *(vielleicht)*

Tak, on jest bardzo mądry.	*Ja, er ist sehr klug.*
Nie, i jeszcze raz **nie**.	*Nein und abermals nein.*
Moze wreszcie powiesz prawdę?	*Vielleicht sagst du endlich die Wahrheit?*

b) **einschränkend: dopiero** *(erst)*, **jeszcze** *(noch)*, **już** *(schon)*, **przede wszystkim** *(vor allem)*, **tylko** *(nur)*, **także** *(auch)*, **właśnie** *(eben)*

Ma **dopiero** szesnaście lat.	*Er ist erst sechzehn Jahre alt.*
Zobaczymy się **jeszcze** w tym tygodniu.	*Wir sehen uns noch in dieser Woche.*
Tylko ty możesz ją zaprosić.	*Nur du kannst sie einladen.*

c) **verstärkend: aż** *(bis/recht)*, **no** *(mal)*, **nawet** *(sogar)*

Aż miło patrzeć na nią.	*Es ist eine richtige Freude, sie anzuschauen.*
Chodź **no** tu!	*Komm mal her!*

d) fragend: czy *(ob)*, **czyżby** *(ob denn)*

Czy ktoś wie, o co tu chodzi? *Ob jemand weiß, worum es hier geht?*

e) fordernd: niech, **niechby** *(wenn auch)*, **oby** *(wenn nur)*

Niech żyje! *Es lebe hoch!*
Oby tylko przyszedł! *Wenn er nur käme!*

An die Partikeln *czy* und *oby* können die Personalendungen des Verbs angehängt werden, z.B.:

Czyś zwariował? *Bist du verrückt geworden?*
Obyśmy zdrowi byli! *Wenn wir doch gesund sein wollten!*

7.2 Interjektionen

Interjektionen sind unveränderliche, außerhalb des Satzrahmens stehende Wörter, die Aufforderungen oder Gefühle ausdrücken. Gewöhnlich werden sie durch Kommas oder Ausrufezeichen vom Satz getrennt. Interjektionen bilden folgende Bedeutungsgruppen:

Empfindungswörter
Die Empfindungswörter drücken verschiedenste Gefühle und Einstellungen des Sprechers aus:

Verständnis: **a..., aha!**
Begeisterung: **ach!**
Überraschung: **ach! aj! och! oj! ojej!**
Einverständnis: **aha!**
Schmerz: **aj! aua! oj! ojej!**
Kälte: **brrr!**
Skepsis: **eee! no, no!**
Ekel: **brrr! fuj!**
Seufzer: **ech! eh!**
Überlegung: **hmmm...**
Resignation: **ech! eh!**
Bewunderung: **ho, ho!**
Geringschätzung: **iii!**
Freude: **hura!**

Aufforderungswörter
Aufforderungswörter geben einen Ruf, Gruß oder eine Aufforderung wieder:

nach jemandem rufen: **halo! hej!**
jemanden antreiben: **hejże! hola! no! nuże! dalej!**
jemanden anhalten: **stop!**
jemanden beruhigen: **sza! ci!**
jemanden begrüßen: **cześć!** *(Grüß dich!)*
jemanden verabschieden: **cześć!** *(Tschüß!)*, **pa, pa!** *(Tschüß!)*
jemandes Aufmerksamkeit auf etwas lenken: **ej! hej! pst!**

Lautnachahmungen

Bestimmte Interjektionen dienen zur Nachahmung menschlicher oder tierischer Laute bzw. anderer Geräusche:

hahaha! *(Lachen)*, **hau!** *(Hund)*, **miau** *(Katze)*, **kukuryku!** *(Hahn)*, **titatita!** *(Martinshorn/Krankenwagen)*, **trach!** *(Knall)* **bęc!/bach!** *(Aufprall)*, **ciach!** *(Schnitt)*

8 DIE PRÄPOSITION

8.1 Präpositionen mit dem Genitiv

bez	*ohne*	Poszedł bez parasola.	*Er ging ohne Schirm.*
dla	*für* *zu*	Mam książki dla ciebie. Czytam dla przyjemności.	*Ich habe Bücher für dich.* *Ich lese zum Vergnügen.*
do	*nach* *in* *an* *zu* *bis*	Jadę do Pragi. Zapraszam cię do kina. Podejdź do okna! Idę do znajomych. Czekam do niedzieli.	*Ich fahre nach Prag.* *Ich lade dich ins Kino ein.* *Komm ans Fenster!* *Ich gehe zu meinen Bekannten.* *Ich warte bis Sonntag.*
dokoła	*um...herum*	Chodził dokoła stołu.	*Er ging um den Tisch herum.*
koło	*neben* *an*	Koło niego stał pies. Kiosk był koło domu.	*Neben ihm stand ein Hund.* *Der Kiosk war am Haus.*
naprzeciw (ko)	*gegenüber*	Stał naprzeciw(ko) kina.	*Er stand gegenüber dem Kino.*
obok	*neben*	Siedziała obok mnie.	*Sie saß neben mir.*
od	*von* *seit* *ab* *als*	Ten list jest od ciebie. Czekam już od piątku. Czekaj na mnie od jutra. On jest wyższy od niej.	*Dieser Brief ist von dir.* *Ich warte bereits seit Freitag.* *Warte auf mich ab morgen.* *Er ist größer als sie.*
(o)prócz	*außer*	Nie miał nikogo prócz niej.	*Er hatte niemanden außer ihr.*
podczas	*während*	To się wydarzyło podczas jej pobytu za granicą.	*Das passierte während ihres Aufenthalts im Ausland.*
(po)mimo	*trotz*	Przyjdę mimo deszczu.	*Ich komme trotz des Regens.*
spod	*unter ... hervor*	Pies wyglądał spod łóżka.	*Der Hund blickte unter dem Bett hervor.*
u	*bei* *an*	Mieszkam u niego. Walczył u jego boku.	*Ich wohne bei ihm.* *Er kämpfte an seiner Seite.*
wzdłuż	*entlang*	Płynął wzdłuż brzegu.	*Er schwamm am Ufer entlang.*
z, ze	*aus*	Gość przyjechał z Wiednia. Pierścionek jest ze złota.	*Der Gast kam aus Wien.* *Der Ring ist aus Gold.*
zamiast	*(an)statt*	Zamiast listu był fax.	*Statt des Briefes gab's ein Fax.*
znad	*von ... her*	Wyż znad Bałtyku.	*Das Hoch von der Ostsee her.*
zza	*von ... her* *hinter...her*	Komisarz wyjrzał zza biurka.	*Der Kommissar blickte hinter dem Schreibtisch hervor.*

8.2 Präpositionen mit dem Dativ

dzięki	dank	Wyzdrowiał dzięki twojej pomocy.	Dank deiner Hilfe ist er gesund geworden.
naprzeciw	entgegen	Wyjdź mi naprzeciw(ko)!	Komm mir entgegen!
przeciw (ko)	gegen	Weź coś przeciw grypie!	Nimm etwas gegen die Grippe!

8.3 Präpositionen mit dem Akkusativ

między	*zwischen*	Poszedł między ludzi.	*Er ging zwischen die Leute.*
na	*auf*	Chodź na taras!	*Komm auf die Terrasse!*
	in	Idę na koncert.	*Ich gehe ins Konzert.*
	an	Powieś zegar na ścianę!	*Hänge die Uhr an die Wand!*
	nach	Jadę na Pragę.	*Ich fahre nach Praga (Stadtviertel).*
	zu	Idziesz na zebranie?	*Gehst du zur Versammlung?*
	für	Wyjeżdżam na rok.	*Ich fahre weg für ein Jahr.*
nad	*an*	On także jedzie nad morze.	*Er fährt auch an die See.*
o	*nach*	Zapytałem o drogę.	*Ich habe nach dem Weg gefragt.*
o	*an*	Oparł się o ścianę.	*Er lehnte sich an die Wand.*
	um	Spóźnił się o dzień.	*Er verspätete sich um einen Tag.*
po	*zu*	Proszę 3 lody po 2 złote.	*Bitte drei Eis zu 2 Zloty.*
przed	*vor*	Wyszedł przed dom.	*Er ging vor das Haus hinaus.*
pod	*unter*	Połóż list pod książkę!	*Leg den Brief unter das Buch!*
	an	Auto podjeżdża pod dom.	*Das Auto fährt am Haus vor.*
	gegen	On płynie pod prąd.	*Er schwimmt gegen den Strom.*
przez	*über*	Przejdziemy przez ulicę.	*Wir gehen über die Straße.*
	durch	Pojedziemy przez miasto.	*Wir fahren durch die Stadt.*
		Spał przez całą noc.	*Er schlief die ganze Nacht.*
w, we	*an*	Byłem tam we wtorek.	*Ich war dort am Dienstag.*
za	*für*	Kup jednego loda za 3 złote!	*Kaufe ein Eis für 3 Zloty!*
	in	Przyjadę za miesiąc.	*Ich komme in einem Monat.*
	hinter	Idę za dom.	*Ich gehe hinter das Haus.*

8.4 Präpositionen mit dem Instrumental

między	*zwischen*	Stała między nami.	*Sie stand zwischen uns.*
nad	*über*	Orzeł leciał nad rzeką.	*Der Adler flog über dem Fluss.*
	an	Spotkasz go nad morzem.	*Du triffst ihn an der See.*
poza	*außerhalb*	Mieszkał poza wsią.	*Er wohnte außerhalb des Dorfes.*
przed	*vor*	Przed domem stała Ewa.	*Vor dem Haus stand Eva.*
		Jest pięć minut przed drugą.	*Es ist fünf vor zwei.*
		On ucieka przed karą.	*Er flieht vor der Strafe.*

pod	*unter* *an/vor* *bei*	List leży pod książką. Auto stoi pod domem. Mieszkam pod Krakowem.	*Der Brief liegt unter dem Buch!* *Das Auto steht am Haus.* *Ich wohne bei Krakau.*
z,ze	*mit*	Porozmawiam jeszcze z tobą.	*Ich spreche noch mit dir.*
za	*hinter*	Dom stoi za górą.	*Das Haus steht hinter dem Berg.*

8.5 Präpositionen mit dem Lokativ

na	*auf* *in* *an*	Bawimy się na tarasie. Jestem na koncercie. Obraz wisi na ścianie.	*Wir spielen auf der Terrasse.* *Ich bin im Konzert.* *Das Bild hängt an der Wand.*
o	*um* *von* *über* *an*	Wróciła o piątej. Pisał mi o tobie. Czytał książkę o sztuce. Myśl o przyszłości!	*Sie kam um fünf Uhr zurück.* *Er schrieb mir von dir.* *Er las das Buch über Kunst.* *Denke an die Zukunft!*
po	*nach* *auf*	Przyjdę po szóstej. Skakał po kanapie.	*Ich komme nach 6 Uhr.* *Er sprang auf dem Sofa.*
przy	*an* *bei*	Siedziała przy oknie. List mam przy sobie.	*Sie saß am Fenster.* *Den Brief habe ich bei mir.*
w, we	*in*	Pracuję w ogrodzie. Ona mieszka we Włoszech. Nie spał w nocy.	*Ich arbeite im Garten.* *Sie wohnt in Italien.* *Er hat in der Nacht nicht geschlafen.*

Im Polnischen steht nach Präpositionen oft ein anderer Kasus als nach entsprechenden Präpositionen im Deutschen.

9 DIE KONJUNKTION

9.1 Koordinierende Konjunktionen

Koordinierende Konjunktionen verbinden Hauptsätze, Nebensätze gleichen Grades und einzelne Satzglieder. Sie bilden folgende Bedeutungsgruppen:

a) verbindend: i *(und)*, **oraz** *(sowie)*, **też/także** *(auch)*, **ani ... (ani)** *(weder ... noch ...)*

Wczoraj czytałem gazety **i** pisałem listy.	*Gestern las ich Zeitungen und schrieb Briefe.*
(**Ani**) nie jestem zmęczona, **ani** nie chce mi się spać.	*Ich bin weder müde noch will ich schlafen.*

b) alternativ: albo/lub/bądź/czy *(oder)*

Pójdziemy na lody **lub** zaproszę cię do mnie na kawę.	*Wir gehen Eis essen oder ich lade dich zu mir zum Kaffee ein.*

5 GRAMMATIK

c) gegenüberstellend: a *(aber/und)*, **ale** *(aber)*, **lecz** *((je)doch/aber)*, **jednak(że)** *(doch/dennoch)*, **natomiast/zaś** *(dagegen)*

Dzisiaj zwiedzimy Kraków, **a** jutro pojedziemy do Zakopanego.	*Heute besichtigen wir Krakau und morgen fahren wir nach Zakopane.*

d) resultativ: dlatego *(deshalb)*, **więc/zatem** *(also)*, **toteż** *(deswegen)*

Nie mam samochodu, **dlatego** jeżdżę do pracy pociągiem.	*Ich habe kein Auto, deshalb fahre ich mit dem Zug zur Arbeit.*

Vor den Konjunktionen **i** *(und)*, **oraz** *(sowie)*, **lub/albo/czy** *(oder)* steht in der Regel kein Komma, es sei denn sie werden in derselben Funktion im Satz wiederholt, z.B.:

Piszesz teraz list czy czytasz książkę?	*Schreibst du jetzt den Brief*
Czy teraz piszesz list, czy czytasz książkę?	*oder liest du das Buch?*

Ein Komma steht dagegen vor den Konjunktionen **a/ale/lecz** *(aber)* und den Konjunktionaladverbien **zaś/natomiast** *(dagegen)* und in einer konjunktionslosen Verbindung, z.B.:

Liczba 7 przynosi szczęście,	*Die Zahl 7 bringt Glück,*
13 zaś jest liczbą nieszczęśliwą.	*dagegen ist 13 eine Unglückszahl.*
Teraz poczytam książkę,	*Jetzt lese ich ein Buch,*
(a) potem napiszę list.	*(und) dann schreibe ich einen Brief.*

5

9.2 Mehrteilige Konjunktionen

Mehrteilige Konjunktionen gehören zu den koordinierenden Konjunktionen. Sie bestehen aus mindestens zwei Teilen, die nicht unmittelbar nebeneinander stehen müssen. Bei den meisten mehrteiligen Konjunktionen steht ein Teil vor dem ersten und der andere vor dem zweiten Satz.

albo..., albo	*entweder... oder*	Albo studiujesz, albo pracujesz.	*Entweder du studierst, oder du arbeitest.*
ani..., ani	*weder... noch*	Ani on, ani ona nie pracują.	*Weder er noch sie arbeitet.*
im..., tym	*je... desto*	Im szybciej to skończysz, tym lepiej.	*Je schneller du damit fertig bist, desto besser.*
nie tylko..., ale i/ale też/lecz również/lecz także	*nicht nur... sondern auch*	Ona nie tylko studiuje, ale i pracuje.	*Sie studiert nicht nur, sondern arbeitet auch.*
zarówno..., jak i	*sowohl... als auch*	Ona studiuje zarówno psychologię jak i prawo.	*Sie studiert sowohl Psychologie als auch Jura.*

GRAMMATIK

9.3 Subordinierende Konjunktionen

Subordinierende Konjunktionen leiten Nebensätze ein. Sie bilden folgende Bedeutungsgruppen:

a) **temporal: kiedy/gdy** *(wenn/nachdem)*, **odkąd** *(seitdem)*, **zanim** *(ehe/bevor)*, **aż** *(bis)*, **dopóki** *(solange)*

Kiedy napiszesz list, zadzwoń do mnie.	*Wenn du den Brief geschrieben hast, ruf mich an.*
Zaczekajcie proszę, **aż** przyjdzie Robert.	*Wartet bitte, bis Robert kommt.*

b) **modal: jakby** *(als ob)*, **niż** *(als/denn)*, **że** *(dass)*

On wygląda tak, **jakby** był chory.	*Er sieht so aus, als ob er krank wäre.*

c) **final: aby/żeby** *(damit/um ... zu/dass)*

Ewa poszła do sklepu, **aby** kupić chleb.	*Eva ging ins Geschäft, um Brot zu kaufen.*

d) **kausal: gdyż/ponieważ/bo** *(weil/denn)*

Byłem zły na ciebie, **bo** się spóźniłaś.	*Ich war böse auf dich, weil du dich verspätet hast.*

e) **konditional: jeśli/jeżeli/gdyby** *(wenn/falls)*

Pośpiesz się, **jeśli** nie chcesz się spóźnić.	*Beeil dich, wenn du dich nicht verspäten willst.*

f) **konzessiv: chociaż/choć** *(obwohl)*, **mimo że/pomimo** *(trotzdem)*

Dzieci nie bały się ojca, **chociaż** był surowy.	*Die Kinder hatten keine Angst vor dem Vater, obwohl er streng war.*

g) **konsekutiv: tak że** *(so dass)*

Był **tak** zmęczony, **że** zaraz usnął.	*Er war so müde, dass er gleich einschlief.*

h) **spezifizierend** (bei Objekt- und Attributsätzen): **że/żeby/aby** *(dass)*, **czy** *(ob)*

To jasne, **że** dotrzymam słowa.	*Klar, dass ich mein Wort halte.*
Nie wiem, **czy** przyjdziesz.	*Ich weiß nicht, ob du kommst.*

Nebensätze können neben Konjunktionen auch durch Adverbien und Pronomen eingeleitet werden, z.B.:

Spytał ją, **kiedy** przyjdzie.	*Er fragte sie, wann sie kommt.*
Kto chce, może przyjść.	*Wer will, kann kommen.*
Gdzie jest książka, **którą** teraz czytam?	*Wo ist das Buch, das ich jetzt lese?*

10 FRAGESÄTZE

10.1 Fragesätze

Entscheidungsfrage

Entscheidungsfragen sind Fragen, die mit **tak** oder **nie** beantwortet werden. Die Wortstellung in der Entscheidungsfrage unterscheidet sich gewöhnlich nicht von der des Aussagesatzes. Es gibt zwei Möglichkeiten, solche Fragen zu formulieren:

a) die Frage wird in der Regel mit **czy** *(ob)* eingeleitet:

Czy pan ma psa?	*Haben Sie einen Hund?*
Czy lubi pani muzykę poważną?	*Haben Sie klassische Musik gern?*

b) die Frage kann aber auch lediglich durch die typische Frageintonation verdeutlicht werden:

Pan ma psa?	*Haben Sie einen Hund?*
Pani lubi muzykę poważną?	*Haben Sie klassische Musik gern?*

Häufiger wird die Entscheidungsfrage durch das an den Satzanfang gestellte Verb eingeleitet:

Ma pan teraz trochę czasu?	*Haben Sie jetzt etwas Zeit?*

Ergänzungsfrage

Mit Hilfe von Ergänzungsfragen wird nach einer Person, einem Gegenstand oder einem Umstand gefragt. Sie werden mit Fragepronomen bzw. mit Frageadverbien eingeleitet:

a) mit Fragepronomen eingeleitete Ergänzungsfragen:

Kto napisał ten list?	*Wer hat diesen Brief geschrieben?*
Co on chciał powiedzieć?	*Was wollte er sagen?*

b) mit Frageadverbien eingeleitete Ergänzungsfragen:

Kiedy to było?	*Wann war das?*
Gdzie pani mieszka?	*Wo wohnen Sie?*
Dlaczego Ewa nie przyszła?	*Warum ist Ewa nicht gekommen?*

Auch bei Ergänzungsfragen erfolgt gewöhnlich die Wortstellung wie im Aussagesatz.

10.2 Adverbialsätze

Adverbialsätze geben Umstände an, unter denen die Handlung des Hauptsatzes erfolgt. Im Gegensatz zum Deutschen ist die Wortfolge im polnischen Nebensatz wie im Hauptsatz. Entsprechend ihrer Bedeutung werden alle Adverbialsätze eingeteilt in:

a) Lokalsätze
b) Kausalsätze
c) Temporalsätze
d) Finalsätze
e) Modalsätze
f) Konditionalsätze
g) Konsekutivsätze
h) Konzessivsätze

Lokalsatz

Lokalsätze werden mit Hilfe der Ortsadverbien **gdzie** *(wo)*, **skąd** *(woher)*, **dokąd** *(wohin)* eingeleitet:

Mieszkam tam, gdzie są te dwa okna.	*Ich wohne dort, wo diese zwei Fenster sind.*
Idę, dokąd mnie oczy poniosą.	*Ich gehe (dorthin), wohin mich meine Augen führen.*

Kausalsatz

Kausalsätze werden durch die Konjunktionen **ponieważ**, **bo**, **bowiem**, **gdyż** *(weil, da)* eingeleitet. Im Gegensatz zu anderen Nebensätzen kann der Kausalsatz aus stilistischen Gründen im Satzgefüge nur nachgestellt werden. Nach dem Kausalsatz fragt man mit dem Frageadverb **dlaczego?** *(warum?)*.

Musisz się pospieszyć, ponieważ jest już bardzo późno.	*Du musst dich beeilen, weil es schon sehr spät ist.*
Nie można wyjść, bo pada.	*Man kann nicht hinausgehen, weil es regnet.*
Nie może czytać, gdyż nie ma okularów.	*Er kann nicht lesen, weil er keine Brille hat.*

Temporalsatz

Zum Ausdruck der Gleichzeitigkeit und der Vorzeitigkeit dienen im Polnischen die Konjunktionen **kiedy** und **gdy** *(wenn)*. Sie sind austauschbar. Die Gleichzeitigkeit wird im Haupt- und im Nebensatz mithilfe der unvollendeten Verben ausgedrückt:

Kiedy/gdy jestem w domu, czytam książki.	*Wenn ich zu Hause bin, lese ich Bücher.*

5 GRAMMATIK

Gdy/kiedy robiło się zimno, włączaliśmy ogrzewanie.	*Immer wenn es kalt wurde, schalteten wir die Heizung ein.*

Die Vorzeitigkeit wird dagegen mit Hilfe der vollendeten Verben ausgedrückt:

Gdy zjemy obiad, pójdziemy do muzeum.	*Nachdem wir gegessen haben, gehen wir ins Museum.*
Gdy zrobiło się zimno, włączyliśmy ogrzewanie.	*Nachdem es kalt geworden war, schalteten wir die Heizung ein.*

Zum Ausdruck der Nachzeitigkeit dienen die Konjunktionen **zanim** *(bevor/ehe)* und **aż** *(bis)*. Das Verb steht im Hauptsatz im unvollendeten bzw. im vollendeten Aspekt und im Nebensatz immer im vollendeten Aspekt, z.B.:

Zanim pojedziesz na policję, sprawdź, co zostało skradzione.	*Bevor du zur Polizei fährst, sieh mal nach, was gestohlen worden ist.*
Jadł tak długo, aż zrobiło mu się niedobrze.	*Er aß so lange, bis ihm übel geworden ist.*

Temporalsätze mit der Konjunktion **aż** stehen immer hinter dem Hauptsatz. Nebensätze mit **zanim** können vor und hinter dem Hauptsatz stehen.

Im Polnischen gibt es außerdem noch zwei adverbiale Partizipien, die zur Verkürzung von temporalen Nebensätzen dienen:

a) Das Partizip der Gleichzeitigkeit wird von unvollendeten Verben gebildet. Es wird gebraucht, wenn die Handlung des Haupt- und des Nebensatzes gleichzeitig stattfindet und wenn beide Sätze das gleiche Subjekt haben:

Gdy Paweł wracał do domu, kupił w aptece lekarstwo.
→ Wracając do domu, Paweł kupił lekarstwo.
Als Paweł nach Hause zurückging, kaufte er eine Arznei in der Apotheke.

b) Das Partizip der Vorzeitigkeit wird von vollendeten Verben gebildet. Es wird gebraucht, wenn die Handlung des Nebensatzes der Handlung des Hauptsatzes vorausgeht und wenn beide Sätze das gleiche Subjekt haben:

Gdy Monika kupiła lekarstwa, poszła do domu.
→ Kupiwszy lekarstwa, Monika poszła do domu.
Nachdem Monika die Arzneimittel gekauft hatte, ging sie nach Hause.

Das Partizip der Vorzeitigkeit gebraucht man hauptsächlich in der Schriftsprache.

Finalsatz

Der Finalsatz drückt eine Absicht, einen Zweck aus und wird durch die Konjunktionen **żeby**, **aby**, **by** *(damit)* eingeleitet. Der Finalsatz antwortet auf die Fragen **po co?** *(wozu?)*, **w jakim celu?** *(zu welchem Zweck?)*.

Powinniśmy teraz o tym porozmawiać, żeby nie było za późno.	*Wir sollten jetzt darüber sprechen, damit es nicht zu spät wird.*

Wenn das Subjekt des Nebensatzes mit dem logischen Subjekt identisch ist, wird es nicht mehr genannt und an die Stelle der Personalform des Verbs kommt sein Infinitiv, z.B.:

Chciałabym pojechać nad morze, aby dobrze wypocząć.	*Ich möchte an die See fahren, um mich gut zu erholen.*

Modalsatz

Modalsätze werden durch die Konjunktionaladverbien **jak ... tak**, **jakby**, **niby** *(als ob)*, **im ... tym** *(je ... desto)* oder durch die Konjunktion **tak, że (so dass)** eingeleitet. Sie antworten auf die Frage **jak?** *(wie?)*

Jak sobie pościelesz, tak się wyśpisz.	*Wie du dich bettest, so wirst du liegen.*
Im prędzej się o tym dowie, tym lepiej dla niego.	*Je schneller er das erfährt, umso besser ist es für ihn.*
Zachowuje się, jakby nigdy nic się nie stało.	*Er/sie benimmt sich, als ob nichts vorgefallen wäre.*
Tak to zrobiliśmy, że nikt nie poczuł się urażony.	*Wir haben es so gemacht, dass sich niemand beleidigt fühlte.*

5 GRAMMATIK

Konditionalsatz

Konditionalsätze werden durch die Konjunktionen **jeżeli**, **jeśli**, **kiedy**, **gdy** *(wenn/falls)* bei realen Bedingungen und durch die Konjunktionen **jeśliby**, **jeżeliby**, **gdyby** bei irrealen Bedingungen eingeleitet. Grundsätzlich können (wie im Deutschen) sowohl der Hauptsatz als auch der Nebensatz voranstehen. Konditionalsätze antworten auf die Frage **pod jakim warunkiem?** *(unter welcher Bedingung?)*:

Wezmę parasol, jeżeli będzie padać.	*Ich nehme den Regenschirm mit, wenn es regnet.*
Gdybyś go spotkał, mógłbyś pozdrowić go ode mnie.	*Falls du ihn treffen solltest, könntest du ihn von mir grüßen.*

Polnische Konditionalsätze können auch mit Partizipien wiedergegeben werden, wenn das Subjekt in beiden Sätzen übereinstimmt, z.B.:

Gdybym miał więcej czasu, mógłbym spróbować. = Mając więcej czasu, mógłbym spróbować.
Wenn ich mehr Zeit hätte, könnte ich es versuchen.

Gdy zostanę zaproszony, przyjdę na pewno. = Zaproszony, przyjdę na pewno.
Wenn ich eingeladen werde, komme ich bestimmt.

Konsekutivsatz
Konsekutivsätze werden durch die Konjunktion **tak, że** *(so, dass)* eingeleitet. Sie antworten auf die Frage **z jakim skutkiem?** *(mit welcher Folge?)*.

Mówili tak szybko, że nikt nie mógł ich zrozumieć.	*Sie haben so schnell gesprochen, dass niemand sie verstehen konnte.*

Konzessivsatz
Konzessivsätze werden durch die Konjunktionen **chociaż**, **choć**, **jakkolwiek** *(obwohl)*, **mimo że** *(ungeachtet dessen)* und das Konjunktionaladverb **mimo to** *(trotzdem)* eingeleitet. Sie antworten auf die Frage **mimo co?** *(trotz welchen Umstandes?)*.

Chociaż/mimo że nie wierzymy w czary, to jednak chętnie o nich rozmawiamy.	*Obwohl wir nicht an Zauberei glauben, sprechen wir gern darüber.*
Nie wierzymy w czary, mimo to chętnie o nich rozmawiamy.	*Wir glauben nicht an Zauberei, trotzdem sprechen wir gern darüber.*

10.3 Attributsätze

Nach dem Attributsatz fragt man mit Hilfe der Fragepronomen **jaki?** *(was für ein?)*, **który?** *(welcher?)*, **czyj?** *(wessen?)*, **ile?** *(wie viel?)*. Die wichtigste Form des Attributsatzes ist der Relativsatz. Relativsätze werden durch die Relativpronomen **który**, **która**, **które** *(welcher, welche, welche bzw. der/die/das)* eingeleitet. Der Kasus des Relativpronomens richtet sich nach seiner Funktion im Nebensatz. Genus und Numerus werden dagegen durch das Bezugswort im Hauptsatz bestimmt.

Proszę podać mi książkę, która stoi tam na górze na lewo w regale.	*Bitte geben Sie mir das Buch, das dort oben links im Regal steht.*
O czym jest ta książka, którą wczoraj kupiłeś?	*Worüber handelt das Buch, das du gestern gekauft hast?*
To jest właśnie książka, o którą pytasz.	*Das ist genau das Buch, nach dem du fragst.*

A

abonament	*Abonnement*	L8Ü5
abstrakcja	*abstrakte Kunst*	L4Ü7
absurdalny	*absurd* Adjektiv	L7Ü17
adaptacja	*Bearbeitung*	L4Ü6
adaptowany	*adaptiert*	L1Ü9
adres pocztowy	*Postadresse*	L5Ü10
akademik	*Studentenwohnheim*	L8Ü5
akceptować	*akzeptieren, bestätigen*	L8Ü1
akcja	*Handlung*	L4Ü6
aktualnie	*zurzeit*	L9Ü4
aktualny	*aktuell*	L5Ü2
akwarela	*Aquarell*	L4Ü7
alpejski	*alpin*	L9Ü1
ambasador	*Botschafter*	L10Ü5
ambicja	*Ehrgeiz*	L4Ü2
Ameryka Północna	*Nordamerika*	L7Ü8
aneks kuchenny	*Kochnische*	L1Ü1
angaż	*Engagement*	L4Ü1
anulować	*löschen*	L5Ü11
anulowany	*annulliert*	R1
apetyt	*Appetit*	L6Ü6
aprobata	*Zustimmung*	L9Ü13
apteka	*Apotheke*	L6Ü5
architektka	*Architektin*	L1Ü6
argumentowanie	*Argumentieren, Begründen*	L10Ü12
artykuł	*Artikel*	L10Ü12
astronom	*Astronom*	L3Ü4
audioprzewodnik	*Audioguide*	L4Ü17
audycja	*Sendung*	L5Ü8
autostrada	*Autobahn*	L2Ü4
awangardowy	*ausgefallen*	L1Ü6
aż tak	*sogar*	L6Ü2

B

babcia	*Oma*	L2Ü9
badanie	*Untersuchung*	L6Ü4
badanie kontrolne	*Kontrolluntersuchung*	L6Ü12
bajka	*Märchen*	L10Ü7
bajkowy	*märchenhaft*	L1Ü6
bal	*Ball (Tanzfest)*	L7Ü16
balet	*Ballett*	L4Ü17
bankomat	*Geldautomat*	L8Ü1
barwa	*Farbe*	L5Ü6
basen	*Pool*	L1Ü17
basen kryty	*Hallenbad*	L7Ü1
basen otwarty	*Freibad*	L7Ü1
batonik	*Riegel*	L6Ü2
bawić się	*spielen*	L7Ü14
becikowe	*Geburtsgeld*	L2Ü12
berlińczyk	*Berliner* (Person)	L3Ü10
bezpieczeństwo publiczne	*öffentliche Sicherheit*	L6Ü7
bezrobocie	*Arbeitslosigkeit*	L10Ü2
bezrobotny	*arbeitslos*	L6Ü15
Białoruś	*Weißrussland*	L3Ü8
białoruski	*weißrussisch*	L9Ü1
biegunka	*Durchfall*	L6Ü13
biogaz	*Biogas*	L9Ü6
biomasa	*Biomasse*	L9Ü6
biopaliwo	*Biokraftstoff*	L9Ü6
biosfera	*Biosphäre*	L9Ü1
biuro rzeczy znalezionych	*Fundbüro*	L8Ü13
bizon	*Bison*	L9Ü4
bliżej	*näher*	L8Ü3
blok	*Wohnblock*	L1Ü4
blokowisko	*Plattensiedlung*	L1Ü8
błoto	*Schlamm*	L8Ü10
bocian	*Storch*	L9Ü4
bocian biały	*Weißstorch*	L9Ü4
bohater	*Hauptperson, Held*	L1Ü9
boleć	*schmerzen*	L6Ü6
Boże Narodzenie	*Weihnachten*	L2Ü8
ból gardła	*Halsschmerzen*	L6Ü6
ból głowy	*Kopfschmerzen*	L6Ü12
brać leki	*Medikamente einnehmen*	L6Ü13
brać udział	*teilnehmen*	L9Ü1
brama	*Tor*	L3Ü2
Brandenburgia	*Brandenburg*	L10Ü5
branża	*Branche*	L8Ü6
branża budowlana	*Baubranche*	L10Ü2
branża morska	*Seefahrtsindustrie*	L10Ü3
bucik	*Schühchen*	L6Ü6
budka telefoniczna	*Telefonzelle*	L5Ü12
budownictwo	*Baubranche*	L8Ü6
budynek	*Gebäude*	L9Ü6
budżet	*Budget*	L8Ü6
burmistrz	*Bürgermeister*	L10Ü5
być pewnym	*sich sicher sein*	L9Ü13
być w szoku	*unter Schock stehen*	L6Ü9
być zdania	*der Meinung sein*	L6Ü4
bzdura	*Unsinn*	L9Ü13

C

całkiem niedawno	*nicht lange her*	L1Ü8
cały etat	*volle Stelle*	L1Ü8
casting	*Casting*	L4Ü1
cel	*Ziel*	L8Ü8
cel charytatywny	*Wohltätigkeitszweck*	L8Ü8
centrala telefoniczna	*Call-Center*	L10Ü2
certyfikat	*Zertifikat*	L9Ü12
chciałaby	*möchte f*	L1Ü4
chciałby	*möchte m*	L1Ü4
chemiczka	*Chemikerin*	L3Ü4
chińczyk	*Mensch ärgere dich nicht*	L7Ü6
choć	*obwohl*	L1Ü8
chociaż	*obwohl*	L1Ü8
chodzić na spacery	*spazieren gehen*	L7Ü4
chroniony	*geschützt*	L9Ü4
chrześcijański	*christlich*	L3Ü2
chrzest	*Taufe*	L2Ü7
chyba	*wahrscheinlich*	L8Ü15
ciasto	*Kuchen*	L4Ü2
ciąża	*Schwangerschaft*	L6Ü6
ciekawostka	*interessante Neuigkeit*	L6Ü4
ciekawy	*interessant*	L3Ü2
ciemny	*dunkel*	L6Ü2
cieszyć się	*sich freuen*	L5Ü12
ciotka	*Tante*	L2Ü9
cisza	*Stille, Ruhe*	L1Ü15
co miesiąc	*jeden Monat*	L8Ü5
codziennie	*täglich*	L5Ü7
coraz bardziej	*immer stärker*	L10Ü2
coś słodkiego	*etwas Süßes*	L6Ü6

córeczka	*Töchterchen*	L1Ü14
córka	*Tochter*	L2Ü9
cudzoziemiec	*Ausländer*	L10Ü1
cukrzyca	*Zuckerkrankheit*	L6Ü6
czas	*Zeit*	L8Ü10
czas wolny	*Freizeit*	L7Ü4
czasopismo	*Zeitschrift*	L5Ü4
czesne	*Studiengebühren*	L8Ü5
członek	*Mitglied*	L2Ü17
czterocyfrowy	*vierstellig*	L8Ü1
czyścić	*putzen*	L2Ü1
czytnik e-booków	*E-Book-Reader*	L5Ü1

D

damski	*Damen-*	L4Ü2
dane	*Daten*	L8Ü13
dane kontaktowe	*Kontaktdaten*	L8Ü13
dany	*gegeben*	L9Ü6
data przyjazdu	*Einreisedatum*	L10Ü1
dawny	*früher*	L4Ü11
denerwować się	*sich ärgern*	L7Ü10
dentysta	*Zahnarzt*	L6Ü6
depresja	*Depression*	L6Ü6
dermatolog	*Hautarzt*	L6Ü6
deser	*Nachtisch*	L3Ü16
deszczówka	*Regenwasser*	L9Ü6
diabetolog	*Diabetologe*	L6Ü6
długo	*lang* Adverb	L8Ü12
do wynajęcia	*zum Vermieten*	L1Ü10
dobrowolny	*freiwillig*	L10Ü1
dobrze płatny	*gut bezahlt*	L10Ü3
dochody	*Einkünfte*	L8Ü5
dodać *perfektiv*	*hinzufügen*	L5Ü9
dodatkowy	*zusätzlich*	L6Ü7
dodawać	*dazugeben*	L6Ü1
dojazd	*Anfahrt*	L1Ü8
dojeżdżać	*pendeln*	L10Ü2
dokładnie	*genau*	L2Ü7
dokonać wyboru *perfektiv*	*Wahl treffen*	L10Ü12
dolegać	*schmerzen*	L6Ü13
dom szeregowy	*Reihenhaus*	L1Ü7
domofon	*Sprechanlage*	L1Ü17
doprowadzić *perfektiv*	*hinführen*	L7Ü6
doradca	*Berater*	L10Ü3
dostać *perfektiv*	*bekommen*	L4Ü10
dosyć	*ziemlich; genug*	L1Ü7
dość	*ziemlich*	L6Ü2
dotrzymać towarzystwa	*Gesellschaft leisten*	L7Ü15
dotyczący	*betreffend, über*	L5Ü7
dotykać	*anfassen*	L4Ü15
dowcip	*Witz*	L7Ü17
dowiedzieć się *perfektiv*	*erfahren*	R1
drapacz chmur	*Wolkenkratzer*	L3Ü9
drewniany	*Holz-*	L1Ü4
drobnostka	*Kleinigkeit*	L7Ü11
droga	*Weg*	L2Ü8
drożdżówka	*Hefegebäck*	L6Ü2
drzewo	*Baum*	L7Ü8
dumny	*stolz*	L8Ü7
dusza towarzystwa	*jemand, der sehr aufgeschlossen und gesellig ist, schnell Kontakte knüpft und eine positive Ausstrahlung hat*	L7Ü15
dużo	*viel* Adverb	L8Ü15
dwa razy	*zweimal*	L8Ü8
dwóchsetletni	*zweihundert Jahre alt*	L1Ü7
dwór szlachecki	*Gutshof*	L4Ü6
dwukrotny	*zweimalig*	L3Ü4
dwupokojowy	*Zweizimmer-*	L1Ü4
dylemat	*Dilemma*	L4Ü1
dyrektor	*Leiter, Direktor*	L5Ü14
dyrygent	*Dirigent*	L4Ü9
dysponować	*verfügen*	L7Ü3
dywan	*Teppich*	L1Ü2
dziać się	*stattfinden*	L4Ü6
działać	*funktionieren; wirken*	L1Ü17; L6Ü4
działalność	*Wirken, Tätigkeit*	L4Ü12
działka	*Schrebergarten*	L7Ü4
dziecięcy	*Kinder-*	L1Ü4
dzielić się	*teilen*	L2Ü16
dzielnica	*Stadtteil*	L1Ü6
dzieło	*Kunststück*	L4Ü8
dziennikarz	*Journalist*	L5Ü7
dzięki	*dank*	L10Ü1
dziwnie	*seltsam*	L6Ü6
dzwon	*Glocke*	L3Ü3

E

edukacja	*Bildung*	L8Ü6
edycja	*Auflage*	L8Ü8
efekt końcowy	*Endeffekt*	L8Ü6
ekonomia	*Wirtschaft*	L10Ü1
ekonomista	*Wirtschaftswissenschaftler*	L3Ü4
ekran	*Bildschirm*	L8Ü1
ekranizacja	*Verfilmung*	L4Ü6
ekskluzywny	*exklusiv*	L3Ü12
eksponat	*Exponat*	L4Ü15
elektronika	*Elektronik*	L5Ü6
elektryk	*Elektriker*	L1Ü16
e-mail	*E-Mail*	L5Ü1
emeryt	*Rentner*	L5Ü1
emerytowany	*pensioniert*	L8Ü8
emigracja	*Auswanderung*	L4Ü2
emigracyjny	*Auwanderungs-*	L10Ü1
emigrant	*Auswanderer*	L10Ü1
emigrantka	*Auswanderin*	L10Ü1
emigrować	*auswandern*	L10Ü1
emitować	*senden*	L5Ü3
emitowany	*ausgestrahlt*	L1Ü9
energia geotermalna	*Geothermalenergie*	L9Ü6
energia słoneczna	*Sonnenenergie*	L9Ü6
energia wiatrowa	*Windenergie*	L9Ü6
energia wodna	*Wasserkraft*	L9Ü6
energooszczędny	*energiesparend*	L9Ü8
etat	*Etat*	L1Ü8
etykieta	*Etikett*	L9Ü6
Europejczyk	*Europäer*	L3Ü10
europejski	*europäisch*	L6Ü7
euroregion	*Euroregion*	L10Ü3

F

farmer	*Bauer*	L7Ü8
feminizm	*Feminismus*	L4Ü2
festiwal	*Festival*	L4Ü9
figura	*Figur*	L4Ü2
figurować	*verzeichnet sein*	L9Ü3
finanse	*Finanzbranche*	L8Ü6
firma	*Firma*	L5Ü15
fizyczka	*Physikerin*	L3Ü4
flet	*Flöte*	L7Ü12
folia aluminiowa	*Alufolie*	L9Ü5
foliowy	*Plastik-*	L9Ü5
folklor	*Folklore*	L4Ü2
forsa	*Geld ugs.*	L8Ü10
fortepian	*Klavier, Flügel*	L4Ü5
fotel	*Sessel*	L1Ü2
fundusz zdrowia	*Gesundheitsfonds*	L6Ü11
funkcjonalny	*funktional, bequem*	L1Ü5

G

gabinet lekarski	*Arztpraxis*	L6Ü5
gad	*Reptil*	L9Ü4
galeria	*Galerie*	L4Ü7
gałąź	*Zweig*	L9Ü5
gardło	*Kehle*	L6Ü6
gastronomiczny	*gastronomisch*	L2Ü7
gatunek	*Gattung*	L9Ü4
gaz ziemny	*Erdgas*	L9Ü6
gazeta	*Zeitung*	L5Ü4
gdyby	*wenn*	L7Ü5
generał	*General*	L3Ü4
generalny remont	*vollständige Renovierung*	L1Ü1
gimnazjum	*Gymnasium*	L10Ü5
gimnazjum im. Karola Liebknechta	*Karl-Liebknecht-Gymnasium*	L10Ü5
ginekolog	*Frauenarzt*	L6Ü6
gitara	*Gitarre*	L7Ü12
glukometr	*Glukometer*	L6Ü8
głośniej	*lauter*	L5Ü12
głowa	*Kopf*	L6Ü10
głównie	*hauptsächlich*	L6Ü2
głupio	*dämlich*	L7Ü11
gmina	*Gemeinde*	R2
gorączka	*Fieber*	L6Ü6
gościnny	*Gäste-, gastfreundlich*	L1Ü4, L2Ü7
gotować	*kochen*	L2Ü1
gotowanie	*Kochen*	L5Ü6
gotówka	*Bargeld*	L8Ü1
góra	*Berg*	L3Ü1
górski	*Berg-/Gebirgs-*	L9Ü1
gra	*Spiel*	L7Ü6
gra komputerowa	*Computerspiel*	L5Ü9
grać w tenisa	*Tennis spielen*	L7Ü3
gracz	*Spieler*	L7Ü6
granica	*Grenze*	L9Ü1
graniczyć z	*grenzen an*	L3Ü8
grany	*gespielt*	L4Ü6
gratulować	*gratulieren*	L10Ü5
Grecja	*Griechenland*	L7Ü5
grupa krwi	*Blutgruppe*	L6Ü13
Gruzja	*Georgien*	L8Ü8
grypa	*Grippe*	L10Ü4
grzyb	*Pilz*	L9Ü4
gwiazda	*Stern*	L2Ü8
gwiazdka	*Sternchen*	L3Ü13
gwiazdor	*Star*	L4Ü11

H

hazardowy	*riskant, Glücks-*	L7Ü12
hektar	*Hektar*	L9Ü3
historia	*Geschichte*	L4Ü15
hotel sportowy	*Sporthotel*	L7Ü3
huśtawka	*Schaukel*	L1Ü17
hydraulik	*Klempner*	L1Ü16

I

identyfikacja osobowa	*Personenidentifizierung*	L10Ü1
imigracja	*Einwanderung*	L10Ü1
impreza	*Veranstaltung*	L4Ü2
inny pogląd	*eine andere Meinung*	L9Ü13
instalacje gazowe	*Gasleitungen*	L1Ü8
instalacje wodne	*Wasserleitungen*	L1Ü8
instrument	*Instrument*	L4Ü9
intensywny	*intensiv*	L7Ü3
Internet	*Internet*	L5Ü1
ironiczny	*ironisch*	L7Ü17
istnieć	*existieren, bestehen*	L9Ü4

J

jacht	*Yacht*	L7Ü5
jadać	*essen*	L6Ü3
jak często	*wie oft*	L2Ü4
jak najbardziej	*selbstverständlich*	L1Ü1
jakieś	*irgendwelche*	L5Ü12
jako	*als*	L7Ü6
jarmark	*Jahrmarkt*	L4Ü2
jeden z pierwszych	*einer der ersten*	L9Ü1
jedna trzecia	*ein Drittel*	L10Ü3
jednomyślny	*einstimmig*	L9Ü13
jednorodzinny	*Einfamilien-*	L1Ü4
jedynak	*Einzelkind*	L2Ü16
jedzenie	*Essen*	L5Ü6
jelito	*Darm*	L6Ü10
jeszcze raz	*noch einmal*	L1Ü1
jeszcze żyć	*noch leben*	L6Ü9
jezioro	*See*	L3Ü1
jeździć konno	*reiten*	L7Ü5
język ojczysty	*Muttersprache*	L10Ü1
język urzędowy	*Amtssprache*	L3Ü8
jogurt	*Joghurt*	L6Ü2
joystick	*Joystick*	L5Ü1
już	*schon*	L4Ü8

K

kabaret	*Kabarett*	L7Ü17
kamienica	*Mietshaus*	L1Ü8
Kanada	*Kanada*	L6Ü4
kanadyjski	*kanadisch*	L6Ü4
kantor wymiany walut	*Wechselstube*	L2Ü14
kapsel	*Kronkorken*	L9Ü5
kardiolog	*Kardiologe*	L6Ü6
karetka pogotowia	*Krankenwagen*	L6Ü5
kariera	*Karriere*	L4Ü1
karta dań	*Speisekarte*	L2Ü14
karta płatnicza	*Geldkarte*	L8Ü13

6

POLNISCH - DEUTSCH

karta ubezpieczeniowa *Versichertenkarte* L6Ü5
karton *Karton* L9Ü5
kasa *Geld ugs.* L8Ü10
kaszel *Husten* L6Ü6
katastrofa *Katastrophe* L3Ü15
katedra *Dom* L3Ü1
kawaler *Junggeselle, Single; ledig* L1Ü7
kawalerka *Einzimmerwohnung* L1Ü6
kawał *Witz* L7Ü17
każdy *jeder* L2Ü2
kichać *niesen* L6Ü15
kiedykolwiek *irgendwann* L4Ü14
kiermasz *Markt, Kirmes* L4Ü2
kierować *führen* L8Ü6
kierowniczka *Leiterin* L5Ü14
kieszeń *Hosentasche* L8Ü10
kilka *einige* L4Ü8
kilkadziesiąt *einige zehn* L4Ü8
kilkanaście *etwa zwölf (bis neunzehn)* L4Ü8
kilkaset *einige hundert* L4Ü8
klasyk *Klassiker* L4Ü6
klawiatura *Tastatur* L5Ü1
klawisz *Taste* L8Ü1
klient *Kunde* L8Ü6
klikać *klicken* L5Ü1
kliknąć *perfektiv* *klicken* L5Ü1
klimat *Klima* L3Ü3
klocki *Bauklötze* L7Ü14
kłujący *stechend* L6Ü14
kod hier: *Geheimzahl* L8Ü1
kojarzyć *assoziieren* L10Ü12
kolaż *Collage* L4Ü4
kolejka *Schlange* L3Ü3
kolekcja *Sammlung* L5Ü6
kombinacja *Kombination* L10Ü1
komedia *Komödie* L4Ü4
komentarz *Kommentar* L7Ü17
kominek *Kaminofen* L1Ü4
komnata *Gemach* L3Ü3
komnaty królewskie *königliche Gemächer* L3Ü3
komórka *Handy* L2Ü4
komplet *Set* L1Ü2
komponować *komponieren* R1
kompot *Trinkkompott* L3Ü18
kompozytor *Komponist* L3Ü4
komputer *Computer* L5Ü1
komunia *Kommunion* L2Ü7
konferencja *Konferenz* L5Ü10
konstrukcja *Konstruktion* L9Ü6
konstytucja *Verfassung* L3Ü6
konsument *Verbraucher* L9Ü6
kontaktowy *Kontakt-* L8Ü13
konto *Account* L5Ü2
kontrahent *Vertragspartner* L10Ü3
kontrola *Kontrolluntersuchung* L6Ü6
kończyć rozmowę *Gespräch beenden* L5Ü13
kończyć się *zu Ende gehen* L4Ü17
kooperacja *Kooperation* L5Ü15
kopia do *in Kopie an* L5Ü11
korespondencja *Korrespondenz* L5Ü10
kort tenisowy *Tennisplatz* L7Ü1
korzystać z *benutzen* L5Ü2
kosić *mähen* L1Ü17
kostka do gry *Spielwürfel* L7Ü6
kosz *Papierkorb; Eimer* L5Ü11; L9Ü8
koszt *Kosten* L2Ü7
kościół *Kirche* L3Ü1
kradzież *Diebstahl* L6Ü7
Kraina Tysiąca Jezior *Land der tausend Seen* L9Ü1
krajobraz *Landschaft* L4Ü7
kreatywność *Kreativität* L4Ü2
kredki *Buntstifte* L7Ü14
krewniak *Verwandter* L9Ü4
krewny *Verwandter* L2Ü16
kropla *Tropfen* L6Ü13
król *König* R1
krwawić *bluten* L6Ü9
krzesełko do karmienia *Kinderstuhl* L2Ü14
krzesło *Stuhl* L1Ü2
krzew *Strauch* L9Ü5
krzywo *schief* L6Ü6
kuchenka *Herd* L1Ü17
kulturalny *kulturell, Kultur-* L4Ü13
kulturowy *Kultur-* L4Ü13
kulturoznawstwo *Kulturwissenschaften* L4Ü2
kurs tańca *Tanzkurs* L7Ü4
kurz *Staub* R2
kuzynka *Cousine* L2Ü9
kwadrat *Quadrat* L7Ü6
kwestia *Frage* L4Ü2
kwiat *Blume* L9Ü5
kwota *Betrag* L8Ü1

L

laboratorium *Labor* L4Ü15
lalka *Puppe* L7Ü14
laptop *Laptop* L5Ü1
laryngolog *HNO-Arzt* L6Ü6
las *Wald* L9Ü1
latem *im Sommer* L4Ü11
laureat *Preisträger* L3Ü9
laureatka *Preisträgerin* L3Ü4
leje deszcz *es regnet in Strömen* L3Ü16
lek *Medikament* L9Ü9
lek antyalergiczny *Antiallergikum* L6Ü13
lekarka *Ärztin* L6Ü5
lekarz *Arzt* L5Ü12
lekarz rodzinny *Hausarzt* L6Ü11
lekarz specjalista *Facharzt* L6Ü6
leżeć nad *liegen an* L3Ü7
liczny *zahlreich* L4Ü6
lider *Spitzenreiter* L5Ü3
lista *Liste* L8Ü1
liść *Blatt* L9Ü5
Litwa *Litauen* L3Ü8
Lizbona *Lissabon* L8Ü8
lodówka *Kühlschrank* L1Ü17
logo *Logo* L10Ü8
lokal *Lokal* L2Ü7
lotnisko *Flughafen* L2Ü5
lotto/lotek *Lotto* L7Ü5
ludzie *Leute* L4Ü1
lustro *Spiegel* L1Ü2

Ł

łaciński	*lateinisch*	L7Ü8
łącznie	*insgesamt*	L5Ü3
łąka	*Wiese*	L9Ü1
łóżko	*Bett*	L1Ü2
łykać	*schlucken*	L6Ü4

M

macierzyński	*Mutterschafts-*	L2Ü12
mający na celu	*mit dem Ziel*	L9Ü1
makaron	*Nudeln*	L2Ü4
malarstwo	*Malerei*	L4Ü7
malarz	*Maler, Kunstmaler*	L1Ü16, L3Ü2
mało	*wenig Adverb*	L6Ü3
mało tego	*damit noch nicht genug*	L6Ü4
małopolski	*kleinpolnisch*	L3Ü8
marzenie	*Traum*	L4Ü1
materac	*Matratze*	L1Ü2
matka	*Mutter*	L2Ü9
matura	*Abitur*	L1Ü14
meble	*Möbel*	L1Ü10
meblować się	*sich einrichten*	L1Ü10
mecz	*Spiel*	L5Ü3
mecz towarzyski	*Freundschaftsspiel*	L7Ü15
media	*Medien*	L8Ü5
media społecznościowe	*Soziale Medien*	L5Ü2
medycyna	*Medizin*	L8Ü6
Meklemburgia	*Mecklenburg*	L10Ü2
Meksyk	*Mexiko*	L4Ü11
menedżerka	*Managerin*	R1
metal	*Metall*	L9Ü5
miasto	*Stadt*	L1Ü6
mieć ochotę	*Lust haben*	L5Ü12
mieć pod ręką	*zur Hand haben*	L6Ü6
mieć rację	*recht haben*	L3Ü18
miejsce zamieszkania	*Wohnort*	L10Ü1
miejski	*städtisch*	R2
miesiąc temu	*vor einem Monat*	L1Ü6
miesięczne	*monatlich*	L8Ü5
mieszkanie	*Wohnung*	L1Ü1
mieszkaniec	*Einwohner*	L10Ü2
między innymi	*unter anderem*	L1Ü9
mięso drobiowe	*Geflügelfleisch*	L6Ü2
mikrofon	*Mikrofon*	L5Ü12
miliard	*Milliarde*	L8Ü8
milioner	*Millionär*	L8Ü8
miłość	*Liebe*	L2Ü8
mimo, że	*trotz*	L4Ü16
minąć	*vergehen* (Zeit)	L2Ü3
minerał	*Mineral*	L6Ü4
minigolf	*Minigolf*	L7Ü6
minimum	*wenigstens*	L6Ü2
miód	*Honig*	L4Ü2
mistrz	*Meister*	L4Ü11
mistrzyni	*Meisterin*	L4Ü11
młodzież	*Jugend*	L10Ü5
młyn	*Mühle*	L3Ü2
moda	*Mode*	L5Ü6
modliszka zwyczajna	*Europäische Gottesanbeterin*	L9Ü4
modny	hier: *angesagt*	L1Ü6
mokry	*nass*	L2Ü8
momencik	*Augenblick*	L8Ü3
motoryzacja	*Motorsport; Automobilbranche*	L5Ü6, L8Ü6
może	*vielleicht*	L1Ü4
możliwość	*Möglichkeit*	L10Ü1
możliwy	*möglich*	L10Ü14
można przyjąć	*es ist anzunehmen*	L10Ü14
murarz	*Maurer*	L1Ü16
musical	*Musical*	L4Ü1
muzyk	*Musiker*	L3Ü10
myć okna	*Fenster putzen*	L2Ü1

N

na	*auf*	L1Ü3
na styku	*an der Grenze*	L10Ü3
na świecie	*in der Welt*	L5Ü2
na twoim miejscu	*an deiner Stelle*	L1Ü16
na wsi	*auf dem Land*	L1Ü4
na wymiar	*maßgeschneidert*	L1Ü17
na zewnątrz	*draußen*	L10Ü12
nabiał	*Molkereiprodukte*	L6Ü2
nabyć bez recepty	*rezeptfrei kaufen*	L6Ü12
nad	*über*	L1Ü3
nad sobą	*übereinander*	L7Ü6
nadal	*weiterhin*	L2Ü7
nadzorować	*beaufsichtigen*	L8Ü6
nagle	*plötzlich*	L2Ü4
nagłówek	*Überschrift*	L8Ü8
nagroda	*Preis*	L4Ü12
najbiedniejszy	*ärmster*	L10Ü2
najchętniej	*am liebsten*	L3Ü2
najciekawszy	*am interessantesten*	L4Ü2
najczęściej	*am häufigsten*	L4Ü6
najdroższy	*teuerster*	L4Ü8
najlepiej	*am besten*	L8Ü6
najmniej	*am wenigsten*	L8Ü15
najmniejszy	*kleinster*	L9Ü4
najnowszy	*neuster*	L6Ü4
najpiękniejszy	*schönster*	L3Ü2
najpopularniejszy	*populärster*	L3Ü9
najpóźniej	*spätestens*	L10Ü1
najprawdopodobniej	*am wahrscheinlichsten*	L10Ü14
najstarszy	*ältester*	L3Ü7
najważniejszy	*wichtigster*	L8Ü6
najwięcej	*am meisten*	L8Ü5
największy	*größter*	L8Ü6
najwyższy	*höchster*	L9Ü1
nakarmić *perfektiv*	*füttern*	L2Ü14
nakrętka	*Schraubverschluss*	L9Ü5
należy	*man soll*	L6Ü7
namiot	*Zelt*	L2Ü16
napisać wiadomość	*E-Mail schreiben*	L5Ü11
napiwek	*Trinkgeld*	L8Ü4
naprawdę	*wirklich*	L6Ü4
naprawić *perfektiv*	*reparieren*	L1Ü17
naprzeciw	*gegenüber*	L1Ü3
nareszcie	*endlich*	L2Ü4
narodowy	*Volks-*	L3Ü9
narzekać	*jammern*	L6Ü15
nastrój	*Stimmung*	L7Ü15
nauczyć się *perfektiv*	*lernen*	L4Ü2
nauka	*Wissenschaft*	L5Ü7
naukowiec	*Wissenschaftler*	L6Ü4
nawet	*sogar*	L10Ü2

negocjacje cenowe	*Preisverhandlungen*	L8Ü14
nerka	*Niere*	L6Ü10
nie chcieć się	*keine Lust haben, etwas zu tun*	L1Ü17
nie ulegać wątpliwości	*keinem Zweifel unterliegen*	L10Ü14
nie warto	*es lohnt sich nicht*	L7Ü11
niebezpieczeństwo	*Gefahr*	L6Ü8
niedaleko	*unweit*	L1Ü4
niedobry	*nicht gut*	L6Ü4
niedosłyszeć	*schwerhörig sein*	L6Ü6
niedźwiedź	*Bär*	L9Ü4
niedźwiedź brunatny	*Braunbär*	L9Ü4
niekiedy	*manchmal*	L6Ü4
niektóry	*mancher*	L3Ü6
niektórzy	*manche*	L8Ü15
nienawidzić	*hassen*	L2Ü16
nieodnawialny	*nicht erneuerbar*	L9Ü6
niepodległość	*Unabhängigkeit*	L3Ü6
nieprawda	*Unwahrheit*	L6Ü4
nieprawdopodobny	*unwahrscheinlich*	L9Ü13
nieprawdziwy	*unwahr, falsch*	L7Ü8
nieprzytomny	*ohne Bewusstsein*	L6Ü9
nieraz	*öfters*	L6Ü2
nieruchomości	*Immobilien*	L8Ü6
niesamowity	*unheimlich* (positiv)	L3Ü3
niespecjalnie	*nicht besonders*	L6Ü3
niewyraźnie	*unscharf*	L6Ü6
niezadowolony	*unzufrieden*	L8Ü7
niezbyt zdrowo	*nicht wirklich gesund*	L6Ü1
niezgodny	*nicht übereinstimmend*	L8Ü7
nigdy	*nie*	L6Ü2
Nigeryjczyk	*Nigerianer*	L2Ü10
nikt	*niemand*	L8Ü15
noga	*Bein*	L6Ü10
nonsens	*Nonsens*	L9Ü13
nowoczesny	*modern*	L4Ü17
Nowy Rok	*Neujahr*	L2Ü8
numer alarmowy	*Notfall-Nummer*	L6Ü7

O

obchodzić	*feiern*	L3Ü6
obecnie	*gegenwärtig*	L3Ü9
obejrzeć perfektiv	*sehen*	L5Ü8
obiekt	*Objekt, Gebäude, Sportanlage*	L3Ü2
obok	*neben*	L1Ü3
obowiązek	*Pflicht*	L2Ü16
obrażać się	*beleidigt sein*	L7Ü8
obrażalski	*Sensibelchen*	L7Ü9
obrazić się perfektiv	*beleidigt sein*	L7Ü8
obsługa klienta	*Kundenservice*	L10Ü3
obwarzanek	*Kringel*	L4Ü3
obywatel	*Staatsbürger*	L10Ü3
ocenić perfektiv	*einschätzen*	L6Ü8
ochrona gatunkowa	*Artenschutz*	L9Ü4
ochrona przyrody	*Umweltschutz*	L9Ü4
oczywiście	*selbstverständlich*	L4Ü16
od razu	*sofort*	L10Ü3
oddawać	hier: *wiedergeben*	L10Ü12
oddychać	*atmen*	L6Ü9
oddzwonić perfektiv	*zurückrufen*	L5Ü13
odebrać perfektiv	*empfangen*	L10Ü5
odkurzać	*staubsaugen*	L2Ü1
odkurzyć perfektiv	*staubsaugen*	L2Ü3
odnawialny	*erneuerbar*	L9Ü6
odnieść sukces	*Erfolg haben*	L4Ü1
odpadki warzywne	*Gemüseabfälle*	L9Ü5
odpady niebezpieczne	*gefährliche Abfälle*	L9Ü5
odpoczywać	*sich ausruhen*	L7Ü3
odpowiadać	hier: *entsprechen*	L10Ü12
odpowiedzialny	*verantwortlich*	L8Ü6
odrabiać zadania	*Hausaufgaben machen*	L7Ü15
odrestaurowany	*restauriert*	L3Ü2
odrzucać	*ablehnen*	R2
odrzucenie	*Ablehnung*	L10Ü12
odwiedzać	*besuchen*	L7Ü4
odwiedzany	*besucht*	L3Ü2
odwrotnie	*umgekehrt*	L2Ü7
odżywiać się	*sich ernähren*	L6Ü1
oferta	*Angebot*	L2Ü11
oglądany	*gesehen*	L5Ü3
ogólny	*gesamt*	L10Ü1
ograniczyć perfektiv	*einschränken*	L5Ü8
ogród	*Garten*	L1Ü4
ogród działkowy	*Schrebergarten*	R2
ogrodnik	*Gärtner*	L1Ü16
okazać perfektiv	*zeigen*	L6Ü11
okazać się	*sich herausstellen*	L10Ü1
oko	*Auge*	L6Ü10
okolica	*Gegend*	L1Ü8
około	*ungefähr*	L8Ü5
okropnie	*schrecklich* Adverb	L3Ü18
okulista	*Augenarzt*	L6Ü6
omawiany	*besprochen*	L5Ü7
opakowanie	*Verpackung*	L9Ü5
opera	*Oper*	L4Ü5
operator	*Operator*	L6Ü7
opierać się	*basieren auf*	L6Ü2
opisać perfektiv	*beschreiben*	L6Ü7
opisywanie	*Beschreibung*	L10Ü12
opłacać się	*sich lohnen*	L5Ü1
opłata	*Gebühr*	L8Ü5
opowiadać o	*erzählen von*	L4Ü1
opracowywać	*ausarbeiten*	L8Ü6
oprócz	*außer*	L8Ü8
oprzeć się perfektiv	*widerstehen*	L6Ü2
opuścić perfektiv	*verlassen*	L10Ü1
organizować	*organisieren*	L4Ü1
orientalny	*Orient-*	L1Ü2
ortopeda	*Orthopäde*	L6Ü6
orzech	*Nuss*	L6Ü4
oscypek	in der Hohen Tatra hergestellter (geräucherter) Hartkäse aus Schafsmilch	L4Ü3
osiągalny	*erreichbar*	L5Ü15
osiedle	*Wohnsiedlung*	L1Ü9
osoba	*Person*	L3Ü10
ostatnio	*letztens*	L6Ü2
oszczędzać	*sparen*	L8Ü4
otrzymać perfektiv	*bekommen*	L4Ü12
otwarty	*offen*	L8Ü3
otwieracz do butelek	*Flaschenöffner*	L1Ü15
otynkować perfektiv	*verputzen*	L1Ü17
owad	*Insekt*	L9Ü4
owoc	*Obststück*	L6Ü4
ozdoba	*Schmuckstück*	L4Ü2
ożenić się	*heiraten* (eine Frau)	L2Ü10

P

padła nagroda	*Gewinn wurde ausgelost*	L8Ü8
palec	*Finger*	L6Ü10
palma	*Palme*	L4Ü2
pałac	*Palast*	L3Ü1
para	*Paar*	L2Ü6
parapetówka	*Einweihungsparty*	L1Ü14
park narodowy	*Nationalpark*	L3Ü1
parter	*Erdgeschoss*	L1Ü4
parterowy	*Erdgeschoss-*	L1Ü6
Paryż	*Paris*	L8Ü8
pasować do	*passen zu*	L10Ü12
patron	*Schirmherr*	L3Ü4
pediatra	*Kinderarzt*	L6Ü6
pestycyd	*Pestizid*	L9Ü8
pianino	*Piano*	L7Ü12
pianista	*Pianist*	L3Ü4
pianistka	*Pianistin*	L4Ü9
piec	hier: *brennen*	L6Ü6
pieczywo	*Backwaren*	L6Ü2
piekący	*brennend*	L6Ü14
pielęgniarka	*Krankenschwester*	L6Ü5
piernik	*Lebkuchen*	L4Ü3
pierwotny	*Ur-*	L9Ü1
pierwowzór	*Originalvorlage*	L1Ü9
piętro	*Stockwerk*	L1Ü4
pilot	hier: *Fernbedienung*	L5Ü1
piłeczka	*Ball*	L7Ü3
piłka nożna	*Fußball*	L3Ü9
pionek	*Spielfigur*	L7Ü6
piosenkarz	*Sänger*	L4Ü5
pisanka	*Osterei*	L4Ü2
plac zabaw	*Spielplatz*	L2Ü14
placówka oświatowa	*Bildungseinrichtung*	L10Ü5
planetarium	*Planetarium*	L4Ü15
planowanie	*Planung*	L8Ü6
plansza	*Spielbrett*	L7Ü6
plaster	*Pflaster*	L6Ü15
plaża	*Strand*	L2Ü5
plecy	*Rücken*	L6Ü10
plenerowy	*Freilicht-*	L2Ü7
plony	*Ernte*	L7Ü8
pluszak	*Plüschtier*	L7Ü14
płatny	*bezahlt*	L8Ü6
płuco	*Lunge*	L6Ü10
pływać kraulem	*kraulschwimmen*	L7Ü2
pływać na plecach	*rückenschwimmen*	L7Ü2
pływać żabką	*brustschwimmen*	L7Ü2
po lewej stronie	*auf der linken Seite*	L1Ü1
po prawej stronie	*auf der rechten Seite*	L1Ü1
po prostu	*einfach*	L4Ü14
pobyt	*Aufenthalt*	L10Ü9
pocałować kogoś w nos	*jemandem gestohlen bleiben können*	L1Ü15
pochodzący ze źródła odnawialnego	*aus einer erneuerbaren Quelle*	L9Ü6
pochodzenie	*Herkunft*	L10Ü1
pochodzić	*abstammen*	L9Ü6
początek	*Anfang*	L10Ü1
pod	*unter*	L1Ü3
Pod żadnym pozorem!	*Unter keinen Umständen!*	L10Ü4
podać *perfektiv*	*hinreichen;* hier: *nennen*	L5Ü1; L6Ü7
podatek	*Steuer*	L8Ü8
podjąć pracę *perfektiv*	*Arbeit aufnehmen*	L10Ü1
podłączyć *perfektiv*	*anschließen*	L1Ü17
podobny	*ähnlich*	L8Ü7
podpisać *perfektiv*	*unterschreiben*	L6Ü11
podróż	*Reise*	L8Ü8
podróżować	*reisen*	L4Ü11
podzielać kogoś zdanie	*Meinung teilen*	L9Ü13
podzielony	*geteilt*	L3Ü8
podziemny	*unterirdisch*	L4Ü1
podziękować *perfektiv*	*danken*	L10Ü5
poemat	*Gedicht*	L4Ü6
poeta	*Dichter*	L3Ü4
pogląd	*Meinung*	L5Ü8
pogląd religijny	*religiöse Ansicht*	L3Ü15
pogoda	*Wetter*	L3Ü15
pogotowie gazowe	*Bereitschaftsdienst bei Gasstörungen*	L6Ü5
pogotowie hydrauliczne	*Klempner-Notdienst*	L6Ü5
pogotowie ratunkowe	*medizinischer Notfalldienst*	L6Ü5
pogotowie samochodowe	*Autopannendienst*	L6Ü5
pogotowie techniczne	*technischer Bereitschaftsdienst*	L6Ü5
pogranicze	*Grenzgebiet*	L10Ü3
pojechać *perfektiv*	*fahren*	L3Ü2
pojemnik	*Behälter*	L9Ü5
pokazać	*zeigen*	L7Ü3
pokolenie	*Generation*	L4Ü12
pole	*Spielfeld*	L7Ü6
policja	*Polizei*	L6Ü7
polityk	*Politiker*	L3Ü10
polityka	*Politik*	L5Ü7
połączony	*verbunden*	L1Ü1
połączyć *perfektiv*	*verbinden*	L1Ü9
połonina	*Bergweide*	L9Ü1
położony	*gelegen*	L3Ü7
południe	*Süden*	L3Ü7
pomalować *perfektiv*	*malen*	L1Ü17
Pomorze	*Pommern*	L10Ü2
pomóc *perfektiv*	*helfen*	L5Ü15
pomyłka	*Irrtum*	L8Ü4
pomyślność	*Wohlergehen*	L2Ü8
ponad	*über*	L4Ü6
ponieważ	*weil*	L9Ü6
ponownie	*erneut*	L4Ü11
popierać	*unterstützen*	R2
poprawiać	*verbessern*	L6Ü4
poprzez	*durch, mittels*	L9Ü6
populacja	*Bevölkerung*	L10Ü1
popularny	*populär*	L5Ü4
porcja	*Portion*	L6Ü4
port	*Hafen*	L10Ü2
portfel	*Geldbeutel*	L8Ü13
portret	*Porträt*	L4Ü7
Portugalia	*Portugal*	L5Ü3
poruszać	hier: *ansprechen*	L10Ü12
poruszyć *perfektiv*	*ansprechen*	L4Ü2
posiadać	*besitzen*	L10Ü1
posiłek	*Mahlzeit*	L6Ü1

postawić *perfektiv*	*aufstellen*	L1Ü17
postradać zmysły	*den Verstand verlieren*	L7Ü9
pośrodku	*drinnen*	L10Ü12
poświęcić na	hier: *sich etwas widmen*	L3Ü2
potrzeba	*Notwendigkeit*	L9Ü9
potwierdzenie	*Bestätigung*	L8Ü1
potwierdzić *perfektiv*	*bestätigen*	L8Ü1
powierzchownie	*oberflächlich*	L10Ü12
powinien	*sollte* m	L1Ü4
powinna	*sollte* f	L1Ü4
powinno	*sollte* n	L1Ü4
powyżej	*über*	L6Ü13
poza tym	*außerdem*	L3Ü6
pozdrowienie	*Gruß*	L5Ü10
pozostały	*restlich*	L9Ü5
pozór	*Anschein*	L10Ü4
pożar	*Brand*	L6Ü7
pożyczyć *perfektiv*	*etwas leihen*	L1Ü15
północ	*Norden*	L3Ü2
prać	*waschen*	L2Ü1
praca	*Arbeit*	L3Ü6
pracownik	*Mitarbeiter*	L8Ü6
prasować	*bügeln*	L1Ü17
prawda	*Wahrheit*	L6Ü4
prawdopodobnie	*wahrscheinlich*	L6Ü6
prawie	*fast*	L5Ü4
prawie nikt	*fast niemand*	L8Ü15
prawie że	*beinahe*	L1Ü6
prąd	*Strom*	L8Ü5
preferowany	*bevorzugt*	L1Ü10
prenumerować	*abonnieren*	L5Ü8
preparat	*Präparat*	L6Ü4
prestiżowy	*renommiert*	L4Ü12
prezentacja	*Präsentation*	L8Ü7
prezentowany	*präsentiert*	L5Ü7
prezydent	*Präsident*	L3Ü4
prezydent miasta	*Bürgermeister* einer städtischen Gemeinde	L10Ü6
producent	*Produzent*	L2Ü12
produkt ekologiczny	*Öko-Produkt*	L8Ü6
profesor	*Professor*	L5Ü14
prognoza pogody	*Wettervorhersage*	L5Ü7
program rozrywkowy	*Unterhaltungssendung*	L5Ü3
program telewizyjny	*Fernsehprogramm*	L5Ü3
promieniujący	*ausstrahlend*	L6Ü14
promocja	*Vermarktung*	L8Ü6
proponować	*vorschlagen*	L3Ü2
prosię	*Schweinchen*	L2Ü1
prowadzić	*führen*	L1Ü9
próba	*Probe*	L4Ü6
prysznic	*Dusche*	L1Ü1
przebój	*Hit*	R1
przeciągnąć strunę	*den Bogen überspannen*	L7Ü9
przeciw	*gegen*	L10Ü3
przeciwieństwo	*Gegensatz*	L9Ü13
przede wszystkim	*vor allem*	L8Ü8
przedmiot	*Gegenstand*	L8Ü13
przedstawiać	*präsentieren*	L4Ü15
przedstawienie	*Vorstellung*	L4Ü17
przedszkolanka	*Kindergärtnerin*	L10Ü5
przedszkole	*Kindergarten*	L10Ü5
przeglądać	*stöbern*	L5Ü1
przejmować się	*sich kümmern*	L7Ü3
przekąska	*Snack*	L6Ü1
przekazać	*ausrichten lassen*	L5Ü13
przeliterować *perfektiv*	*buchstabieren*	L5Ü15
przepiękny	*wunderschön*	L9Ü1
przepis	*Vorschrift*	L10Ü4
przeprowadzać się	*umziehen*	L1Ü12
przeprowadzić *perfektiv*	*durchführen*	L10Ü6
przerwa	*Pause*	L6Ü1
przeskakiwać	*überspringen*	L7Ü6
przestać	*aufhören*	L7Ü10
przestawić zegarek/budzik o godzinę do przodu	*die Armbanduhr/den Wecker eine Stunde vorstellen*	L7Ü8
przesuwać się	*sich fortbewegen*	L7Ü6
przeterminowany	*abgelaufen*	L9Ü9
przeważnie	*meistens*	L6Ü2
przewidzieć	hier: *planen, vorsehen*	L8Ü8
przewijak	*Wickeltisch*	L2Ü14
przewodnik	*Fremdenführer*	L3Ü3
przeznaczać	*bestimmen*	L8Ü5
przeznaczyć *perfektiv*	*bestimmen*	L8Ü8
przy	*an, bei*	L1Ü3
przychodnia	*Ärztehaus*	L6Ü11
przydatny	*nützlich*	L10Ü1
przygotowanie	*Vorbereitung*	L8Ü6
przygotowany	*vorbereitet*	L8Ü7
przyjęcie	*Feier, Empfang*	L2Ü7
przyjeżdżać	*ankommen, einreisen*	L4Ü1, L10Ü1
przyjeżdżać na stałe	*sich niederlassen*	L10Ü1
przyjeżdżać pracować	*arbeiten kommen*	L10Ü2
przypadek	*Fall*	L6Ü7
przypominać sobie	*sich erinnern*	L7Ü18
przypuszczać	*vermuten*	L10Ü14
przypuszczenie	*Vermutung*	R2
przyroda	*Natur*	L3Ü2
przysmak	*Leckerbissen*	L4Ü2
przytomność	*Bewusstsein*	L6Ü8
przytulny	*gemütlich*	L1Ü5
przytyć	*zunehmen Gewicht*	L6Ü2
przyznać numer *perfektiv*	*Nummer zuweisen*	L10Ü1
psycholog	*Psychologe*	L5Ü9
ptak	*Vogel*	L9Ü4
pulsujący	*pulsierend*	L6Ü14
puszka	*Dose*	L9Ü5

R

rabat	*Preisnachlass*	L2Ü12
radość	*Freude*	L2Ü8
rak	*Krebs*	L6Ü15
rakietka	*Schläger*	L7Ü3
ranny	*verletzt*	L6Ü9
raport regionalny	*Regionalbericht*	L5Ü7
ratownictwo medyczne	*Rettungsdienst*	L10Ü5
ratownik	*Retter*	L10Ü5
realizacja	*Realisierung*	L8Ü6
recepta	*Rezept*	L6Ü11
region	*Region*	L10Ü2
regionalny	*regional*	L4Ü2
regularnie	*regelmäßig*	L6Ü2
relacja	*Verhältnis, Relation*	L9Ü1
remont	*Renovierung*	L8Ü8
remontować	*renovieren*	L1Ü12

Polnisch	Deutsch	
remontowany	*renoviert*	L1Ü8
reszta	*Rest*	L8Ü8
resztki	*Reste, Abfälle*	L9Ü5
rezerwat	*Naturschutzgebiet*	L9Ü1
rezultat	*Ergebnis*	L6Ü4
rezydencja	*Residenz*	L1Ü6
reżyser	*Regisseur*	L4Ü9
reżyseria	*Regie*	L4Ü6
ręka	*Hand*	L6Ü10
robić sobie żarty	*Witze machen*	L7Ü8
robić zakupy	*einkaufen*	L2Ü1
rocznica ślubu	*Hochzeitstag*	L1Ü14
roczny	*jährlich*	L8Ü6
rodzicielski	*Eltern-*	L2Ü11
rodzinny	*Familien-*	L2Ü7
rola	*Rolle*	L4Ü1
rolnik	*Bauer*	L5Ü3
romantyzm	*Romantik*	L3Ü4
ropa naftowa	*Erdöl*	L9Ü6
Rosja	*Russland*	L3Ü8
Rosjanka	*Russin*	L2Ü10
roślina	*Pflanze*	L9Ü4
rozgrywać się	*sich abspielen*	L10Ü12
rozmowa	*Gespräch*	L5Ü12
rozrywka	*Unterhaltung*	L5Ü2
rozśmieszać kogoś	*jdn. zum Lachen bringen*	L7Ü10
rozśmieszyć kogoś *perfektiv*	*jdn. zum Lachen bringen*	L7Ü10
rozwieść się *perfektiv*	*sich scheiden lassen*	L2Ü16
rozwijać się	*sich entwickeln*	L10Ü2
również	*auch*	L4Ü8
różnie to bywa	*es ist unterschiedlich*	L5Ü2
różny	*verschieden*	L6Ü4
RTV	*Radio und TV*	L1Ü2
rynek	*Marktplatz*	L3Ü1
rynkowy	*Markt-*	L8Ü6
rzadko kiedy	*selten*	L2Ü4
rząd	*Reihe*	L4Ü16
rzucać kostką	*würfeln*	L7Ü6
rzucić palenie *perfektiv*	*mit dem Rauchen aufhören*	L6Ü8
rznący	*schneidend*	L6Ü14

S

Polnisch	Deutsch	
sad	*Obstgarten*	L1Ü6
sala bilardowa	*Billardsaal*	L7Ü1
sala do zajęć fitnes	*Fitnessraum*	L7Ü1
sam	*allein*	L1Ü7
samiec	*Männchen, Bulle*	L9Ü4
sanitariusz	*Sanitäter*	L6Ü5
satyra	*Satire*	L4Ü6
sauna	*Sauna*	L7Ü1
sąsiad	*Nachbar*	L1Ü17
scenka	*Szene*	L10Ü12
segregować	*sortieren*	L9Ü8
sejf	*Tresor*	L8Ü11
selfie	*Selfie*	L5Ü1
serce	*Herz*	L6Ü10
serial	*Serie*	L1Ü9
siatka	*Netz*	L7Ü3
siatkówka mężczyzn	*Herren-Volleyball*	L5Ü3
sieć Wi-Fi	*WLAN-Netz*	L5Ü9
sięgać	hier:*erreichen*	L10Ü2
sięgać po	*greifen zu*	L6Ü2
siłownia	*Fitnessstudio*	L7Ü1
siostra	*Schwester*	L2Ü9
skaleczyć się *perfektiv*	*(sich) verletzen*	L6Ü15
skarbonka	*Sparschwein*	L8Ü11
skierowanie	*Überweisung*	L6Ü11
sklep meblowy	*Möbelgeschäft*	L1Ü10
sklepik	*kleiner Laden*	L2Ü2
skoki narciarskie	*Skispringen*	L5Ü3
skomunikowany	*verkehrstechnisch gut gelegen*	L1Ü5
skoordynować *perfektiv*	*koordinieren*	L7Ü3
skoszona trawa	*Rasenschnitt*	L9Ü5
skóra	*Haut*	L6Ü6
skrzypce	*Geige*	L7Ü12
slawistyka	*Slawistik*	L10Ü1
słodycze	*Süßigkeiten*	L6Ü2
słoik	*Einmachglas*	L9Ü5
słony	*salzig*	L6Ü1
Słowacja	*Slowakei, die*	L3Ü8
słownik	*Wörterbuch*	L5Ü12
słuch	*Gehörsinn*	L6Ü6
słuchawki	*Kopfhörer*	L5Ü1
słyszeć	*hören*	L6Ü6
smaczny	*lecker*	L2Ü8
smartfon	*Smartphone*	L5Ü1
sofa	*Sofa*	L1Ü2
sok owocowy	*Obstsaft*	L6Ü1
solarium	*Sonnenstudio*	L6Ü6
spakować *perfektiv*	*packen*	L2Ü5
specjalistyczny	*Spezial-*	L10Ü5
specyfika	*Besonderheit*	L5Ü7
spektakl	*Aufführung*	L4Ü2
spełniać	*erfüllen*	L9Ü12
spodenki	*Kurzhose*	L4Ü2
sposób spędzania wolnego czasu	*Freizeitaktivität*	L3Ü15
spotkanie	*Treffen*	L10Ü5
spóźniać się	*sich verspäten*	L10Ü11
spóźnić się *perfektiv*	*sich verspäten*	L10Ü11
spożywać	*verzehren*	L6Ü1
sprawa	*Angelegenheit*	L5Ü15
sprzątać mieszkanie	*Wohnung aufräumen*	L2Ü1
sprzeciw	*Widerspruch*	L9Ü13
sprzedano	*wurde verkauft*	L4Ü8
ssak	*Säugetier*	L9Ü4
stać się *perfektiv*	*werden*	L4Ü11
stacja metra	*U-Bahn-Station*	L4Ü1
stacja radiowa	*Radiosender*	L5Ü4
stacja telewizyjna	*Fernsehsender*	R1
stan	*Zustand*	L1Ü8
stanowić	*bilden, darstellen*	L10Ü1
Stany Zjednoczone	*Vereinigte Staaten*	L4Ü11
starać się	*sich bemühen*	L6Ü2
Stare Miasto	*Altstadt*	L3Ü1
stawać się	*werden*	L10Ü2
stawiać stopy	*Füße stellen*	L6Ü6
stolarz	*Schreiner*	L1Ü16
stolica	*Hauptstadt*	L3Ü7
stopa	*Fuß*	L6Ü6
stopień	*Grad*	L6Ü13
stół	*Tisch*	L1Ü2
stracić *perfektiv*	*verlieren*	L6Ü6
strategia	*Strategie*	L8Ü6
straż pożarna	*Feuerwehr*	L6Ü7
strona internetowa	*Internetseite*	L5Ü1

strzał w dziesiątkę	*Volltreffer*	L10Ü1
studiować	*studieren*	L4Ü11
stwarzać pozory	*etwas vortäuschen*	L10Ü4
sukces	*Erfolg*	L1Ü14
suplement	*Ergänzungsmittel*	L6Ü4
swędzić	*jucken*	L6Ü6
symbol	*Symbol*	L9Ü4
sytuacja	*Situation, Lage*	L6Ü7
sytuacja zagrażająca życiu	*lebengefährliche Lage*	L6Ü7
szachy	*Schach*	L7Ü6
szafa	*Schrank*	L1Ü2
szafka	*Schränkchen*	L1Ü2
szafka RTV	*TV-Schrank*	L1Ü2
szanowny	*geehrter*	L5Ü10
szatnia	*Garderobe*	L4Ü17
szczęście	*Glück*	L2Ü8
szefowa	*Chefin*	L10Ü8
sześciopiętrowy	*sechsstöckig*	L1Ü6
szklany	*Glas-*	L9Ü5
szkło	*Glas*	L9Ü5
szkodzić	*schaden*	L7Ü18
szkolenie	*Schulung*	L10Ü9
szlachta	*Adel*	L4Ü6
szmal	*Geld* ugs.	L8Ü10
szpital	*Krankenhaus*	L6Ü5
sztuka	*Kunst*	L4Ü14
sztuka kulinarna	*Kochkunst*	L3Ü15
szuflada	*Schublade*	L8Ü11
Szwajcaria	*Schweiz*	L3Ü4
Szybkiego powrotu do zdrowia!	*Gute Besserung!*	L6Ü15
szyć	*nähen*	L4Ü2
szyja	*Hals*	L6Ü10

Ś

ściągać	*herunterladen*	L5Ü1
ściągnąć *perfektiv*	*herunterladen*	L5Ü1
ściana	*Wand*	L1Ü17
ślub	*Trauung*	L2Ü7
śmiać się	*lachen*	L7Ü10
śmiech	*Lachen*	L7Ü11
śmieciarka	*Müllabfuhrwagen*	L9Ü15
śmiecić	*Dreck machen*	L9Ü15
śmieć	hier: *trauen, wagen; Müll, Abfall*	L9Ü13; L9Ü15
śmierć	*Tod*	L4Ü11
śmietnik	*Mülleimer*	L9Ü15
śmietnisko	*Müllhalde*	L9Ü15
śmigus-dyngus	Brauch des Bespritzens mit Wasser am Ostermontag	L2Ü8
śniadanie	*Frühstück*	L6Ü2
średni	*durchschnittlich*	L8Ü6
środek	*Mittel*	L4Ü16
środek czystości	*Putzmittel*	L9Ü5
środowisko naturalne	*Umwelt*	L9Ü6
świadczenia	*Leistungen*	L2Ü12
świąteczny	*feierlich*	L4Ü2
światło	*Licht*	L9Ü9
światowy	*Welt-*	L9Ü1
świdrujący	*bohrend*	L6Ü14
świecić	*leuchten, brennen*	L9Ü9
święto	*Feiertag*	L2Ü8

T

tablet	*Tablet*	L5Ü1
tabletka	*Tablette*	L6Ü13
tak jak	*so wie*	L3Ü4
tamten	*jener*	L4Ü14
taniec	*Tanz*	L7Ü4
taniec towarzyski	*Gesellschaftstanz*	L7Ü15
targ	*Markt*	L8Ü14
targować się	*feilschen*	L8Ü14
targowisko	*Wochenmarkt*	L8Ü14
teatralny	*Theater-*	L4Ü12
tektura	*Pappe*	L9Ü5
telefon komórkowy	*Mobiltelefon*	L6Ü7
telefon stacjonarny	*Festnetztelefon*	L6Ü7
telenowela	*Soap-Serie*	L1Ü9
telewidz	*Fernsehzuschauer*	L5Ü3
temat	*Thema, Betreff*	L5Ü9
tenis stołowy	*Tischtennis*	L7Ü3
teren przygraniczny	*Grenzregion*	L10Ü3
terminologia medyczna	*medizinische Fachsprache*	L10Ü5
testować	*testen*	L9Ü6
testowany	*getestet*	L9Ü6
tęczowy	*regenbogenfarbig*	L2Ü16
tęsknić	*vermissen*	L8Ü4
torebka foliowa	*Plastikbeutel*	L9Ü5
towarzyski	*gesellig*	L7Ü15
towarzystwo	*Gesellschaft*	L7Ü15
tradycyjnie	hier: *gewöhnlich*	L5Ü7
tradycyjny	*traditionell*	L4Ü2
transakcja	*Transaktion*	L8Ü1
transmisja sportowa	*Sport-Live-Übertragung*	L5Ü3
trawa	*Rasen*	L9Ü5
trawnik	*Rasen*	L1Ü17
trening	*Training*	L7Ü3
troszczyć się	*sich kümmern*	L10Ü5
trwać	*dauern*	L5Ü7
trzeba	*man soll*	L6Ü7
trzustka	*Bauchspeicheldrüse*	L6Ü10
trzydrzwiowy	*dreitürig*	L1Ü2
trzypokojowy	*Dreizimmer-*	L1Ü10
tunika	*Tunika*	L4Ü2
twierdzić	*behaupten*	L6Ü4
tworzyć	*bilden; erarbeiten*	L3Ü2; L8Ü6
tworzywo sztuczne	*Kunststoff*	L9Ü5
tydzień temu	*vor einer Woche*	L1Ü6
tygodnik	*Wochenzeitschrift*	L10Ü2
tytuł	*Titel*	L10Ü5

U

u stóp	*am Fuße*	L3Ü7
ubezpieczenie zdrowotne	*Krankenversicherung*	L6Ü11
ucho	*Ohr*	L6Ü10
uchodźca	*Flüchtling*	L10Ü9
uciskający	*drückend*	L6Ü14
uczestnik	*Teilnehmer*	L10Ü9
udać się do *perfektiv*	*hingehen zu*	L6Ü11
udany	*gelungen*	L5Ü10
udział	*Teilnahme*	L10Ü5
udzielać informacji	*Informationen liefern*	L6Ü7
udzielić odpowiedzi *perfektiv*	*Antwort geben*	L10Ü9

ufać	*vertrauen*	L10Ü6
ugotować *perfektiv*	*kochen*	L2Ü3
Ukraina	*Ukraine, die*	L3Ü8
ulgowy	*ermäßigt*	L4Ü2
ulotka	*Flyer*	L9Ü5
umawiać się	*sich verabreden*	L4Ü17
umeblowany	*möbliert*	L1Ü10
umierać ze śmiechu	*sich tot lachen*	L7Ü9
umowa	*Vertrag*	L6Ü11
Unia Europejska	*Europäische Union*	L3Ü8
unijny	*Unions-*	L10Ü5
uplasować się (na miejscu)	*sich platzieren*	L5Ü3
uprawiać sport	*Sport treiben*	L7Ü4
upust	*Preisnachlass*	L8Ü14
uratować *perfektiv*	*retten*	L10Ü5
uroda	*Schönheit*	L5Ü6
urodzić się *perfektiv*	*geboren sein/werden*	L4Ü11
Urząd do Spraw Cudzoziemców	*Ausländerbehörde*	L10Ü9
urządzenie elektroniczne	*elektronisches Gerät*	L8Ü15
usługi turystyczne	*Touristik*	L8Ü6
usta	*Lippen*	L6Ü10
usunąć *perfektiv*	*entfernen*	L5Ü8
uszko	*Öhrchen*	L2Ü1
uśmiechać się	*lächeln*	L7Ü10
uśmiechnąć się *perfektiv*	*lächeln*	L7Ü10
uważać	*aufpassen*	L8Ü4
uwielbiać	*verehren*	L2Ü16
uznać	hier: *entscheiden*	L10Ü1
używać	*benutzen*	L9Ü9
używany	*gebraucht*	L5Ü1

W

w ciągu	*innerhalb*	L10Ü1
w ciągu dnia	*im Laufe des Tages*	L6Ü1
w kraju	*im Inland*	L5Ü2
w ogóle nie	*gar nicht*	L6Ü1
w plenerze	*unter freiem Himmel*	L10Ü12
w pobliżu	*in der Nähe*	L2Ü14
w przypadku	*im Fall*	L5Ü10
w ramach	*im Rahmen*	L10Ü5
w towarzystwie kogoś	*in Begleitung von jdm.*	L7Ü15
w wysokości	*in Höhe*	L8Ü8
w zeszłym roku	*im letzten Jahr*	L5Ü4
waluta	*Währung*	L3Ü8
wanna	*Badewanne*	L1Ü1
wanna z hydromasażem	*Wanne mit Hydromassage*	L1Ü17
warsztat plastyczny	*Bastelstunde*	L4Ü2
warto	*es lohnt sich*	L3Ü2
warzywo	*Gemüse*	L6Ü1
ważniejszy	*wichtiger*	L4Ü1
ważyć	*wiegen*	L9Ü4
wątpić	*zweifeln, bedenken*	L9Ü13
wątpliwość	*Zweifel, Bedenken*	L9Ü13
wątroba	*Leber*	L6Ü10
wąż	*Schlange*	L9Ü1
wąż Eskulapa	*Äskulapnatter*	L9Ü4
wbrew	*entgegen*	L10Ü3
wcale nie	*gar nicht*	L6Ü4
wdowiec	*Witwer*	L7Ü15
wdrażać *perfektiv*	*einführen (am Markt)*	L8Ü6
według	*laut*	L10Ü2
wejść do *perfektiv*	hier: *beitreten*	L3Ü8
wernisaż	*Vernissage*	L4Ü5
Wesołych Świąt Wielkanocnych	*Frohe Ostern*	L2Ü8
wezwać pomoc *perfektiv*	*Hilfe rufen*	L6Ü8
węgiel brunatny	*Braunkohle*	L9Ü6
węgiel kamienny	*Steinkohle*	L9Ü6
wiadomość	*Nachricht*	L6Ü4
widać	*es ist zu sehen*	L10Ü12
widoczny	*sichtbar*	L9Ü6
widok	*Blick*	L1Ü6
widz	*Zuschauer*	L4Ü6
wiedza	*Wissen*	L5Ü2
wiedźmin	*Hexer*	L5Ü9
wiejski	*ländlich*	R2
Wielkanoc	*Ostern*	L3Ü6
wielkopolski	*großpolnisch*	L3Ü8
wielodzietny	*kinderreich*	L2Ü16
wieloletni	*lang*	L10Ü3
wierzyć	*glauben*	L4Ü6
wieś	*Dorf*	L1Ü4
wieść	*führen*	L3Ü2
większość	*Mehrheit*	L8Ü15
Wigilia	*Heiligabend*	L3Ü6
wilk	*Wolf*	L9Ü4
wisieć	*hängen*	L3Ü3
witamina	*Vitamine*	L6Ü4
włączyć	*einschalten*	L5Ü1
władać	hier: *sprechen*	L10Ü5
włamanie	*Einbruch*	L6Ü7
właśnie	*gerade*	L2Ü2
własny kąt	*eigene vier Wände*	L1Ü14
Włoszka	*Italienerin*	L2Ü10
wniosek	*Antrag*	L10Ü1
wnuczka	*Enkelin*	L2Ü9
wojewoda	*Wojewode*	L10Ü1
województwo	*Woiwodschaft*	L3Ü8
województwo dolnośląskie	*Woiwodschaft Niederschlesien*	L3Ü8
województwo kujawsko-pomorskie	*Woiwodschaft Kujawien-Pommern*	L3Ü8
województwo łódzkie	*Woiwodschaft Lodsch*	L3Ü8
województwo lubelskie	*Woiwodschaft Lublin*	L3Ü8
województwo lubuskie	*Woiwodschaft Lebus*	L3Ü8
województwo mazowieckie	*Woiwodschaft Masowien*	L3Ü8
województwo opolskie	*Woiwodschaft Oppeln*	L3Ü8
województwo podkarpackie	*Woiwodschaft Karpatenvorland*	L3Ü8
województwo podlaskie	*Woiwodschaft Podlachien*	L3Ü8
województwo pomorskie	*Woiwodschaft Pommern*	L3Ü8
województwo śląskie	*Woiwodschaft Schlesien*	L3Ü8
województwo świętokrzyskie	*Woiwodschaft Heillig-kreuz*	L3Ü8
województwo warmińsko-mazurskie	*Woiwodschaft Ermland-Masuren*	L3Ü8

Alphabetische Wortliste Polnisch - Deutsch

Polnisch	Deutsch	Lektion
województwo wielkopolskie	*Woiwodschaft Großpolen*	L3Ü8
województwo zachodniopomorskie	*Woiwodschaft Westpommern*	L3Ü8
woleć	*bevorzugen*	L4Ü5
wolność	*Freiheit*	L4Ü2
wolny	*langsam*	L5Ü6
wolny od pracy	*arbeitsfrei*	L3Ü6
worek	*Beutel*	L9Ü5
wójt	*Gemeindevorsteher*	L10Ü6
wózek	*Kinderwagen*	L1Ü15
wpisać	*eintragen*	L9Ü1
wpisano	*wurde eingetragen*	L9Ü3
wpisany	*eingetragen*	L9Ü1
wprowadzać w błąd	*in die Irre führen*	L7Ü8
wracać	*zurückkehren*	L10Ü1
wrzucić *perfektiv*	*hineinwerfen*	L9Ü5
wschód	*Osten*	L3Ü8
wskazać *perfektiv*	*zeigen*	L6Ü7
wskazywać	*deuten auf*	L6Ü4
wspólny	*gemeinsam*	L7Ü3
wstęp wolny	*freier Eintritt*	L4Ü2
wstrzykiwacz insuliny	*Insulinstift*	L6Ü6
wsunąć *perfektiv*	*einführen*	L8Ü1
wśród	*unter*	L5Ü3
wszystkie	*alle*	L3Ü13
wybierać	*wählen*	L7Ü6
wybitny	*hervorragend*	L3Ü4
wybrać numer	*Nummer wählen*	L6Ü7
wybrać **pefektiv**	*wählen*	L8Ü1
wybranie	*Auswählen*	L10Ü12
wychodzić	hier: *Spielfigur aufs Startfeld stellen*	L7Ü6
wychowawczy	*Erziehungs-*	L2Ü12
wyciągać komuś pieniądze z kieszeni	*jemandem Geld aus der Tasche ziehen*	L8Ü10
wydanie	*Ausgabe*	L5Ü7
wydarzenie	*Ereignis*	L5Ü2
wydarzenie kulturalne	*Kulturveranstaltung*	L3Ü15
wydawać	*ausgeben*	L8Ü4
wydawać się	*scheinen*	L10Ü14
wydawnictwo	*Verlag*	L5Ü4
wydrukować *perfektiv*	*ausdrucken*	L2Ü14
wyemigrować	*auswandern*	L4Ü11
wyemigrować *perfektiv*	*auswandern*	L10Ü1
wyglądać	*aussehen*	L8Ü13
wygrać *perfektiv*	*gewinnen*	L8Ü8
wygrać w lotka *perfektiv*	*im Lotto gewinnen*	L7Ü5
wygrana	*Gewinn*	L8Ü8
wygrywać	*gewinnen*	L7Ü6
wyhodować *perfektiv*	*züchten*	L7Ü8
wyjąć *perfektiv*	*entnehmen*	L8Ü1
wyjątkowo	*ausnahmsweise*	L2Ü2
wyjątkowy	*außergewöhnlich*	L4Ü2
wyjechać	*ausreisen*	L4Ü11
wyjść za mąż *perfektiv*	*heiraten (einen Mann)*	L4Ü11
wykluczony	*ausgeschlossen*	L10Ü14
wykonywać instrukcje	*Anweisungen befolgen*	L6Ü7
wykorzystywać	*nutzen*	L5Ü2
wylądować *perfektiv*	*landen*	L2Ü5
wyłączyć *perfektiv*	*ausschalten*	L5Ü8
wymienić *perfektiv*	*austauschen; wechseln*	L1Ü17; L8Ü3
wymieniony	*ausgetauscht*	L1Ü8
wynajęty	*gemietet*	L1Ü6
wynik	*Ergebnis*	L6Ü4
wynosić	hier: *betragen*	L10Ü1
wyobrazić sobie *perfektiv*	*sich vorstellen*	L7Ü18
wypadek	*Unfall*	L6Ü7
wypadek drogowy	*Straßenunfall*	L6Ü7
wypisać receptę	*Rezept verschreiben*	L6Ü12
wypłata	*Auszahlung*	L8Ü1
wyprać *perfektiv*	*waschen*	L2Ü4
wyprowadzić się z *perfektiv*	*ausziehen aus*	L1Ü6
wyrażać	*äußern*	R2
wyreżyserowany przez	*unter der Regie von*	L4Ü1
wyrzucać pieniądze w błoto	*Geld zum Fenster hinauswerfen*	L8Ü10
wyrzucić *perfektiv*	*wegwerfen;* hier: *würfeln*	L9Ü9
wysłać *perfektiv*	*abschicken*	L5Ü8
wysłany	*gesendet*	L5Ü11
wysokość	*Höhe, Größe*	L9Ü4
wyspa	*Insel*	L8Ü8
wystawa	*Ausstellung*	L4Ü2
wysypiać się	*ausschlafen*	L7Ü4
wyśmienicie	*ausgezeichnet*	R1
wytapetować *perfektiv*	*tapezieren*	L1Ü17
wzbudzić kontrowersje	*Kontroverse auslösen*	L4Ü6
wzgórze	*Hügel*	L3Ü2

z

Polnisch	Deutsch	Lektion
z poważaniem	*hochachtungsvoll*	L5Ü10
za twoje zdrowie	*auf dein Wohl*	L6Ü15
zaangażować się *perfektiv*	*sich engagieren*	L10Ü9
zaangażowanie	*Engagement*	L10Ü8
zabawka	*Spielzeug*	L7Ü14
zachód	*Westen*	L3Ü8
zachowywać pozory	*Schein wahren*	L10Ü4
zadanie	*Aufgabe*	L8Ü6
zadawać pytanie	*Fragen stellen*	L6Ü7
zadzwonić jeszcze raz	*nochmals anrufen*	L5Ü13
zagraniczny	*ausländisch*	L10Ü3
zagrażać	*gefährden*	L6Ü7
zainstalować *perfektiv*	*installieren*	L5Ü8
zająć się *perfektiv*	*sich kümmern*	L2Ü3
zająć stanowisko	*Stellung nehmen*	L9Ü13
zajmować się	*sich kümmern; sich beschäftigen*	L2Ü3; L2Ü16
zakład meblarski	*Möbelwerk*	L1Ü10
zakochany	*verliebt*	L8Ü7
zakończenie	*Ende*	L7Ü3
zakupić *perfektiv*	*kaufen*	L4Ü2
zaległy	*überfällig*	L7Ü4
zaliczać się *perfektiv*	*zählen zu*	L4Ü8
zaliczany	*zählt zu*	L9Ü4
załącznik	*Anhang*	L5Ü9
założony	*gegründet*	L9Ü1
założyć	*gründen*	L5Ü4
założyć rodzinę *perfektiv*	*Familie gründen*	L2Ü16
zamek	*Schloss*	L3Ü1
zapewnienie	*Gewährleistung, Sicherstellung*	L9Ü1

zapisać się na *perfektiv*	*sich anmelden für*	L7Ü4
zapisać się na wizytę *perfektiv*	*einen Termin vereinbaren*	L6Ü12
zapisać szkic	*Entwurf speichern*	L5Ü11
zapłacić kartą *perfektiv*	*mit der Karte zahlen*	L4Ü16
zapoczątkowany	hier: *initiiert*	L9Ü1
zapowiadający	*etwas ankündigend*	L4Ü2
zaprojektować *perfektiv*	*entwerfen*	L1Ü6
zaprzyjaźniony	*befreundet*	L10Ü5
zarabiać	*verdienen*	L3Ü16
zarezerwować *perfektiv*	*reservieren*	R1
zarobki	*Gehalt*	L3Ü15
zarząd	*Vorstand*	L5Ü15
zarządzanie	*Management*	L8Ü6
zasięg	hier: *Empfang*	L5Ü8
zasiłek	*Beihilfe*	L2Ü12
zastanawiać się nad	*sich überlegen*	L4Ü16
zastanowić się *perfektiv*	*sich überlegen*	L10Ü1
zaszkodzić *perfektiv*	*schaden*	L6Ü4
zatańczyć *perfektiv*	*tanzen*	L4Ü17
zatkało mnie	*mir bleibt die Spucke weg*	L7Ü9
zatrudnienie	*Beschäftigung*	L10Ü3
zatwierdzić	*bestätigen*	L8Ü1
zawał serca	*Herzinfarkt*	L6Ü6
zawodowy	*Berufs-*	L10Ü1
zawód	*Beruf*	L8Ü6
zazdrościć	*beneiden*	L10Ü6
zażywać tabletki	*Tabletten einnehmen*	L6Ü12
ząb	*Zahn*	L6Ü6
zbijać	hier: *die gegnerische Figur schlagen*	L7Ü6
zdać maturę *perfektiv*	*Abitur machen*	L1Ü14
zdarzenie	*Ereignis*	L6Ü7
zdążyć	*rechtzeitig etwas schaffen*	L4Ü5
zdecydować *perfektiv*	*entscheiden*	L8Ü1
zdecydowac się *perfektiv*	*sich entscheiden*	L10Ü12
zdecydowanie	*definitiv*	L10Ü1
zdeformowany	*verformt*	L6Ü6
zdobywać informacje	*Informationen gewinnen*	L5Ü2
zdrowie	*Gesundheit*	L2Ü8
zdrowo	*gesund Adverb*	L6Ü1
zdrowy	*gesund*	L6Ü4
zebranie	*Sitzung*	L5Ü15
zespół	*Team*	L8Ü6
zestaw	*Set*	L1Ü2
zgadzać się	*zustimmen*	L9Ü13
zgłosić się	*sich melden*	L10Ü1
zgniatać	*zerdrücken*	L9Ü9
zgoda	*Einverständnis*	L9Ü13
zgubić *perfektiv*	*verlieren*	L8Ü13
zieleń	*Grün*	L1Ü8
zintegrowany	*integriert*	L10Ü5
zjeść *perfektiv*	*essen*	L6Ü6
zlecić komuś coś *perfektiv*	*jemanden mit etwas beauftragen*	L1Ü16
złamać *perfektiv*	*brechen*	L6Ü15
złożyć wniosek *perfektiv*	*Antrag stellen*	L10Ü1
zmieszany	*gemischt*	L9Ü5
zmywać naczynia	*den Abwasch machen*	L1Ü17
zmywarka	*Spülmaschine*	L1Ü17
znać	*kennen*	L4Ü10
znać się na żartach	*Spaß verstehen*	L7Ü8
znajdować się	*sich befinden*	L1Ü9
znajomość	*Kenntnis*	L10Ü3
znajomy	*Bekannter*	L10Ü7
znak	*Zeichen, Symbol*	L9Ü6
znany	*bekannt*	L2Ü12
znieść *perfektiv*	*heruntertragen*	L1Ü15
zniżka	*Preisnachlass*	L8Ü14
zostać	*bleiben*	L7Ü5
zostawić	*lassen*	L8Ü8
zrobić *perfektiv*	*tun, machen*	L2Ü2
zrównoważony	*nachhaltig*	L9Ü1
zrywać	*pflücken*	L7Ü8
związany	*im Zusammenhang mit; verbunden mit*	L3Ü6; L4Ü13
zwiedzić *perfektiv*	*besichtigen*	L3Ü2
zwierzę	*Tier*	L9Ü4
zwyczaj	*Brauch*	L7Ü8

Ż

żaden	*keiner*	L4Ü1
żarówka	*Glühbirne*	L1Ü17
żart	*Scherz, Spaß*	L7Ü8
żartować	*Witze machen*	R1
żartowniś	*Spaßvogel*	L7Ü9
żelazko	*Bügeleisen*	L1Ü17
żelazo	*Eisen*	L4Ü12
żłobek	*Kinderkrippe*	L8Ü5
żołądek	*Magen*	L6Ü10
żona	*Ehefrau*	L2Ü9
żubr	*Wisent*	L9Ü4
życie	*Leben*	L2Ü8
życzyć	*wünschen*	L2Ü8
życzyć sobie	*sich wünschen*	L4Ü16
żydowski	*jüdisch*	L3Ü2
żywność	*Lebensmittel*	L8Ü5

Z

źródło	*Quelle*	L5Ü2

Die alphabetische Wortliste Deutsch-Polnisch finden Sie unter
www.pons.de/power-sprachkurs

DigitalVision Vectors:
16.4;
Getty Images, München:
53.1 (Uwe Krejci); **55** (ArtMarie); **56** (Geber86); **62.1** (swedewah); **66.1** (Anna Yu);
iStock / Getty Images Plus:
35, 50.1; 8.1; 8.2; 8.3 E+; **8.5** E+; **8.6** E+; **8.7; 8.8** E+; **9.1; 9.10; 9.11; 9.12; 9.2; 9.3; 9.5; 9.6; 9.8; 9.9; 10.1;**
Shutterstock, New York:
33, 50 (Microgen); **7, 63** (Volina); **32, 50.7** (Petr Bonek); **10, 48.2** (tartanparty); **8.4** (PlusONE); **9.4** (J.Croese); **13** (Zastolskiy Victor); **15** (rook76); **16.2** (SeventyFour); **16.1** (Hans Christiansson); **16.3** (Stanislau Palaukou); **16.5** (oleschwander); **16.6** (MITstudio); **19** Gutesa; **24** (LynxVector); **26** (Billion Photos); **27** (Roxana Bashyrova); **30** (Syda Productions); **31** E+; **33.1** (Prostock-studio); **33.2** (Iakov Filimonov); **34** (Ververidis Vasilis); **34** (Michael715); **36** (katatonia82); **39** (David Thyberg); **40** (NakoPhotography); **41.1** (Monkey Business Images); **41.2** (rvlsoft); **45** (stockfour); **46** (alicedaniel); **47** (goodluz); **49.1** (goodluz); **49.2** (Y Photo Studio); **50.2** (Jacek Chabraszewski); **50.3** (Minerva Studio); **50.4** (GROGL); **50.5** (Kaderov Andrii); **50.8** (vectorfusionart); **50.9** (Arthur-studio10); **51** (Look Studio); **52.1** (Jacob Lund); **52.1** (View Apart); **52.2** (Monkey Business Images); **53.2** (Jack Frog); **58** (VGstockstudio); **60.1** (trabantos); **60.2** (Anette Andersen); **60.3** (RPBaiao); **60.4** (Milind Arvind Ketkar); **62.2** (Magnus Binnerstam); **62.3** (Dignity 100); **62.4** (Jens Ottoson); **62.5** (Mariia Golovianko); **62.6** (yegorovnick); **66.2** (Janusz Pienkowski); **66.3** (Syda Productions); **67** (Mikael Damkier); **68.1** (wavebreakmedia); **68.2** (Monkey Business Images); **70** (Monkey Business Images); **71.1** (Pro Image Content); **71.1** (Kevincho.Photography); **72** (Hans Christiansson); **73** (Monkey Business Images); **74** (Magnus Binnerstam); **75** (Lucky Business); **76.1** (welcomia); **76.2** (Likoper); **77** (Kzenon); **80** (Estrada Anton); **81.1** (ArchiVIZ); **81.2** (wavebreakmedia); **81.3** (Antonio Gravante); **81.4** (Tsuguliev); **82.1** (Kzenon); **82.2** (Rawpixel.com); **83** (Antonio Guillem); **84.1** (lightofchairat); **84.2** (lightofchairat); **85** (ESB Professional); **86** (Tommy Alven); **87** (Sakala); **88** (Antonio Guillem); **90** (Ricardo Esplana Babor); **91.1** (andriano.cz); **91.2** (ArtFamily); **92** (almgren); **93.1** (Nadezhda Kharitonova); **93.2** (Rido); **93.3** (mimagephotography); **94.1** (ninikas); **94.2** (Maria Bocharova); **95.1** (GoodMood Photo); **95.2** (michaeljung)

PONS
Power-Sprachkurs
POLNISCH FÜR FORTGESCHRITTENE

von
Agnieszka Putzier

Die systematische Grammatik basiert auf ISBN 978-3-12-562902-8.

1. Auflage 2019

www.pons.de
E-Mail: info@pons.de

Projektmanagement: Angela de Riese
Redaktion: Agnieszka Grzesiak
Logoentwurf: Erwin Poell, Heidelberg
Logoüberarbeitung: Sabine Redlin, Ludwigsburg
Audioproduktion: dbmedia.de dupré & buhr gbr
Sprecher: Wojciech Kuraś, Kamil Morydz,
Małgorzata Maniak, Monika Faron-Miśtak
Layout: Petra Michel, Gestaltung und Typographie, Bamberg
Satz: digraf.pl - dtp services
Druck und Bindung: Gebr. Geiselberger GmbH, Altötting

ISBN: 978-3-12-562133-6